Gesche Rabten

Schatz des Dharma

Gesche Rabten

Schatz des Dharma

Übersetzt und herausgegeben
von Schülern des Ehrwürdigen
Gesche Rabten Rinpotsche
unter der Leitung des Ehrwürdigen
Gonsar Rinpotsche

EDITION RABTEN

Titel der englischen Originalausgabe: *Treasury of Dharma*
Tharpa Publications 1988, ISBN 0-948006-04-8

Deutsche Erstauflage 1997

Schriften: Legacy Sans und Serif; zur Verfügung gestellt von:
LinotypeLibrary GmbH, D-61352 Bad Homburg
Satz: Edition Rabten
Fotos: Ruedi Hofstetter; Foto Gesche Rabten: Gonsar Rinpotsche
Strichzeichnungen: Gonsar Rinpotsche S. 119; © Klösterliches
Tibet-Institut Rikon S. 131; Patrick Vent S. 33
Umschlaggestaltung: Edition Rabten
Desktop Publishing: Ad Cetera, Liestal
Druck: Appenzeller Medienhaus, Schläpfer AG, Herisau

ISBN 3-905497-11-5

Inhalt

Vorwort

Ein Schatz ist eine Quelle von vielen kostbaren Dingen. Nicht nur ein paar Juwelen, sondern unzählige kostbare Steine, Metalle und ähnliches, woran sich der Besitzer nach Wunsch erfreuen kann, sind in einem Schatz enthalten.

Ähnlich enthält dieses Buch alle wesentlichen Punkte für die Anwendung von Buddhas Dharma-Unterweisungen, was es kostbarer macht als eine Sammlung Hunderter und Tausender greifbarer Juwelen.

Der Besitz eines kopfgroßen Diamanten kann bei geschickter Verwendung Armut lindern und das Bedürfnis nach Nahrung, Kleidung und Unterkunft erfüllen und dadurch teilweises Glück vermitteln, aber nicht mehr als das. Gleichzeitig kann ein solcher Besitz aber auch viele unerwünschte Erfahrungen mit Dieben, Räubern und Angst vor Verlust auslösen.

Allein schon ein Teil des kostbaren Dharma kann dagegen nicht nur unsere gegenwärtigen Bedürfnisse erfüllen, sondern auch das Resultat eines bleibenden Glücks bringen.

Buddha hat klar dargelegt, daß die Wurzel des Glücks und des Leids der Lebewesen nicht außerhalb, sondern innerhalb ihres Geistes zu suchen ist. Obwohl viele belebte und unbelebte Objekte, die außerhalb von uns existieren, manchmal als Umstand für Glück oder Leid auftreten mögen, liegt die Hauptursache unserer Erfahrungen in unseren heilsamen und unheilsamen Geisteszuständen. Wenn Geistesfaktoren wie Unwissenheit, Egoismus, Begierde, Haß, Stolz und Eifersucht das eigene Geisteskontinuum beherrschen, erzeugt dies für einen selbst und für andere endlose Probleme und verwandelt selbst positive äußere Umstände in Ursachen für Leid. Wenn dagegen Zufriedenheit, Genügsamkeit, Wertschätzen anderer, Geduld, Liebe, Erbarmen und Weisheit im eigenen Geist stark und fest sind, werden selbst negative Bedingungen zu nützlichen Faktoren und erzeugen Wohlergehen und Glück ohne Ende sowohl für einen selbst als auch für andere.

Das ist nicht nur ein Glaube, eine Theorie oder philosophische Annahme, sondern kann durch direkte Erfahrung nachvollzogen werden. Es ist daher sehr wichtig, in sich selbst eine positive Umwandlung zustande zu bringen, indem man die grundlegenden Ursachen des eigenen Glücks und Leids erkennt. Da die Fehler des Geistes, wie groß sie auch scheinen mögen, nicht von der Natur des Geistes selbst sind, können sie vollständig beseitigt werden. Es ist auch eine Tatsache, daß selbst die geringsten positiven Eigenschaften des Geistes mit entsprechenden Methoden unendlich entwickelt werden können. Solche fehlerfreien Methoden sind die Essenz der Unterweisungen des Erleuchteten. Buddha hat den Lebewesen den Weg zur vollständigen Befreiung von allen Leiden und zum Erlangen bleibenden Glücks gezeigt, indem er sie lehrte, ihren Geist zu entwickeln.

Die ganze Lehre des Buddha ist im *Tripitaka* enthalten, in den sogenannten *Drei Sammlungen*. Auf tibetisch sind sie als *Kagyur* bekannt und auch noch in unserer Zeit in mehr als hundert Bänden vorhanden. Diese Schriften werden in den buddhistischen Klöstern studiert und allgemein hoch verehrt. Allerdings sind diese Unterweisungen so tief wie der Ozean und so weit wie der Raum. Heute haben daher viele Leute, die in ihren geistigen Fähigkeiten, ihrer Entschlossenheit, Geduld und Zeit beschränkt sind, Schwierigkeiten, diese Unterweisungen gründlich zu studieren und zu verstehen, und noch mehr Schwierigkeiten, sie richtig anzuwenden.

So sind Unterweisungen unerläßlich, die zeigen, wie die Essenz der gesamten Lehre des Buddha im Kontinuum eines Individuums zusammengeführt und angewendet wird. Solche Unterweisungen dürfen nicht lediglich die Erfindung einer geschickten Person oder nach Belieben gestaltete Interpretationen sein. Sie müssen von einem wahren Meister stammen, der einerseits aus gründlicher Analyse dieser Unterweisungen eine Weisheit besitzt, die alle Erfindungen und falschen Ansichten ausschließt, und der andererseits durch vollständige Erfahrung mit der Anwendung in sich selbst eine fehlerfreie Erkenntnis entwickelt hat. Außerdem müssen solche Belehrungen aus Erbarmen zu den Wesen gegeben werden, ohne Hoffnung auf eigenen Ruhm und Gewinn. Solche wahren Meister sind selten, und von solchen Meistern geschriebene Texte sind äußerst selten. Jeden Tag tauchen neue Bücher auf, die den Anschein von Dharma haben mögen, aber ohne Substanz des Dharma sind; Bücher, die nur leeres Geschwätz enthalten, um leichtgläubige Wesen zu locken.

Der Autor dieses Buches ist der Ehrwürdige Gesche Rabten Rinpotsche, ein hervorragender Gelehrter, Siddha und Meister mit hohen Erkenntnissen. Er war eine Verkörperung von Erbarmen und eine unübertreffliche Zuflucht für dieses und zukünftige Leben, für zahllose Lebewesen einschließlich meiner selbst.

Gesche Rabten Rinpotsche wurde 1921 in Dargye, Osttibet, geboren. Bis zum Alter von neunzehn Jahren erfüllte er seine Pflichten in der Familie, dann wählte er aus eigenem Wunsch das Leben eines Mönches. Er trat in die berühmteste Klosteruniversität Tibets, Sera Tektschenling, ein und begann seine Studien im Dsche Kollegium. Unter der Führung seiner Lehrer wie dem Ehrwürdigen Gesche Dschampa Khedrup meisterte er durch Lernen, Nachdenken und Meditation die gesamte Lehre der drei Fahrzeuge des Dharma und die vier Klassen des Tantra. Sowohl in der Klosteruniversität als auch außerhalb war er als wißbegieriger Student, unbesiegbarer Debattierer, intensiver Anwender und unübertrefflicher Lehrer berühmt.

Sein ganzes erlerntes Wissen integrierte er in seine Meditation und konnte so vollständige Einsicht in die letztliche Natur der Phänomene erlangen. Dadurch erreichte er die Fähigkeit, sowohl sein eigenes Ziel wie auch das der anderen zu erfüllen. Zahllose Dharmasuchende in Tibet, im Exil in Indien und später im Westen wurden deshalb zu seinen Schülern, aus denen überragende Meister mit großen Eigenschaften hervorgingen. Unter den im Westen bekannten sind Lama Thubten Yesche, Zopa Rinpotsche, Tromthok Rinpotsche, Gesche Karyang, Gesche Tenzin Gönpo, Gesche Penba, Gesche Thubten Trinley, Gesche Thubten Ngawang und so weiter, um nur einige aufzuzählen. Viele mehr sind in Indien und in Tibet.

Gesche Rinpotsches hervorragende Eigenschaften wurden nicht nur von seinen Schülern erkannt und geschätzt, sondern auch von den großen Meistern unserer Zeit wie S. H. des Dalai Lama und seinen zwei bedeutenden Lehrern. Besonders Kyabdsche Tridschang Dordsche Chang, der jüngere Lehrer S. H., betrachtete ihn als einen seiner engsten geistigen Söhne, und auch Gesche Rinpotsche verehrte diesen besonderen Meister als seinen Wurzel-Meister und geistigen Vater, als Verkörperung aller Buddhas.

Im Jahr 1964 wählte S. H. der Dalai Lama Gesche Rinpotsche und den Ehrwürdigen Lati Rinpotsche aus Hunderten von Gesches als seine neuen *Tsentschabs*, seine philosophischen Assistenten aus. 1969 begann Gesche in Dharamsala gemäß dem Wunsch S. H. des Dalai Lama westlichen Menschen Unterweisungen zu geben. 1974 kam er auf Einladung von Madame Anne Ansermet und anderen westlichen Schülern zum erstenmal nach Europa und gab in vielen Ländern Unterweisungen des Dharma. Im darauffolgenden Jahr wurde er von S. H. dem Dalai Lama als Abt des Klösterlichen Tibet-Instituts in Rikon in der Schweiz wieder nach Europa zurückgeschickt, um die geistigen Bedürfnisse der westlichen Menschen wie auch der Tibeter in Europa zu erfüllen. Da die Zahl der Personen, die ein gründliches Studium und eine ernsthafte Anwendung des Buddhismus suchten, immer mehr zunahm, gründete Gesche in der Schweiz Tharpa Choeling, das Zentrum für Höhere Tibetische Studien auf dem Mont-Pèlerin, in Österreich Tashi Rabten in Feldkirch, in Deutschland das Tibetische Zentrum Jangchub Choeling in Hamburg und Phuntsok Rabten in München und in Italien Ghe-Pel-Ling in Mailand. Tharpa Choeling wurde später zum Andenken an Gesche Rinpotsche in Rabten Choeling umbenannt. Diese Klöster und Zentren sind für alle, die authentische und umfassende Dharma-Studien suchen, zu einem besonderen Anziehungspunkt geworden. Mit der einzigen Absicht, den Unterweisungen des Buddha und den Lebewesen zu dienen, drehte Gesche Rinpotsche bis zum Ende seines Lebens unermüdlich das Rad des Dharma. Für viele Menschen in diesem Teil der Welt öffnete er mit seinen außergewöhnlich klaren und bewegenden Unterweisungen das große Tor des Dharma und wurde zu einem der bedeutendsten Begründer der reinen und vollständigen Lehre des Buddha in Europa.

Gesche Rinpotsche gab eine unermeßliche Zahl von Unterweisungen. Im Jahr 1974 folgten während drei intensiven Wochen etwa hundert Personen in Rolle, Prés-de-Verts in der Schweiz dem intensiven Meditationskurs, der in diesem Buch wiedergegeben ist. Diese Unterweisungen enthalten alle wesentlichen Punkte des Dharma. Gesche lehrte aus seiner eigenen Erfahrung, und dank seinem großen Erbarmen und seinem Geschick legte er sie auf klarste und verständlichste Weise dar, was eine wohlbekannte Eigenschaft seiner Unterweisungen ist. So werden diese sicher den Geist eines jeden aufrichtig am Dharma Interessierten erhellen, und die Leser werden den Beweis dafür in sich selbst finden.

Diese Unterweisungen wurden zuerst von mir sehr wörtlich ins Englische übersetzt. Mein Freund Brian Grabia, ein langjähriger Schüler von Gesche Rinpotsche, korrigierte das Englisch sorgfältig und stellte es in einer schönen geschriebenen Form bereit, für jedermann ein Vergnügen zu lesen.

Diese deutsche Ausgabe wurde von Marion B. Kroh und Ingund Gaßner aus dem Englischen übersetzt und von Helmut Gaßner überarbeitet. Seine Beherrschung der tibetischen Sprache und seine langjährige Vertrautheit mit Gesche Rinpotsches Unterweisungen waren eine große Hilfe. Ich möchte ihm meinen tiefen Dank ausdrücken.

Wenn man die kostbaren Juwelen bewahrt, die aus diesem Schatz in das eigene Herz kommen, können sie von niemandem weggenommen werden, und sie werden sicher das Licht unermeßlichen Nutzens und Glücks für einen selbst und andere ausstrahlen.

Ich schließe dieses Vorwort mit meinen Gebeten für das lange Leben unseres lieben und verehrten Tenzin Rabgyä Rinpotsche, der jungen Wiedergeburt unseres geliebten Meisters Gesche Rabten Rinpotsche, des Autors dieses Buches.

Gonsar Tulku
Le Mont-Pèlerin, Schweiz
April 1997

Einleitung

Ich freue mich sehr, Sie alle hier zu sehen. Die Tatsache, daß wir zusammengekommen sind, um Dharma zu hören, ist sicher ein Zeichen dafür, daß wir in der Vergangenheit eine Verbindung hergestellt haben. In den kommenden Tagen werden wir versuchen, etwas über das Dharma zu lernen. Ein menschliches Wesen ist eine Verbindung von Körper, Rede und Geist. Aber die hier vor uns liegende Arbeit wird sich hauptsächlich mit dem Geist befassen. Während wir hier beisammen sind, wird es gut sein, einer möglichst disziplinierten Lebensweise zu folgen. Gewöhnlich verbringen wir einen großen Teil der Zeit mit Reden, wobei wir oft das erstbeste sagen, das uns in den Sinn kommt. Solange wir hier sind, wollen wir jedoch versuchen, diese Art von Geschwätz zu unterlassen und nur über Dinge sprechen, die sich auf das Dharma beziehen. Das ist besonders wichtig, wenn wir nach den Unterweisungen in der Lage sein wollen, darüber zu meditieren. Erwarten wir zu dieser Zeit Resultate, dann müssen wir jetzt beginnen, indem wir den Unterweisungen aufmerksam zuhören und unsere Handlungen im Lauf des Tages zügeln. Daher sollten wir nur über Dinge sprechen, die sich auf das Dharma und das, was wir hier tun, beziehen.

Gewöhnlich gehen wir überallhin, wo es uns gerade hinzieht; aber die, die hier im Haus wohnen, sollten während des Kurses hierbleiben. Für die, die hin- und herfahren: bitte versuchen Sie, so wenig wie möglich zu fahren und während dieser Zeit jede unnötige Tätigkeit zu vermeiden. Wenn wir unsere Geschäftigkeit nicht einschränken und uns nicht auf die Unterweisungen konzentrieren, werden wir später, wenn wir zu meditieren versuchen, nicht die gewünschten positiven Ergebnisse erzielen.

Gewöhnlich ist unser Geist mit einer Menge Gedanken beschäftigt. Wir machen viele Pläne und verbringen einen großen Teil der Zeit damit, darüber nachzudenken. Aber während der Dauer dieses Kurses sollten wir versuchen, unseren Geist unter Kontrolle zu halten und Gedanken zu vermeiden, die nicht mit dem Dharma zusammenhängen. Das wiederum ist wichtig, wenn wir irgendwelche Ergebnisse aus unserer Meditation und Anwendung erzielen möchten.

Wenn unser Körper, unsere Rede und unser Geist zusammenarbeiten und auf die Unterweisungen gerichtet sind, können wir positive Veränderungen erwarten. Sie alle sind hierhergekommen, um Unterweisungen über das Dharma zu hören, und darüber freue ich mich sehr. Während dieser Zeit sollten Sie versuchen, freundlich und rücksichtsvoll zu sein und sich ruhig und friedlich zu verhalten. Da es der Zweck des Dharma ist, allen Harmonie zu bringen, müssen wir damit beginnen, unter uns friedlich und harmonisch zu werden. Es wäre am besten, Sie könnten auch auf das Rauchen verzichten, wenigstens an Orten wie dem Meditationsraum. Für die Dauer des Kurses sollten Sie versuchen, sich Ihrer Anwendung so energisch und hingebungsvoll wie möglich zu widmen. Obwohl wir nur wenige Tage miteinander verbringen können, wenn wir sie auf diese Weise nutzen, werden wir unsere Zeit gut nutzen, und wir können zufriedenstellende Ergebnisse erwarten. Ich werde jeden Tag Unterweisungen geben, und da manche von Ihnen wenig oder keine Erfahrung mit Dharma-Anwendung haben, ist es möglich, daß Sie manches, worüber ich sprechen werde, nicht verstehen. In diesem Fall notieren Sie bitte, was Ihnen nicht klar ist, und wenn nötig, können wir privat darüber sprechen. Auf jeden Fall hoffe ich, daß Sie Notizen machen werden und über das, was gesagt wird, sehr ausführlich nachdenken, anstatt es zum einem Ohr hinein- und zum anderen wieder hinauszulassen.

Beim Hören von Dharma-Unterweisungen sollten Sie daher versuchen, so aufmerksam und so unabgelenkt wie möglich zu sein. Wenn statt dessen Ihre Augen umherwandern und Sie über alles nachdenken, was Ihnen in den Sinn kommt, werden Sie das Gehörte nicht behalten können. Liegt eine Tasse auf der Seite, dann können wir versuchen, was wir wollen, wir werden nie fähig sein, sie mit Wasser zu füllen. Das zeigt die Wirkung oder eher den Mangel an Wirkung, den Dharma-Unterweisungen auf eine zerstreut zuhörende Person haben. Wenn Sie genau zuhören, ist das nächste Erfordernis, daß Sie sich an das Gesagte erinnern und oft darüber nachdenken. So können Sie im Gedächtnis behalten, was sie gehört haben. Gießen wir Wasser in eine löchrige Tasse, dann wird es nur ausrinnen. Das ist wie jemand, der Dharma-Unterweisungen hört, aber sich nicht bemüht, sie sich zu merken.

Der Hauptzweck unserer Dharma-Anwendung ist, von Leid frei zu werden, dem Leid, das uns körperlich und geistig durchdringt. Sie ist nicht ein Mittel, um Ruhm zu erlangen, Reichtum anzuhäufen oder irgendeine andere Art von weltlichem Ziel zu erreichen. Wir sollten den Dharma-Unterweisungen zuhören mit dem Bestreben, unsere Unzufriedenheit zu beseitigen. Jemand, der Dharma anwendet, läßt sich mit jemandem vergleichen, der krank ist. Die Person, die lehrt, ist wie ein Arzt, und das Dharma selbst ist wie die Medizin oder das Heilmittel für die Krankheit. Kurz, es gibt drei Arten, Dharma-Unterweisungen zuzuhören: gut und aufmerksam zuhören, das, was unterrichtet wird, im Gedächtnis behalten und die richtige Einstellung haben.

Im ersten Teil dieser Unterweisungen werde ich über die *Vier Edlen Wahrheiten* sprechen: die Wahrheit des Leids, die Wahrheit des Ursprungs des Leids, die Wahrheit der Beseitigung des Leids und die Wahrheit des Weges. Im zweiten Teil werde ich besonders auf den *Weg des Mahayana* eingehen. Diese Unterweisungen werden nicht akademischer Natur sein, sondern auf jenen Aspekten des Dharma beruhen, die für die meisten von uns hier von größtem Nutzen sind. Das ist alles, was ich einleitend sagen möchte.

Glück und Leid 1

Alle Lebewesen auf dieser Welt sind ständig mit körperlichen, sprachlichen und geistigen Tätigkeiten beschäftigt. Alle diese Tätigkeiten sind darauf ausgerichtet, Glück zu erlangen und Leid zu vermeiden, denn wir suchen immer nach dem, was angenehm ist, und möchten vermeiden, was unangenehm ist. Glück behagt uns, und Leid ist das, was uns Unbehagen verursacht. Alle Wesen wünschen Leid zu vermeiden. Daß menschliche Wesen Leid zu vermeiden wünschen, ist ganz offensichtlich, und wenn wir einen frierenden, nassen Hund sehen, der vor dem Regen draußen an ein warmes Feuer flüchten will, erkennen wir, daß auch Tiere dieses Verlangen haben. Ungeachtet unserer ethnischen Herkunft oder unserer gesellschaftlichen Stellung wünschen wir alle, Leid zu vermeiden, und unternehmen zu diesem Zweck große Anstrengungen.

Das Gegenteil trifft auf das Glück zu. Sowohl kleine wie auch große Tiere suchen, was angenehm ist, sei es etwas zu fressen, zu trinken oder einen behaglichen Unterschlupf. Das ist leicht verständlich und uns allen klar. Dasselbe trifft auf menschliche Wesen zu. Wir suchen so viel Glück wie möglich. Doch wenn wir es erlangen, wollen wir noch mehr. Und wenn wir mehr bekommen haben, bleibt in uns ein ungestilltes Verlangen nach weiteren befriedigenden Erfahrungen ohne Ende. Was immer wir auch erreichen, wir wollen mehr und sind nie zufrieden. Daran können wir erkennen, daß alle unsere Beschäftigungen und weltlichen Angelegenheiten von einem oder von beiden dieser zwei Faktoren motiviert sind, dem Wunsch nach Glück und dem Wunsch, Leid zu vermeiden. Auch wenn dies Ihnen allen klar sein mag, ist es doch sehr wichtig, immer wieder darüber nachzudenken, um Ihr Verständnis zu vertiefen.

Die drei Arten von Leid

Es gibt viele Arten von Leid, und wenn wir tiefer darüber nachdenken, sehen wir, daß sie in drei Arten eingeteilt werden können. Die erste Art ist das Leid, das alle Wesen als solches erkennen. Die zweite und dritte Art sind viel schwieriger zu verstehen.

1 Leid der Schmerzen

Die erste Art von Leid wird als *Leid der Schmerzen* bezeichnet oder als offensichtliches Leid. Das ist uns allen deutlich – unsere körperlichen Schmerzen wie Krankheit, Knochenbrüche, Krebs und Herzanfälle zum Beispiel, und unsere geistigen Schwierigkeiten – Sorgen, Enttäuschung, Kummer und Angst. Wir alle können solche Erfahrungen als Leid erkennen, und es ist diese Art von Leid, die wir ständig zu vermeiden und zu beseitigen versuchen. Tiere versuchen ebenfalls, ihm zu entrinnen, aber in dieser Hinsicht sind die Menschen überlegen. Aufgrund ihrer Fähigkeit zu denken und zu folgern haben sie viel raffiniertere Mittel ersonnen, um Leid zu erleichtern. Ein Tier mag fähig sein, augenblickliches Leid zu hemmen, aber es ist unfähig, Vorkehrungen zu treffen, um Leid in der Zukunft zu vermeiden. Menschliche Wesen verfügen über diese Fähigkeit, zu denken und vorauszuplanen. Wenn wir das erkennen, müssen wir uns bemühen, diese Möglichkeit voll auszuschöpfen und unseren Geist mit allen seinen Fähigkeiten einzusetzen.

Wozu sollen wir unseren Geist benützen? Wir werden ihn dazu benützen, Leid zu beseitigen. Nicht nur unser gegenwärtiges Leid, sondern auch das, das sonst in der Zukunft entstehen könnte, in diesem Leben und in zukünftigen. Es gibt Zeiten in unserem Leben, in denen unser Leid aufzuhören oder nachzulassen scheint, wie zum Beispiel, wenn wir zum Arzt gehen und von einer Krankheit geheilt werden, aber auf diese Weise kann Leid nicht für immer ausgemerzt werden. Wenn wir es ganz entwurzeln möchten, müssen wir Dharma anwenden. Leben wir weiterhin so wie in der Vergangenheit, dann gibt es keine Möglichkeit, Leid zu beenden. Es mag zeitweise abnehmen oder subtiler werden, aber es verschwindet nicht und wird uns nur einen vorübergehenden Aufschub gewähren. Selbst wenn wir frei von körperlichen Krankheiten sind, werden wir oft von geistiger Unruhe gequält. Wenn nicht durch unseren Körper, dann sind wir durch unseren Geist in diesem Netz von Sorgen gefangen. Das sollte uns allen klar sein. Unsere Hoffnung liegt in der Tatsache, daß wir Leid vollständig zerstören können, indem wir unseren Geist benützen und ihn entwickeln.

Von den beiden Arten von Leid, dem körperlichen und dem geistigen, ist es für uns viel wichtiger, das geistige zu beseitigen. Denn geistiges Leid ist schwerer zu ertragen. Auf die gleiche Weise ist geistiges Glück viel dauerhafter und stärker als körperliches Wohlbefinden. Aus diesem Grund steht der Geist in der Anwendung von Dharma an erster Stelle. Erfährt jemand geistigen Schmerz, dann wird er sich auch in der allerschönsten Umgebung elend fühlen. Das sollte uns aus unserer eigenen Erfahrung klar sein. Wenn man dagegen einen friedlichen und ausgeglichenen Geist hat und körperliche Härte und Not erfährt, ist es viel leichter zu ertragen, und zwar weil der Geist zufrieden ist. Deshalb ist es wichtig, daß wir geistiges Leid beseitigen und Frieden im Geist erlangen. Da es mit Hilfe des Dharma möglich ist, dies zustande zu bringen, können wir also durch die Anwendung von Dharma glücklich werden und allem Leid ein Ende setzen.

Um dies klarer zu verstehen, können wir folgendes Bild verwenden. Auch wenn eine Person unermeßlich reich ist, solange ihr Geist nicht ruhig und glücklich ist, wird sie nie wirklich zufrieden sein. Ein vertrautes Beispiel sind Leute in politischen Machtpositionen. Ein Mann oder eine Frau mag Präsident oder Premierminister werden und von vielen geachtet und geehrt werden. Aber es wird für sie außerordentlich schwierig sein, sich wirklicher geistiger Ruhe zu erfreuen, solange sie sich mit Politik beschäftigen. So kann es sein, daß trotz der Autorität, die sie vorübergehend innehaben mögen, trotz ihres Reichtums, ihr Geist ruhelos bleibt. Wenn wir darüber nachdenken, wird uns die Bedeutung klar. Dagegen wird eine Person mit einem glücklichen und ruhigen Geist, auch wenn sie nicht genügend Nahrung und Kleidung hat, trotz solcher Schwierigkeiten glücklich sein.

Wir wenden Dharma an, um Leid zu beseitigen und um Glück zu erlangen, um geistigen Schmerz zu beenden und geistiges Wohlbehagen zu erreichen. Das Dharma ist das einzige Mittel, mit dem dieses Ziel verwirklicht werden kann. Die erste Art des Leids, das Leid der Schmerzen, sollte jetzt klar sein. Es bezieht sich auf körperliches und geistiges Leid, auf Krankheit, Hunger, Durst, Depression, Verzweiflung und so weiter. Sie alle haben solches Leid erfahren, und so ist es nicht nötig, näher darauf einzugehen.

2 Leid der Veränderung

Die zweite Art von Leid ist schwieriger zu verstehen. Sie wird *Leid der Veränderung* genannt und ist das, was im allgemeinen als Glück betrachtet wird. Wir mögen zwar denken, daß das, was wir gewöhnlich Glück nennen, tatsächlich Glück ist, in Wirklichkeit ist es jedoch nicht ein Zustand dauernden und beständigen Glücks. Wenn das, was wir Glück nennen, wirklich Glück wäre, müßten wir es unendlich lange Zeit genießen können. Es würde sich nie verändern, und wir könnten immer in demselben glücklichen Zustand bleiben. Aber wir wissen aus unserer eigenen Erfahrung, daß es nie anhält. Langsam ändern sich die Umstände, und unser Glück verschwindet, und statt dessen bleiben wir in einem Zustand von Gleichgültigkeit oder Trübsal zurück.

Jetzt zum Beispiel ist es Sommer, und die Leute machen Ferien in den Bergen oder an den Seen in der Umgebung, um zu entspannen, das Wetter zu genießen und natürlich, um glücklich zu sein. Das betrachten sie alle als wirkliches Glück. Aber wenn wir so denken, überlegen wir falsch. Es ist wahr, daß wir uns, wenn wir an unserem Lieblingsferienort ankommen, für eine Weile ganz glücklich und zufrieden fühlen können. Aber wenn wir gezwungen wären, für unbestimmte Zeit in dieser Situation zu bleiben, würde sich unser Glück langsam in Niedergeschlagenheit verwandeln, und aus Unzufriedenheit und Langeweile heraus würden wir uns danach sehnen, woanders hinzugehen. Bei manchen würde diese Unrast als eine Folge körperlicher Mühsal entstehen, und sie würden beginnen, die Bequemlichkeiten daheim zu vermissen. Bei anderen wäre die Unzufriedenheit geistiger Art. Sie würden sich rastlos und gelangweilt fühlen und etwas anderes unternehmen wollen. Auf die eine oder andere Weise würde das Glück abnehmen und sich schließlich in das Gegenteil verwandeln. Wenn es wahres Glück wäre, müßte es unbegrenzt fortdauern und immer befriedigender werden. Daher wird diese Art von Leid als Leid der Veränderung bezeichnet. Zuerst ist das, was wir erfahren, angenehm und erfreulich, doch im Lauf der Zeit verwandelt es sich schließlich in Unzufriedenheit.

Wenn es uns an einem Hochsommernachmittag wie diesem zu heiß ist und wir uns nicht wohl fühlen, denken wir daran, wie schön es wäre, unten am See zu sein, und wir sind unglücklich, weil wir nicht dorthin gehen können. Und wenn wir zum See gingen und in das kühle, erfrischende Wasser untertauchen könnten, wäre es für eine Weile angenehm. Müßten wir aber eine oder zwei Stunden im See bleiben, würde das bald zur Quelle wirklichen Leids werden. Dieses gleiche Prinzip gilt für Besitz, Reichtum, gesellschaftliche Stellung und so weiter. Wenn wir diese Dinge nicht haben, sehnen wir uns sehr danach und sind überzeugt, daß sie die wirkliche Ursache wahren Glücks sind. Aber auch wenn wir tatsächlich erlangen, was wir wünschen, und eine kurze Zeit der Befriedigung erleben, scheint oft etwas schiefzugehen, und bald beginnen wir, uns zu ärgern und mit unserem Glück unzufrieden zu sein. Früher oder später wird es zur Quelle von Leid. Ich übertreibe das nicht. Wenn Sie Ihre eigenen Erfahrungen im Leben ins Gedächtnis zurückrufen und tief darüber nachdenken, werden Sie selbst sehen, daß es so ist.

Bis jetzt haben wir alle das, was wir Glück nennen, als wahres und beständiges Glück betrachtet und endlose Stunden damit verbracht, ihm nachzujagen. Jeder kann die erste Art des Leids verstehen; es ist ganz offensichtlich. Aber es bedarf gründlichen Nachdenkens und Überlegens im Licht von Dharma-Unterweisungen, um zu erkennen, daß die zweite Art von Leid, das Leid der Veränderung, das wir für gewöhnlich als Glück betrachten, ebenfalls eine Art von Leid ist.

3 Umfassendes Leid

Die dritte Art von Leid ist noch schwerer zu verstehen. Sie wird *umfassendes Leid* genannt oder das Leid, das unserem Körper und Geist, den Aggregaten, innewohnt. Tatsächlich ist verhältnismäßig leicht zu erkennen, daß das, was wir gewöhnlich Glück nennen, nicht etwas Beständiges und Dauerhaftes ist, sondern sich schnell verändert und sich leicht in Schmerz verwandeln kann. Aber zu verstehen, daß unser Körper und unser Geist, daß alles, was unsere Persönlichkeit ausmacht, von Leid durchdrungen ist, ist viel schwieriger. Wenn wir zum Beispiel eine Verletzung an unserem Arm haben und Salbe auftragen, läßt der Schmerz nach, und eine angenehme Empfindung entsteht. Wenn wir dagegen auf die Wunde schlagen oder Salz darauf streuen, verursacht das sehr großen Schmerz. Die Verletzung ist die Grundlage, auf der die beiden Empfindungen, das Vergnügen und der Schmerz, entstehen. Ihre eigentliche Natur ist Leid, aber wir spüren nichts, bis ein äußerer Faktor dazukommt, der eine angenehme oder unangenehme Reaktion hervorruft. Der Schlag auf die Wunde ist ein Beispiel für das Leid der Schmerzen. Wenn wir die Verletzung mit Salbe behandeln und ein angenehmes Gefühl entsteht, ist das ein Beispiel für das Leid der Veränderung. Wenn wir die Wunde einfach nicht beachten und weder Vergnügen noch Schmerz empfinden, veranschaulicht dies das umfassende Leid, weil die Verletzung in ihrer eigentlichen Natur Leid ist.

Das ist eine kurze Erklärung der drei Arten von Leid. Alles in allem läßt sich über unsere Situation sagen, daß wir ständig mehr oder weniger Leid erfahren. Es ist immer gegenwärtig in unserem Leben und durchdringt unser ganzes Sein. Sie sollten über diese Tatsache tief nachdenken. Wenn es keine Möglichkeit gäbe, solches Leid zu beseitigen, hätte es keinen Sinn, daß Sie hierhergekommen sind. Tatsächlich gibt es aber eine Möglichkeit, es zu beseitigen, und jeder von uns ist dazu fähig. Die Methode liegt in uns selbst. Sie besteht im wesentlichen aus dem richtigen Gebrauch der Urteils- und Denkfähigkeit unseres Geistes. Es ist nicht etwas, das wir von anderen bekommen oder in einem Fachgeschäft kaufen können. Das wäre etwas anderes. Wer wir auch sein mögen, wir haben diese Fähigkeit. Jeder ist fähig, sich aus der Herrschaft des Leids zu befreien und es vollständig zu beseitigen, ganz gleich, ob er reich oder arm, jung oder alt, Mann oder Frau ist. Die Methode besteht darin, unseren Geist für die Anwendung von Dharma zu benützen. Dazu müssen wir zuerst Kontrolle über unseren Geist gewinnen und dadurch Selbstbestimmung darüber erlangen, wie wir ihn gebrauchen. Gegenwärtig ist es, als sei unser Geist außer Kontrolle – er denkt, was er will, ohne daß wir ihn wirklich beherrschen und lenken können. Wir brauchen ihn nur ein paar Augenblicke lang zu beobachten, um zu sehen, wie wahr das ist. Mit Hilfe unserer Anwendung des Dharma versuchen wir, unseren Geist unter Kontrolle zu bringen und seiner Herr zu werden. Zur Zeit ähnelt unser Geist einem wilden Elefanten, der beim geringsten Anlaß durchgeht und eine Gefahr für uns selbst und für andere ist. Aber dieser wilde Elefant ist nicht ganz außerhalb unserer Kontrolle. Wir können ihn einfangen, zähmen, und schließlich wird er unser Diener werden, der uns in der Anwendung des Dharma hilft. Wir werden sein Meister werden und ihn führen und lenken, wie wir es wünschen.

Die Methode, um Herrschaft über den Geist zu gewinnen, ist Meditation. Wenn wir genügend Zeit hätten, würde ich Ihnen alle Stufen in der Anwendung von Meditation ausführlich erklären, und danach könnten Sie darangehen, sie anzuwenden. Da unsere Zeit jedoch begrenzt ist, werde ich Sie eine Meditationstechnik lehren, und dann werden wir sie üben. Später werde ich Sie noch eine lehren, und wir werden wieder meditieren. Auf diese Weise kann ich Ihnen mehrere Meditationsanwendungen erklären, und Sie können diejenigen benützen, die Sie für Ihre Entwicklung am hilfreichsten finden.

Die Meditationshaltung

Meditation ist ein Mittel, um den Geist unter Kontrolle zu bringen, ihn zu zähmen und schließlich umzuwandeln, so daß die nötige Freiheit erreicht werden kann, die es ermöglicht, Leid zu beseitigen. Die am besten geeignete Meditationshaltung ist diejenige, die als voller Lotussitz bekannt ist. Wenn es Ihnen schwerfällt, auf diese Weise zu sitzen, genügt auch der halbe Lotussitz. Die Hauptsache ist, bequem zu sitzen, sei es auf dem Boden oder auf einem Stuhl. Wenn wir versuchen, in einer bestimmten Haltung zu sitzen und Schmerzen in den Beinen und Knien spüren und es uns unmöglich ist, ruhig zu sitzen, ist unsere Meditationssitzung vergeudet, und das einzige, woran wir denken, sind unsere Schmerzen.

Die Hände sollten in der Höhe des Nabels liegen, die rechte in der Innenfläche der linken, wobei die Daumen zusammen mit den Handflächen ein Dreieck bilden. Falls Sie Schwierigkeiten haben, die Hände längere Zeit in dieser Stellung zu behalten, können Sie ein kleines Kissen als Stütze unterlegen. Die Arme sollten in einem leichten Abstand vom Körper gehalten werden, damit die Luft besser zirkulieren kann. Die Schultern sollten aufrecht sein, die Wirbelsäule gerade. Der Kopf sollte leicht nach vorn geneigt sein. Sie sollten Ihren Augen nicht erlauben zu wandern, sondern sie entspannt und halb geschlossen ungefähr zu Ihrem Schoß hin richten. Wenn Sie versuchen, den Blick auf die Nasenspitze zu lenken, werden Sie ermüden, und die Augen werden zu schmerzen beginnen. Die Zunge sollte leicht am Gaumen liegen, Mund und Zähne sollten in einer natürlichen Stellung sein.

Der Grund für diese Sitzhaltung ist, daß man bei längeren Meditationen dazu neigt, den Körper zu vergessen, und diese Stellung einem erlaubt, bequem aufrecht zu bleiben, ohne eine bewußte Anstrengung machen zu müssen. Die Tatsache, daß sich der Nabel innerhalb des aus den bogenförmigen Daumen und der Handfläche der rechten Hand geformten Dreiecks befindet, wird bei zukünftigen Anwendungen nützlich sein. Der Körper wird aufrecht gehalten, damit die Kanäle im Körper gerade sind und das Luftelement, das in ihnen zirkuliert, frei durch sie hindurchströmen kann. Wenn wir richtig atmen und das Luftelement einwandfrei durch die Kanäle fließen kann, wird unser Geist klarer, und unsere Meditation wird entsprechend gewinnen. Der Kopf wird leicht nach vorne geneigt, um zu verhindern, daß das Hitzeelement zunimmt, was bewirken würde, daß wir beim Meditieren durstig werden. Außerdem können leicht Kopf- und Nackenschmerzen entstehen, wenn das Element der Hitze zunimmt. Die Augen werden gesenkt, um zu verhindern, daß der Geist aufgrund visueller Reize wandert. Sie sollten nicht ganz geschlossen werden, weil dies Schläfrigkeit verursacht und man einschlafen könnte. Es ist jedoch möglich, daß es manchen Leuten leichter fällt, mit geschlossenen Augen zu meditieren. Dagegen ist nichts einzuwenden. Die Zunge sollte gegen den Gaumen gelegt sein, um das Austrocknen der Kehle zu verhindern. Der Mund selbst sollte in einer entspannten, natürlichen Stellung gelassen werden, die Lippen berühren sich dabei leicht.

Die neunfache Atemübung

Meditation ist eine geistige Tätigkeit. Damit wir sie zu unserem Vorteil benützen können, müssen wir zuerst den Geist beruhigen. Zudem müssen wir uns bemühen, die subtilen Energiekanäle in unserem Körper zu reinigen. Wir müssen versuchen, sie so gut wie möglich zu reinigen, damit sie richtig funktionieren können. Es gibt Tausende solcher Kanäle in unserem Körper, aber wir werden uns auf die drei Hauptkanäle entlang der Wirbelsäule konzentrieren.

Beim Meditieren sollten Sie versuchen, den Rücken so gerade wie möglich zu halten. Wenn Sie das nicht tun, wird es Ihnen unbequem werden. (1) Wir beginnen diese Meditation, indem wir einen dünnen, roten Kanal in unserem Körper visualisieren, der rechts entlang der Wirbelsäule verläuft. Diese Kanäle bestehen aus subtiler Materie und sollten nicht mit Arterien oder Venen verwechselt werden. Dieser rote Kanal beginnt vier Fingerbreit unterhalb des Nabels und verläuft rechts entlang der Wirbelsäule aufwärts bis zum höchsten Punkt des Kopfes, über dem Gehirn, aber unterhalb der Schädeldecke. An diesem Punkt, nahe der Stelle, wo der Schädel bei einem Neugeborenen noch weich ist, krümmt er sich wie der Griff eines Regenschirms und endet an der rechten Nasenöffnung. Wir sollten uns den Kanal gerade und geschmeidig vorstellen. Auf die gleiche Weise sollten wir uns einen weißen Kanal vorstellen, der vier Fingerbreit unterhalb des Nabels beginnt und links entlang der Wirbelsäule aufwärts verläuft, sich am Scheitelpunkt krümmt und im linken Nasenloch endet. Wir stellen uns die beiden Kanäle wie zwei hohle Röhren von der Dicke des kleinen Fingers vor. Im rechten, roten Kanal visualisieren wir Blut, und im linken, weißen Kanal visualisieren wir Samenflüssigkeit.

Wir beginnen die Meditation damit, daß wir uns den weißen Kanal an dem Punkt vier Fingerbreit unterhalb des Nabels in den roten Kanal eingeführt vorstellen, so wie eine kleine, dünne Röhre in eine größere hineinpaßt. Nachdem man sich diese beiden Röhren vier Fingerbreit unterhalb des Nabels ineinandergesteckt klar vorgestellt hat, sollte man das rechte Nasenloch mit dem rechten Zeigefinger zuhalten. Dann atmen wir durch das linke Nasenloch ein und stellen uns dabei vor, daß die Luft durch den linken Kanal nach unten strömt. Sobald sie den Punkt erreicht, an dem der linke Kanal in den rechten eintritt, beginnen

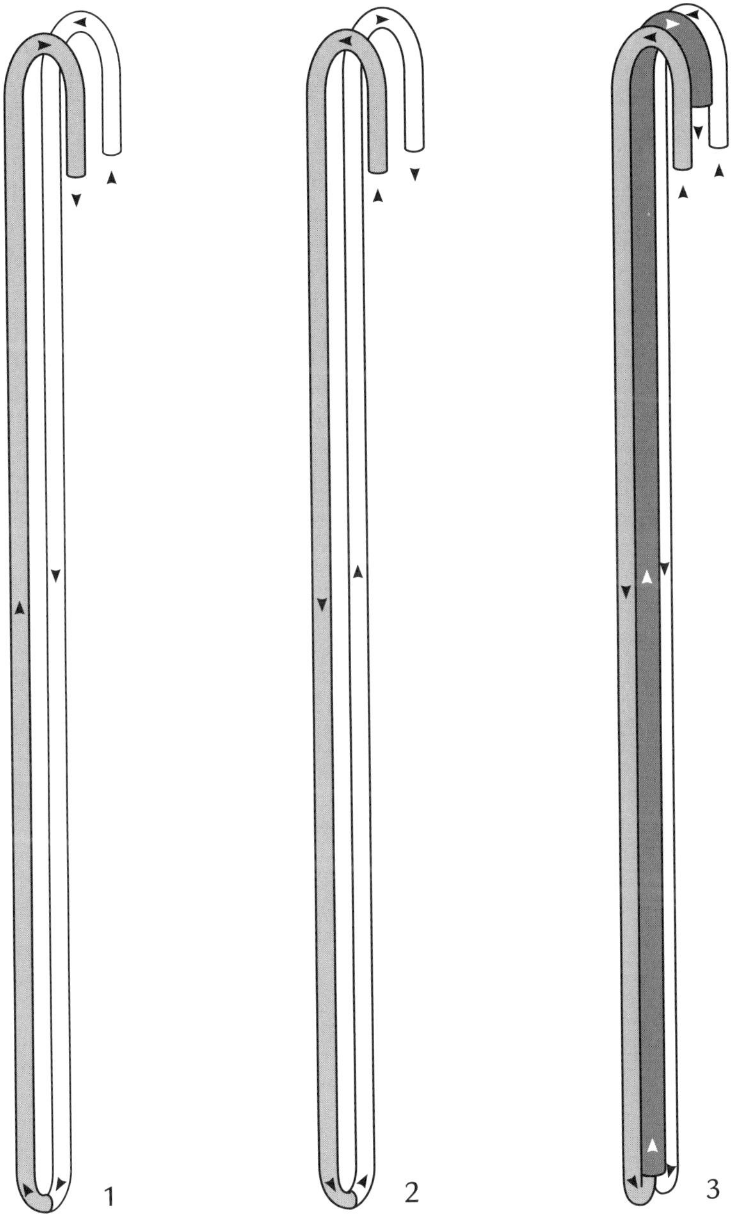

Die neunfache Atemübung

wir auszuatmen und nehmen gleichzeitig den rechten Zeigefinger vom rechten Nasenloch und halten damit das linke Nasenloch zu. Beim Ausatmen stellen wir uns vor, daß diese eingeatmete Luft vom linken Kanal in den rechten überströmt, im rechten Kanal aufsteigt und durch das rechte Nasenloch ausgeatmet wird. Während dieser Visualisation stellen wir uns vor, daß die Luft, die durch die Kanäle fließt, diese von allen Verunreinigungen reinigt, so daß sie rein und strahlend zurückbleiben, ganz ähnlich wie Wind Staub wegbläst. Beim Ausatmen können wir uns vorstellen, daß unser rechtes Nasenloch ein bißchen wie ein Fabrikschlot ist, der den Rauch unserer Verunreinigungen ausstößt.

Wir sollten langsam, ruhig und tief atmen, sowohl beim Einatmen als auch beim Ausatmen. Es ist nicht notwendig, den Atem zu forcieren. Atmen Sie so natürlich und gleichmäßig wie möglich. Am Anfang mag es ein wenig schwierig sein, weil wir dazu neigen, flach zu atmen, aber nach und nach werden wir uns an die Übung gewöhnen, und unsere Atemzüge werden von selbst länger. Wir sollten diese Folge, das Einatmen durch das linke Nasenloch und das Ausatmen durch das rechte dreimal wiederholen. Stellen Sie sich bei jedem Ein- und Ausatmen vor, daß die aufsteigende Luft den rechten Kanal vollständig reinigt und daß er strahlend wie ein Kanal aus sehr subtilem rotem Licht wird.

Nachdem wir diese Folge dreimal wiederholt und dadurch den rechten Kanal gereinigt haben, sollten wir den Vorgang umkehren und den linken Kanal reinigen. (2) Wir führen jetzt an der Stelle vier Fingerbreit unterhalb des Nabels das Ende des rechten, roten Kanals in den weißen, linken Kanal ein. Nun halten wir das linke Nasenloch zu, indem wir mit dem linken Zeigefinger auf die linke Seite der Nase drücken, und dann atmen wir langsam und sanft durch das rechte Nasenloch ein. Wenn der Atem den Punkt vier Fingerbreit unterhalb des Nabels erreicht, benützen wir denselben Finger, um das rechte Nasenloch zuzuhalten, und atmen langsam und sanft durch das linke aus.

Wir wiederholen diesen Vorgang dreimal. Dabei stellen wir uns vor, daß alle Unreinheiten des linken, weißen Kanals mit dem Atem ausgestoßen werden. Der Kanal wird rein und strahlend wie eine leuchtende Röhre aus subtilem, weißem Licht. Die Kanäle sind biegsam und zart, obwohl sie entlang der Wirbelsäule gerade bleiben.

Nun visualisieren wir zwischen den beiden anderen Kanälen einen dritten, blauen Kanal. (3) Er beginnt ebenfalls an dem Punkt vier Fingerbreit unterhalb des Nabels und verläuft entlang der Wirbelsäule ein wenig vor ihr nach oben. Am Scheitelpunkt krümmt er sich wie der Griff eines Regenschirms und endet an dem Punkt in der Mitte zwischen den Augenbrauen. Dieser dritte Kanal ist etwas weiter als der rote und der weiße Kanal. Es ist der wichtigste Kanal in unserem Körper, und wir werden ihn nun auf ähnliche Weise reinigen. Wir stellen uns vor, daß der rote und der weiße Kanal an dem Punkt vier Fingerbreit unterhalb des Nabels in den blauen Kanal eintreten, wieder wie zwei Röhren, die in eine etwas weitere passen. Während wir meditieren, sollten wir unsere Hände in unseren Schoß legen, die rechte Hand mit der Handfläche nach oben auf der linken Handfläche, und die beiden Daumen bilden zusammen mit der Handfläche ein Dreieck. Der Nabel sollte auf gleicher Höhe sein wie die Mitte des Dreiecks. Wir atmen durch beide Nasenlöcher ein und aus, aber bei dieser Visualisation stellen wir uns vor, daß die Unreinheiten den zentralen Kanal an der Stelle zwischen den Augenbrauen verlassen. Diesen Vorgang wiederholen wir dreimal. Danach stellen wir uns vor, daß dieser Kanal vollständig gereinigt ist und in seiner Natur ein subtiles, strahlendes, blaues Licht wird. Wenn wir diesen Vorgang beendet haben, sollten wir langsam, sanft und gleichmäßig weiteratmen und uns vorstellen, daß unser Atem frei durch alle Kanäle strömt.

Wenn wir uns auf diese Atemübung konzentrieren, kann sie eine ausgezeichnete Methode sein, um den Geist zu beruhigen und uns auf die weiteren Meditationen vorzubereiten.

Die sechs Stufen der Atemmeditation

Nachdem man sich in der richtigen Haltung hingesetzt hat, beginnt man, sich auf den Atem zu konzentrieren. Diese Meditation des Beobachtens des Atems hat sechs Unterteilungen: Zählen, Folgen, Setzen, Untersuchen, Verändern und Vollendung.

1 Zählen

Zählen bezieht sich auf das Zählen der Ein- und Ausatmungen. Wir sitzen in Meditationshaltung und atmen langsam ein und aus. Jede Folge einer Einatmung und einer Ausatmung wird als eins gezählt. Auf diese Weise zählen wir bis zehn. Während dieser Zeit sollte der Geist vollkommen auf das Atmen konzentriert sein. Da Hindernisse entstehen, wenn man weniger oder mehr als zehn zählt, werden wir bis zehn zählen. Während wir zählen, sollte uns bewußt bleiben, daß wir jetzt einatmen, jetzt ausatmen und so weiter. Wenn wir einatmen und dabei denken, wir atmen aus, verfehlt es den Zweck der Übung. Wir müssen unablässig auf die Atemfolge achten. Wenn man diese Übung ausführt, aber dem Geist erlaubt zu wandern, wird sie keinen Nutzen bringen. Am Anfang sollten wir auf eine sanfte, natürliche Weise atmen. Schließlich wird unser Atem als Folge dieser Anwendung länger und tiefer werden. Der Geist muß dem Atemvorgang aufmerksam folgen, ohne an etwas anderes zu denken. Versuchen Sie nicht, den Atem künstlich zu verlängern. Wenn man fähig ist, zehn Einatmungen und zehn Ausatmungen zu zählen, ohne den Geist wandern zu lassen, und wenn der Atem als Resultat der Übung länger geworden ist, dann ist die erste Stufe des Beobachtens des Atems abgeschlossen. Erst dann sollte man zur zweiten Stufe weitergehen.

2 Folgen

Auf der zweiten Stufe *folgt* man dem Atem. Zuerst folgen wir mit unserer Aufmerksamkeit unserer Einatmung, bis sie die Höhe des Halses erreicht, und dann, während wir ausatmen, folgen wir dem Atem bis zu einem Punkt ein wenig jenseits der Nasenlöcher im Raum vor uns. Wenn uns das ganz leicht fällt, beginnen wir, der Einatmung in der Luftröhre ein wenig weiter hinunter bis zur Brust zu folgen, und in gleicher Weise eine entsprechende Entfernung aus den Nasenlöchern hinaus. Gelingt uns das gut, dann folgen wir dem Atem bis zur Höhe der Knie und wieder dieselbe Entfernung aus den Nasenlöchern hinaus. Es mag manchen von Ihnen leichter fallen, sich die durch die Kanäle streichende Luft wie einen dünnen Weihrauchfaden vorzustellen. Dabei ist es wichtig, daran zu denken, daß der Atem selbst weder Form noch Farbe hat und daß dies nur eine Hilfe für die Visualisation ist. Indem Sie auf die gleiche Weise fortfahren, sollten Sie sich dann vorstellen, daß der Atem bis zur Ebene der Füße geht und dann die entsprechende Entfernung aus den Nasenlöchern hinaus.

Obwohl ich das ziemlich schnell erkläre, sollten Sie, wenn Sie meditieren, langsam und stufenweise vorgehen, jeden Schritt beherrschen, bevor Sie zum nächsten weitergehen. Jede folgende Stufe wird viel Zeit beanspruchen. Es ist, wie wenn man ein Haus baut; man kann es nicht in einem Tag bewerkstelligen. Man baut Ziegel um Ziegel. Aber wenn jeden Tag gearbeitet wird, ist das Haus letzten Endes gebaut. Diese Meditation ist ähnlich. Wir müssen jeden Tag ein wenig tun und werden dann als Ergebnis unserer beständigen Anstrengung Fortschritt machen. Der Meditierende setzt seine Anwendung fort und stellt sich vor, daß der eingeatmete Atem über die Füße hinausgeht und desgleichen der ausgeatmete Atem eine entsprechende Entfernung über die Nasenlöcher hinaus. Wenn diese zweite Stufe der Atem-Achtsamkeit vervollkommnet worden ist, ist der Meditierende fähig, seiner Atemfolge über das Ende der Füße hinaus zu folgen, ohne daß der Geist jemals abschweift. Erst dann kann der Meditierende zur nächsten Stufe weitergehen.

3 Setzen

Wenn ein Meditierender die dritte Stufe meistert, das *Setzen,* ist er fähig, den Atem zu visualisieren, als sei er ein dünner Weihrauchfaden, der bewegungslos ist und von den Nasenlöchern bis hinunter zu den Füßen reicht. Zu diesem Zeitpunkt hat jedes Einatmen oder Ausatmen aufgehört. Das wird nicht erreicht, indem man den Atem anhält, sondern ist das natürliche Ergebnis der Anwendung. Der Meditierende ist jetzt fähig, willentlich und ohne Gewalt das Atmen abzubrechen und seinen Geist auf dem Bild des Atems als einem langen, dünnen Rauchfaden festzuhalten. Er ist auch imstande, einen kleinen Teil des Geistes zu benützen, um zu untersuchen, was in seinem Körper vorgeht; zum Beispiel, welche körperlichen Empfindungen während der meditativen Versenkung auftreten. Es ist wichtig, daß alle diese Übungen ausgeführt werden, ohne dem Atem Gewalt anzutun. Man sollte entspannt sein und sich wohl fühlen. Wenn Sie zu übertreiben versuchen, wird der Geist angespannt und erregt und die Meditation unwirksam. Meistert der Meditierende diese Übung, dann ist er fähig, ruhig und gleichmäßig zu atmen, den Atem anzuhalten und über lange Zeitspannen hinweg konzentriert zu bleiben. Diese Fähigkeiten werden als Resultat der Anwendung natürlich entstehen und sollten nicht vorzeitig erzwungen werden. Durch diese Übung erlangt man Kontrolle über den Atem und als Folge davon über den Geist. Beide, Körper und Geist, werden entspannt und geschmeidig. Wenn wir diese vollständige Kontrolle über den Atem und damit über unseren Geist erlangt haben, müssen wir uns nicht länger zum Meditieren zwingen, noch brauchen wir jemand anderen, der uns ermutigt. Wir werden den Wunsch haben zu meditieren, gerade so wie manche Leute den Wunsch haben zu schlafen. Eine Person, die gern schläft, braucht nicht dazu aufgefordert zu werden. Sie schläft, weil sie es gern tut. Dasselbe wird mit unserer Meditation geschehen.

Obwohl wir jetzt nicht fähig sind, diese dritte Stufe, das Setzen, richtig auszuführen, sollten wir uns dennoch damit vertraut machen, weil es eine gute Schulung ist. Unsere Hauptanwendung wird die erste Atemübung sein, und von Zeit zu Zeit sollten wir die zweite und gelegentlich die dritte machen. Wenn diese drei Stufen schließlich gemeistert worden sind, kann der Meditierende zur vierten Stufe weitergehen.

4 Untersuchen

Auf der vierten Stufe, der Stufe des *Untersuchens*, ist der Geist hauptsächlich auf den Atem gerichtet, aber ein kleiner Teil des Geistes analysiert und untersucht gleichzeitig die geatmete Luft, um zu verstehen, daß diese Luft aus unterschiedlichen Elementen zusammengesetzt ist: aus Festigkeit, Flüssigkeit, Hitze und Bewegung (Erde, Wasser, Feuer und Luft); auch daß sie Form, Geruch, Geschmack und Berührbarkeit hat. Diese Luft ist also aus acht Teilen zusammengesetzt. Diese Erklärung soll Ihnen nur eine Vorstellung davon geben, was auf der vierten Stufe, der Stufe des Untersuchens, geschieht, aber vorläufig sollten wir das nicht versuchen, weil es zu kompliziert wäre. Wenn diese Stufe vollkommen gemeistert worden ist, können wir zur fünften weitergehen, dem *Verändern*.

5 Verändern

Ich werde noch nicht über diese Stufe sprechen, weil sie nicht begonnen werden kann, solange man noch nicht viel meditiert und eine ziemlich fortgeschrittene Stufe der Entwicklung auf dem Weg erlangt hat. Für diejenigen unter Ihnen, die eine gewisse Vertrautheit mit dem Dharma haben, will ich erwähnen, daß sie mit dem Weg der Ansammlung zusammenhängt.

6 Vollendung

Schließlich gelangt der Meditierende dank beständiger Bemühungen zur sechsten Stufe, der Stufe der *Vollendung*. An diesem Punkt wird er ein Arya oder jemand, der den Weg des Sehens erreicht hat. Diesem folgt der Weg des Gewöhnens und der des Nicht-mehr-Lernens. Zur Zeit sollten wir uns nur mit den ersten drei Atemübungen beschäftigen. Ich habe die letzten drei nur erwähnt, um Ihnen eine Vorstellung davon zu geben. Sie können erst angewendet werden, nachdem die ersten drei gemeistert wurden. Wir sollten verstehen, daß das Beobachten des Atems nicht nur eine einfache Atem-Achtsamkeit ist, sondern diese sechs Stufen umfaßt und den ganzen Vorgang, der damit zusammenhängt. Das Resultat ist vollständige Kontrolle über den Geist.

Es ist unerheblich, ob man jung oder alt ist, jetzt ist die Zeit, um mit der Anwendung dieser Methoden zu beginnen, damit Sie Kontrolle über den Geist gewinnen. Junge Leute besonders können dem viel Zeit und Energie widmen. Sie können auch, weil sie kräftige und gesündere Körper haben, sehr zufriedenstellende Ergebnisse erzielen. Wenn wir in unserem Leben feststellen, daß wir Leid und Schmerz erfahren, ist es eine Folge unserer mangelnden Geisteskontrolle. Wir erlauben uns, unserem Geist zu folgen, wohin immer er führt, und wir werden hoffnungslos in frustrierende Probleme verstrickt. Jetzt müssen wir anfangen, Kontrolle des Geistes zu entwickeln und schließlich sein Meister werden. Es gibt viele große Denker auf dieser Erde, aber die meisten beschäftigen sich nur mit äußeren Angelegenheiten. Hier befassen wir uns mit dem, was im Geist vorgeht. Wir müssen darüber nachdenken und es beobachten. Es gibt nur sehr wenige Leute, die ihren Geist auf diese Weise gebrauchen. Aus diesem Grund ist unsere Meditation über den Atem weitaus wichtiger, als nur über Bäume und Berge nachzudenken und wo wir gern Ferien verbringen würden. Wenn unsere Aufmerksamkeit hauptsächlich auf Äußeres gerichtet ist, wird unser Geist hin-und herspringen, und es wird sehr wenig nach Ordnung aussehen. Wenn wir uns dagegen auf unsere Atmung konzentrieren, werden wir unseren Geist auf ein einziges Objekt richten und so verhindern, daß er ziellos umherwandert. Das ist eine Schlüsselanwendung, wenn wir Kontrolle über den Geist erlangen wollen.

Bevor man diese Meditation des Atem-Beobachtens ausführt, ist es am besten, die Sitzung mit dem Reinigen der drei Kanäle mit Hilfe der neunfachen Atemübung zu beginnen. Außerdem wird diese Übung bei späteren, fortgeschritteneren Anwendungen vorteilhaft sein, bei denen die gleichen Kanäle benützt werden. Aber wenn jemand diese Übung schwierig findet, ist es nicht nötig, sie anzuwenden. Man kann sie auslassen und mit dem Zählen des Atems beginnen. Man sollte diejenige Meditation anwenden, die man am nützlichsten findet. Es ist wie das Einnehmen der richtigen Medizin, um eine Krankheit zu heilen. Wenn wir krank sind, nehmen wir nicht alle verfügbaren Medikamente, sondern suchen dasjenige aus, das für unsere besondere Krankheit am geeignetsten ist.

Mit dem Beginn dieser Übungen des Atem-Beobachtens haben wir angefangen, Meditation anzuwenden. Es gibt zwei Arten der Meditation: analytische Meditation und konzentrative Meditation. Das Zählen von Atemzügen und die Übung mit den Kanälen gehören zur zweiten Art. Wir können abwechselnd unseren Atem beobachten und über verschiedene Aspekte der Unterweisungen nachdenken, die wir gehört haben; zum Beispiel über die Natur der drei Arten von Leid, ihre Ursachen und Umstände. Wir können darüber nachdenken, ob diese Überlegungen durch unsere eigene Erfahrung bestätigt werden. Und wenn ja, warum. Auf diese Weise können wir analytische Meditation mit konzentrativer Meditation abwechseln.

2 Die Ursachen für Leid

Wenn jemand schwer krank ist, geht er ins Krankenhaus, um sich behandeln zu lassen. Er tut das, weil er begreift, daß er krank ist und geheilt werden will. Wir müssen eine ähnliche Einstellung im Hinblick auf unsere gegenwärtige Lage entwickeln. Wir erfahren Leid. Und solange wir von Verblendungen beherrscht werden, wird das weiterhin so bleiben. Unser Bestreben, Dharma anzuwenden, muß aus einer Erkenntnis dieses Leids kommen, aus der Entschlossenheit, davon freizukommen, und aus dem Verständnis, daß das Mittel dafür die Anwendung von Dharma ist. Die Ursache für Leid liegt in uns, und somit ebenfalls der Weg, es zu überwinden. Da dies so ist, scheint es nur logisch, daß wir unsere Situation ausnutzen und hart daran arbeiten sollten. Dharma ist für jeden, jung und alt, Mann und Frau. Es gibt keine Einschränkungen, wer Dharma anwenden darf. Wenn jemand krank ist und eine wirksame Arznei zur Hand hat, wäre er dumm, wenn er sie nicht einnähme. Oder wenn jemand Eisen möchte und Eisenerzberge besitzt, sollte er sich natürlich bemühen, das Erz zu reinigen und Eisen daraus zu gewinnen. Genauso wie jemand Eisenerz schmelzen und Eisen daraus gewinnen kann und dann aus diesem Eisen zahllose verschiedene Dinge herstellen kann, so können auch wir mit unserem Geist die Essenz aus unserem Leben ziehen und Dharma anwenden, um unser Leid zu beseitigen. Es ist sehr wichtig, daß Sie sich an das, was ich gesagt habe, erinnern und darüber nachdenken, indem Sie es mit Ihrer eigenen Erfahrung vergleichen. Lassen Sie sich nicht entmutigen von irgendwelchen Schwierigkeiten, denen Sie begegnen. Seien Sie lieber froh darüber, daß Sie für einen so bedeutungsvollen und heilsamen Zweck, die Anwendung von Dharma, diese Anstrengung machen und diese Schwierigkeiten erfahren können.

Solange wir in diesem bedingten Dasein kreisen, gibt es keine Möglichkeit für wahres und bleibendes Glück. Da dies so ist, ist es sehr wichtig, tief über unser Leiden und die Natur unserer mißlichen Lage nachzudenken. Wenn wir erkennen, daß wir leiden, müssen wir entscheiden, ob wir weiterhin leiden wollen oder nicht. Denken wir darüber nach, dann werden wir feststellen, daß niemand leiden will. Selbst Tiere versuchen, unangenehme Situationen zu vermeiden. Wenn wir beschlossen haben, daß wir nicht in diesem leidvollen Zustand weiterexistieren wollen, müssen wir uns daranmachen, ein Mittel zu finden, um uns zu befreien. Es genügt nicht, uns nur über unser Leid zu beklagen, wir müssen etwas tun, um es zu beenden.

Als erstes müssen wir die Quelle der schwierigen Lage finden. Ohne zuerst die Ursache geklärt zu haben, ist es unmöglich, unser Leid zu einem Ende zu bringen. Wenn wir von Land zu Land reisen oder sogar zu einem anderen Planeten aufbrechen, sind wir nicht in der Lage, den Sorgen zu entfliehen. Ich brauche das nicht in vielen Einzelheiten zu erklären; es ist offensichtlich, daß wir unsere Sorgen nicht hinter uns lassen nur dadurch, daß wir uns woandershin begeben. Daher müssen wir die Ursache unseres Leids finden, und dann müssen wir diese Ursache beseitigen. Dadurch wird auch ihre Wirkung von selbst ausgelöscht. Wenn unser Haus ein Loch im Dach hat und wir, anstatt das Loch zu flicken, einfach in einen anderen Raum im Haus umziehen, lösen wir nichts. Da es unsere vordringliche Aufgabe ist, uns von Leiden zu befreien, müssen wir einen Weg finden, das zu tun, und ob wir diese Methode Dharma nennen oder nicht, ist unwichtig. Wichtig ist, daß wir sie anwenden sollten.

Leid ist das Ergebnis einer Hauptursache und beitragender Umstände. Alle zusammengesetzten Phänomene unterliegen diesen zwei Faktoren. Sogar eine Blume, die im Garten draußen wächst, ist diesen Faktoren unterworfen. Ihre Hauptursache ist der Same, aus dem sie keimt, während die Umstände oder Bedingungen solche Dinge wie Sonnenschein, Dünger, die Pflege des Gärtners und so weiter sind. Dies alles fördert ihr Wachstum. Auf die gleiche Weise müssen sowohl Glück als auch Leid eine Hauptursache und beitragende Umstände haben, genauso wie eine schöne Blume und ein giftiges Unkraut beide jeweils einen Samen und die richtigen, ihrem Wachstum förderlichen Umstände haben müssen. Wenn wir einen Garten frei von häßlichem Unkraut haben möchten, müssen wir die Samen loswerden, die verursachen, daß Unkraut wächst. Wenn wir glücklich sein möchten, müssen wir den Ursachen für Leid ein Ende setzen.

Die Beseitigung der Ursache von Leid und das Wachsen und die Entwicklung von Glück hängen ganz von unserer eigenen Anstrengung ab. Durch die Verbindung der Kraft des Dharma und unserer eigenen Anstrengung in der Anwendung können alle Ziele erreicht werden. Aber ohne diese persönliche Anstrengung vermag das Dharma, obwohl es sehr wirkungsvoll sein kann, die Wurzel des Leids nicht auszureißen. Es ist ähnlich einer sehr ausgeklügelten Maschine, die, obwohl sie sehr leistungsfähig sein mag und fähig, zahllose Aufgaben zu erfüllen, doch überwacht werden muß. Ohne jemanden, der sie bedient, wird eine Maschine auch mit ihrer ganzen Vielseitigkeit nichts herstellen können. Erst durch die Verbindung von Mensch und Maschine ist Produktion möglich. Solche Beispiele dürften es leichter machen, diesen Punkt zu verstehen.

Alles Leid und Glück, das wir erfahren, hat eine Ursache. Die Ursache für Glück sind heilsame Handlungen, und die Ursache für Leid sind unheilsame Handlungen. Da wir in der Vergangenheit unheilsame Handlungen ausgeführt haben, haben wir die Ursachen für unser jetziges und zukünftiges Leid zusammengetragen. Wären die Ursachen nicht vorhanden, gäbe es keine Möglichkeit, daß eine Wirkung entsteht. Diese gleichen Bedingungen gelten ebenso für Glück. Wenn wir heilsame Handlungen ausführen, werden wir, weil sie die Ursache für Glück sind, später ihre Frucht erfahren. Es gibt keinen anderen Weg, auf dem Erfahrungen zustande kommen können. Sie sind einzig von ihren spezifischen Ursachen abhängig. Unser Leid und unser Glück entstehen als Folge unserer eigenen Handlungen.

Manche von Ihnen möchten vielleicht wissen, warum Sie sehr viel gelitten haben, obwohl Sie keine besonders schlechten Handlungen begangen haben. Es kann stimmen, daß wir in diesem Leben keine schlechten Handlungen ausgeführt haben, aber aller Wahrscheinlichkeit nach haben wir das in früheren Leben getan, und das Leid, das wir jetzt durchmachen, ist ein Ergebnis dieser Handlungen. Wenn wir von vergangenen und zukünftigen Leben zu sprechen beginnen, mag das jemandem, der diese Auffassung nicht versteht, Schwierigkeiten bereiten. Aber ich werde im weiteren Verlauf mehr darüber erklären. Die Tatsache, daß wir als menschliche Wesen geboren wurden, hängt von den guten Handlungen ab, die wir in früheren Leben ausgeführt haben. Die Auffassung ist vielleicht schwer zu verstehen, aber sie stützt sich auf dasselbe Naturgesetz, das bestimmt, daß aus einer Tulpenzwiebel eine Tulpe wächst, während aus einer Iriszwiebel eine Iris wächst. Die Hauptursache unserer Wiedergeburt als menschliches Wesen waren unsere eigenen heilsamen Handlungen. Einer der begleitenden Umstände waren unsere Eltern. Die Hauptursache der Tulpe war ihre Zwiebel; die Umstände waren Sonne, Erde und Wasser. Der Hauptpunkt hier ist, daß bestimmte Ursachen bestimmte Wirkungen hervorbringen.

Die Unterweisungen werden nun komplizierter, und manche von Ihnen finden es vielleicht schwieriger, sie zu verstehen. Aber in dem Maß, in dem die Themen komplizierter werden, müssen wir uns mehr anstrengen und tiefer darüber nachdenken.

Karma

Das Sanskritwort für Handlung heißt *Karma.* Es gibt verschiedene Arten von Karma oder Handlungen, von denen einige nicht eine Ursache für bedingtes Dasein (Skt. *Samsara*) sind, aber hier sprechen wir von Karma, das eine solche

Ursache darstellt. Dieses Karma ist in zwei Arten unterteilt, in *werfendes Karma* und *vervollständigendes Karma.* Wie diese beiden Arten nötig sind, können wir am Beispiel einer menschlichen Wiedergeburt sehen. Werfendes Karma bestimmt die Wiedergeburt als Mensch, und vervollständigendes Karma bestimmt die Umstände im Leben dieser Person. Heilsame Handlungen wie reines ethisches Verhalten, zum Beispiel nicht zu töten oder nicht zu stehlen oder andere schädliche Handlungen zu vermeiden werden zur werfenden Ursache für eine menschliche Wiedergeburt. Solche Handlungen bestimmen die Art der Geburt. Aber wenn man als ein menschliches Wesen geboren worden ist, gibt es viele Aspekte im Leben, die durch das vervollständigende Karma bestimmt werden. Die Anwendung des Gebens erzeugt die vervollständigende karmische Ursache für eine Person, deren Bedürfnisse befriedigt werden. Die Anwendung von Geduld erzeugt die vervollständigende karmische Ursache für einen attraktiven und gesunden Körper, während anderen zu helfen, wenn sie krank sind, und andere aus Gefahr zu retten die Ursache ist für ein Leben ohne Krankheit oder andere körperliche Probleme. Bescheidenheit erzeugt die vervollständigende karmische Ursache dafür, daß man von anderen geachtet wird, und das Vermeiden von Lügen ist die Ursache dafür, daß einem geglaubt wird.

Diese Gedanken mögen Zweifel in Ihrem Geist hervorrufen. Vielleicht denken Sie, daß der Wohlstand, den Sie genießen, das Ergebnis Ihrer eigenen Anstrengungen ist. „Als ich jung war, wählte ich einen Beruf, und ich habe gearbeitet für das, was ich erreicht habe." Tatsächlich sind die Tätigkeit und die Früchte unserer Arbeit Umstände für das, was wir erreichen. Die Hauptursache sind jedoch frühere Handlungen. Durch eine Verbindung dieser Hauptursache, die in früheren Leben erzeugt wurde, und persönlicher Anstrengung in diesem Leben erlangt man Wohlstand und Glück. Wenn wir diese Hauptursache außer acht lassen und denken, daß Umstände allein die gegenwärtigen Erfahrungen erzeugen können, wird es schwierig, zu erklären, warum die Bemühungen mancher Leute, wenn sie genauso hart arbeiten wie andere, nicht die gleiche Wirkung erzeugen. So müssen wir, wenn wir uns für die Zukunft wirkliches Glück wünschen, jetzt beginnen, den Grund dafür vorzubereiten.

Lassen Sie uns das nun vom Gesichtspunkt unheilsamer Handlungen aus betrachten. Es gibt zum Beispiel Menschen, die in sehr armen Ländern geboren sind und deren Leben voll Mühe ist. Diese Schwierigkeiten sind ein Ergebnis früherer Handlungen. Natürlich haben sie in der Vergangenheit heilsame Handlungen angesammelt, wie zum Beispiel reines ethisches Verhalten, so daß sie als Mensch geboren wurden. Aber trotzdem wurden sie in schwierige Umstände hineingeboren. Das ist ein Resultat ihres vervollständigenden Karmas. In früheren Leben zeigten sie Geiz und große Anhaftung an ihre Besitztümer, und es mangelte ihnen stets an Großzügigkeit und Freigebigkeit. Als Folge davon leiden sie nun unter Mangel. Reichtum ist ein Resultat von Großzügigkeit, während Armut ein Resultat von Geiz ist. Manche Leute, die als Mensch geboren werden, können ein unansehnliches Äußeres oder einen schwachen und gebrechlichen Körper haben. Ihre menschliche Geburt ist ein Ergebnis heilsamer Handlungen, aber weil es ihnen in früheren Leben an Geduld fehlte oder sie starken Haß empfanden, hatte ihr vervollständigendes Karma einen häßlichen, mißgebildeten oder schwächlichen Körper zur Folge. So wie Geduld die zukünftige karmische Frucht von Schönheit erzeugt, verursacht Haß das Gegenteil. Wenn wir in Zukunft also schön sein möchten, müssen wir jetzt damit beginnen, Geduld zu üben. Bei jemandem, der ständig Gefahr, Mühe und viele Mißgeschicke wie Krankheit oder Unfälle in seinem Leben erfährt, reifen die Wirkungen seines vervollständigenden Karmas, das dadurch erzeugt wurde, daß er die Leben anderer störte, gefährdete und ihnen schadete.

Wir denken vielleicht, daß die schlechte Gesundheit einer Person daher rührt, daß sie nicht für sich sorgt – das ist wieder ein beitragender Faktor. Wir können auch Beispiele in bezug auf die Rede eines Menschen finden. Was auch immer manche Leute sagen, selbst wenn sie nicht besonders redegewandt sind, es wird geglaubt, und andere vertrauen ihnen. Dies ist ein Resultat früherer heilsamer Handlungen. Ein gutes Karma der Rede ist durch solche Handlungen erzeugt worden, wie stets die Wahrheit zu sagen und Lügen und Geschwätz zu vermeiden. Die Fähigkeit einer solchen Person, mit ihrer Rede in anderen Vertrauen zu erwecken, ist ein Ergebnis dieser heilsamen Handlungen. Andererseits kommt es vor, daß eine redegewandte und aufrichtige Person nicht in der Lage ist, Leute dazu zu bringen, daß sie glauben, was sie sagt. Das ist ein Ergebnis von vervollständigendem Karma, das in früheren Leben durch Handlungen wie Lügen, Betrügen und Geschwätz angesammelt wurde.

Es gibt im Leben unzählige Situationen, die diesen ähnlich sind, und jede von ihnen ist das spezifische Resultat der Verbindung von Ursachen, die in der Vergangenheit angesammelt wurden, mit Umständen, die in der Gegenwart auftreten. Alle Arten von Situationen können auf diese Weise entstehen. Da wir alle ein glückliches und zufriedenes Leben führen wollen, ist es außerordentlich wichtig, daß wir, solange wir jetzt die Gelegenheit haben, die Ursachen für Glück zu setzen, sehr vorsichtig mit unseren Handlungen sind und diese Gelegenheit nutzen. Wenn wir in der Zukunft alles zum Leben Nötige im Überfluß haben möchten, eine gute Gesundheit und gutes Aussehen, müssen wir jetzt ein heilsames Leben führen und Großzügigkeit, Geduld und so weiter anwenden. Führen wir ein solches heilsames Leben, dann werden unsere körperlichen, sprachlichen und geistigen Handlungen nicht nur vom Standpunkt des Dharma aus gesehen Achtung verdienen, sondern auch aus einer weltlichen Sicht. Jemand, der anderen gegenüber geduldig, gütig und großzügig ist, wird von allen geschätzt. Solche Handlungen sind ein wertvoller Teil des täglichen Lebens. Führen wir ein solches Leben, dann macht es keinerlei Unterschied, ob wir es Dharma-Anwendung nennen oder nicht. Wenn zum Beispiel jemand sieht, daß das Leben eines anderen in Gefahr ist und ihm aus Mitgefühl zu Hilfe kommt, wendet er Dharma an, ob er nun an eine Religion glaubt oder nicht. Ebenso wird eine Person, die jemandem, der hungrig und durstig ist, aus Güte zu essen und zu trinken gibt, ganz natürlich in die Anwendung von Dharma hineingezogen. Ganz gleich, wie sie ihre eigenen Handlungen beurteilt, sie führt heilsame Tätigkeiten aus und wird als Folge deren Wirkung erfahren. Es gibt viele verschiedene Arten, Dharma anzuwenden. Für manche Leute kann es bedeuten, auf die Berge zu gehen, in einer Einsiedelei zu leben und ihr Leben in Meditation zu verbringen. Aber das ist nur ein Aspekt der Anwendung von Dharma. Unter anderen zu leben, ein heilsames Leben zu führen und aus einem gütigen und mitfühlenden Herzen heraus zu helfen, Bedürfnisse zu befriedigen, ist eine gleicherweise wertvolle Anwendung.

Genauso wie die heilsamen und unheilsamen Handlungen einer einzelnen Person Glück und Leid zur Folge haben, kann es vorkommen, daß ein ganzes Land sich eines hohen Lebensstandards erfreut, während ein anderes unter großen Entbehrungen leidet. Solche Situationen entstehen wieder als ein Resultat des gemeinsamen oder kollektiven Karmas der Menschen, die an einem bestimmten Ort geboren werden. Länder, in denen die ganze Bevölkerung an Armut und Hunger leidet, sind Beispiele für Resultate kollektiven Karmas, das eine große Zahl von Menschen betrifft.

Solange die Ursachen und Umstände für Leid in uns existieren, werden wir es, obwohl wir nicht leiden möchten, ebensowenig verhindern können, wie wir eine Blume am Wachsen hindern können, wenn alle notwendigen Ursachen und Umstände vorhanden sind. Wenn wir einen Samen in gute Erde pflanzen, ihn düngen, gießen und ihm erlauben, reichlich Sonne zu bekommen, werden wir sein Wachstum nicht hindern können, es sein denn, wir graben ihn aus.

Verblendungen

Die Ursache für Leid, die unheilsame Handlung, hat ebenfalls ihre eigene spezifische Ursache. Eine solche Handlung wird durch Verblendungen (Skt. *Klescha*) erzeugt. Von den vielen Arten dieser Verblendungen sind die drei Hauptverblendungen Begierde, Haß und Unwissenheit. Diese Verblendungen wirken ausschließlich in unserem eigenen Geist.

Wenn wir unseren Geist beobachten, können wir sehen, wie Begierde oder Anhaftung in bezug auf Wohlstand, Nahrung oder andere Objekte entsteht. Um zu zeigen, wie die Verblendung der Anhaftung zu einer unheilsamen Handlung führt, aus der Leid entsteht, lassen Sie uns als Beispiel jemanden nehmen, der ein starkes Verlangen nach Nahrung hat. Aus diesem Grund tötet die Person ein Tier oder bittet jemand anderen, es für sie zu tun. Es kann ein Schaf sein, eine Kuh, ein Huhn oder irgendein anderes Tier, das gewöhnlich wegen seines Fleisches getötet wird. Zu dem Zeitpunkt, wo das Tier getötet wird, entweder von der Person selbst oder von jemand anderem, den sie gebeten hat, es zu tun, wird das Karma erzeugt. Sobald diese Handlung des Tötens abgeschlossen ist, genau in diesem Augenblick, wird ein Eindruck im Bewußtseinskontinuum hinterlassen. Wenn die Person, getrieben durch ihre Anhaftung, ein Tier, zwei Tiere oder hundert Tiere tötet, wird die entsprechende Anzahl von Eindrücken auf ihrem Bewußtseinsstrom hinterlassen. Obwohl ein karmischer Eindruck formlos und nicht fühlbar ist, bleibt er dennoch auf dem Geisteskontinuum, bis günstige Umstände auftreten, die ihm erlauben, seine leidvolle Wirkung zu erzeugen. Es ist ein bißchen wie elektrischer Strom. Obwohl wir ihn nicht durch die Leitungen fließen sehen können, hat er doch die Kraft, Maschinen anzutreiben.

Wenn eine Person aus Anhaftung oder dem Wunsch nach Reichtum und Besitz stiehlt, wird ebenso gleichzeitig mit dieser Handlung schlechtes Karma erzeugt. Auch hier läßt eine Verblendung wieder eine bestimmte Handlung entstehen, die einen Eindruck im Bewußtseinsstrom hinterläßt und in der Zukunft Leid erzeugen wird. Dies sind zwei einfache Beispiele, wie die Verblendung der Anhaftung Karma erzeugt. Aber wenn Sie gründlich nachdenken, werden Sie noch viele weitere finden. Töten erzeugt negatives körperliches Karma. Andere damit zu beauftragen hat negatives sprachliches Karma zur Folge. Eine Person wird schließlich die Wirkungen solchen Karmas auf ähnliche Weise erfahren.

Geistiges Karma jedoch bedarf keiner körperlichen oder sprachlichen Anstrengung, daher ist es sehr leicht zu erzeugen. Sobald der unheilsame Gedanke auftritt, ist Karma erzeugt. Wenn zum Beispiel eine große Anzahl von Leuten angesichts des Unglücks anderer, sei es nur einer Person oder einer ganzen Nation, große geistige Befriedigung verspürt, erzeugen sie kollektives unheilsames Karma. Dieses Karma hinterläßt einen Eindruck auf dem Bewußtseinsstrom jeder dieser Personen, was dazu führt, daß sie gemeinsam die Wirkung in der Zukunft erfahren werden.

Das war eine kurze Erklärung über individuelles und kollektives Karma und die Art und Weise, wie diese durch die Verblendungen erzeugt werden. Leid entsteht aus Karma, und diese Handlungen werden durch die Verblendungen erzeugt. Daher müssen wir, um dem Leid ein Ende zu setzen, dem Karma ein Ende setzen, und um dem Karma ein Ende zu setzen, müssen wir den Verblendungen ein Ende setzen. Eine andere Möglichkeit gibt es nicht.

Wir brauchen nicht außerhalb von uns zu suchen, um diese Verblendungen zu finden. Sie existieren in unserem Geist und sind Teile seiner Natur. Deshalb ist es sehr wichtig, diese negativen Geistesfaktoren zu erkennen. Wir können uns dadurch mit der Art und Weise, in der sie auftreten und funktionieren, vertraut machen, und schließlich können wir sie beseitigen. Da solche Faktoren in unserem Geist vorhanden sind, müssen wir einen anderen Teil des Geistes dazu verwenden, sie zu beseitigen. Sie können nicht durch äußere Mittel zerstört werden. Selbst wenn wir eine Atombombe auf unsere Verblendungen fallen ließen, hätte es keine Wirkung. Wir würden den Körper zerstören, aber die Eindrücke der negativen Faktoren würden auf dem Bewußtseinsstrom in eine zukünftige Existenz weitergetragen werden.

Unreines und reines Karma

Ich möchte jetzt auf die Erklärung über Karma zurückkommen, weil ich finde, daß dies näher ausgeführt werden sollte. Sie fragen vielleicht, was die körperlichen, sprachlichen und geistigen Handlungen sind, auf die wir Bezug genommen haben. Die Handlungen, über die wir hier sprechen, sind diejenigen, die die Ursache für Glück oder Leid werden. Karma wird im allgemeinen in zwei Arten eingeteilt, in unreines und reines Karma; in anderen Worten, Karma, das Resultate innerhalb bedingten Daseins verursacht, und Karma, das Resultate außerhalb bedingten Daseins verursacht. Dieses wird erst dann erzeugt, wenn eine Person direkte Erkenntnis der Leerheit (Skt. *Schunyata*) erlangt hat. Karma, das ein Resultat innerhalb des bedingten Daseins erzeugt, wird ebenfalls in zwei Arten unterteilt, in heilsames und unheilsames unreines Karma. Damit Sie sich einen Begriff davon machen können, stellen Sie sich einen Kreis vor, der das bedingte Dasein darstellt. Auf diesem Bild sind zwei Pfeile; der eine zeigt nach oben, der andere nach unten. Diese Pfeile symbolisieren heilsame und unheilsame Handlungen. Außerhalb des Kreises ist ein weiterer Pfeil, der reines Karma symbolisiert, das heißt Handlungen, die die Ursache für das Erlangen der Befreiung sind. Der Kreis selbst stellt die Handlungen dar, die wir auf unserer jetzigen Stufe der Existenz ansammeln, nicht die von Arya-Wesen, das heißt von denen, die direkte Erkenntnis der Leerheit erlangt haben. Alle Handlungen innerhalb des Kreises sind unrein. Die zwei Pfeile deuten an, daß eine unreine Handlung entweder heilsam oder unheilsam sein kann. Die heilsamen Handlungen innerhalb bedingten Daseins sind die Ursache für Glück, die unheilsamen sind die Ursache für Leid.

Da auf unserer jetzigen Stufe unheilsame unreine Handlungen für alles Leid, das wir erfahren, verantwortlich sind, ist es diese Art von Handlungen, die wir zuerst beseitigen müssen. Bis wir direkte Erkenntnis der Leerheit erlangt haben, müssen wir heilsame unreine Handlungen ausführen, um die Ursachen für Glück und letztlich die vollständige Befreiung zu erzeugen. Da wir zur Zeit nicht fähig sind, reine Handlungen auszuführen, müssen wir unser möglichstes tun, um unheilsame unreine Handlungen zu beseitigen und heilsame unreine Handlungen auszuführen. Das sind zum Beispiel Anwendungen wie Großzügigkeit, Geduld und gewohnheitsmäßiges, reines ethisches Verhalten. Solche Handlungen sind das Mittel, durch das wir auf unser letztliches Ziel der Befreiung hin Fortschritte machen können. Wenn wir dann direkte Erkenntnis der Leerheit, der letztlichen Natur aller Phänomene, erlangen, werden wir fähig sein, uns aus bedingtem Dasein zu lösen. Als Folge dieser Erkenntnis werden unsere zuvor unreinen heilsamen Handlungen in reine heilsame Handlungen umgewandelt werden, und durch die Kraft dieser Umwandlung werden wir das Leid und seine Ursachen entwurzeln können. Wir sollten daher nicht fälschlicherweise denken, alle Handlungen seien eine Ursache für Wiedergeburt in bedingtem Dasein. Vielmehr müssen wir unterscheiden zwischen Handlungen, die unrein oder rein sind. Auch wenn unreine heilsame Handlungen ein Resultat innerhalb bedingten Daseins erzeugen, werden sie zunächst benötigt, um die Fähigkeit zu entwickeln, reine heilsame Handlungen auszuführen. Wenn wir zum Beispiel in ein Flugzeug einsteigen wollen, müssen wir zunächst einige Stufen erklimmen. Diese sind nötig, um in das Flugzeug zu gelangen, aber wenn wir einmal an Bord sind, brauchen wir sie nicht mehr, und sie können weggenommen werden. Reines Karma ist wie der Flug eines Flugzeugs. Die Stufen, die zur Tür hinaufführen, sind unreinen heilsamen Handlungen ähnlich. Wir können die Stufen nicht vermeiden, sie sind notwendig. Und wenn wir versuchen, unreine heilsame Handlungen zu vermeiden, weil wir sagen, sie seien eine

Ursache für bedingtes Dasein, wäre dies unsinnig, weil sie genau das Mittel sind, mit dem wir die höheren Stufen erreichen.

Karma bezieht sich auf unsere täglichen Tätigkeiten, und abgesehen von diesen Tätigkeiten gibt es kein großes „Etwas" außerhalb von uns, das unser Glück oder Leid verursacht. Wenn wir eine schlechte Handlung wie Töten oder Stehlen ausführen, wird das Resultat dieser Handlung sowohl in diesem als auch in zukünftigen Leben entstehen. In diesem Leben werden wir vielleicht von anderen verachtet und verletzt, und in zukünftigen Leben werden wir als Folge ähnliches erleiden. Wenn wir dagegen ein gutes Leben führen, uns Großzügigkeit zur Gewohnheit geworden ist und wir einer fehlerfreien Ethik folgen, werden wir das Resultat nicht nur in zukünftigen Leben erfahren, sondern selbst in diesem Leben werden sich sehr gute Wirkungen zeigen.

Konzentrative Meditation

Da viele von Ihnen an punktförmiger Konzentration interessiert sind, werde ich nun eine andere Methode erklären, die Sie anwenden können. Nachdem ich Ihnen diese Methoden gegeben habe, sollten Sie daran denken, daß unser Hauptziel ist, den Geist zu entwickeln und umzuwandeln, und daher diejenige Methode anwenden, die Sie als die leichteste und nützlichste für sich erachten.

Bei der Visualisation der Kanäle im Körper haben wir uns die unteren Enden der Kanäle vier Fingerbreit unterhalb des Nabels vorgestellt. An diesem Kreuzungspunkt wollen wir nun einen kleinen roten Lichtpunkt visualisieren. Jetzt zum Beispiel sitzen wir hier im Meditationsraum. Wenn wir uns aber vorstellen, daß wir zu Hause in einem Sessel im Wohnzimmer sitzen, sehen wir das ganz deutlich. Wir können uns auf der gegenüberliegenden Seite ein Büchergestell vorstellen, zu unserer Linken ein Fenster, das auf den Rasen hinausschaut, und zu unserer Rechten einen Kamin mit einer Uhr auf dem Sims und so weiter. Eine solche Visualisation ist ganz einfach. Wenn unsere Vorstellung kräftig ist, können wir fast den Eindruck haben, wir säßen daheim in einem Sessel. Auf die gleiche Weise werden wir, wenn wir mit dieser Meditation vertraut werden, fähig sein, uns selbst im Innern dieses roten Lichtpunkts zu visualisieren. Diese Art der Anwendung, die darauf ausgerichtet ist, punktförmige Konzentration zu entwickeln, ist sehr schwierig, und am Anfang werden wir sie nicht lange ausführen können. Vielmehr sollten wir mehrere kurze Sitzungen mit vielen Pausen dazwischen machen. Wir sollten einige Minuten meditieren, dann kurz rasten und dann wieder meditieren. Wenn wir so fortschreitend üben, wird unsere Konzentration allmählich zunehmen. Gewöhnlich erklärt ein Meditationsmeister jeweils nur einen kleinen Teil der Meditation, und der Schüler übt das, bis er diesen Teil meistert. Da die Zeit zu kurz ist, wird uns das nicht möglich sein, und so werde ich jetzt einige Methoden erklären, die Sie später anwenden können. Es wird am Anfang nicht leicht sein, das kann ich Ihnen versichern. Aber wenn Sie sich anstrengen, wird es von sehr großem Nutzen sein.

Wenn manche Leute diese Visualisation eines roten Lichtpunkts zu schwierig finden, gibt es eine andere Methode, die sie versuchen können. Bei dieser Meditation liegt der Konzentrationspunkt acht Fingerbreit oberhalb des Punkts zwischen den Augenbrauen. Legen Sie zuerst die vier Finger der linken Hand horizontal auf die Stirn. Der kleine Finger sollte sich gerade über dem Punkt in der Mitte zwischen den Augenbrauen befinden. Dann legen Sie die vier Finger der rechten Hand horizontal über die der linken. Auf diese Weise finden Sie auf dem Kopf einen Punkt nahe der Stelle, wo die Schädeldecke bei einem Baby eine Zeitlang nach der Geburt weich bleibt. Das ist der Punkt, an dem der zentrale Kanal und die beiden Seitenkanäle den Scheitel des Kopfes erreichen und sich dann wie der Griff eines Regenschirms in einer Rundung abwärts krümmen, bis sie in der Mitte zwischen den Augenbrauen beziehungsweise an den beiden Nasenlöchern enden. Hier, im Innern des zentralen Kanals, an der Stelle, gerade bevor er sich abwärts krümmt, visualisieren wir einen Punkt leuchtend weißen Lichts etwa in der Größe einer Erbse, wie eine winzige, weiße Glühbirne. Dieser Punkt liegt unter der Schädeldecke und über dem Gehirn. Die richtige Stelle ist sehr wichtig, und daher müssen wir sie genau bestimmen. Diesen leuchtenden, weißen Punkt sollte man sich in der Natur von Glück vorstellen. Wenn wir diese Meditation ausführen, muß unser Geist voll auf diesen Punkt konzentriert sein. So sehr, daß wir wirklich den Eindruck haben, unser Geist werde mit diesem Punkt eins.

Diese Art der Meditation wird einzig zum Zweck des Entwickelns punktförmiger Konzentration ausgeführt und hat nichts mit Untersuchen oder Analysieren zu tun. In gewisser Hinsicht ist sie ganz einfach. Wir können uns selbst leicht in einer bestimmten Situation vorstellen und auch die Umgebung und die verschiedenen Tätigkeiten, die in der Nähe vor sich gehen, visualisieren. In dieser Meditation visualisieren wir uns innerhalb dieses Lichtpunkts. Zeichen des Fortschritts werden bei beharrlicher Anwendung dieser Meditation auftreten. Wenn wir uns auf den Lichtpunkt unterhalb des Nabels konzentrieren, werden die Zeichen dort entstehen. Und wenn wir uns auf den Lichtpunkt am Scheitel konzentrieren, wird die Empfindung dort beginnen.

So habe ich nun vier verschiedene Meditationsanwendungen erklärt. Die erste ist die neunfache Atemmeditation, die zweite ist das Zählen der Ein- und Ausatmungen, und die dritte und vierte sind die Meditationen über Lichtpunkte.

Die Geistesfaktoren 3

Wie ich früher gesagt habe, ist geistiges Karma viel stärker als körperliches oder sprachliches Karma, und wir sammeln es viel schneller an. Da die Tätigkeiten und Funktionen des Geistes von entscheidender Bedeutung sind, werde ich nun über die Geistesfaktoren sprechen. Im allgemeinen sagen wir, daß es zwei Arten von Wissenschaft gibt, Wissenschaft, die sich mit der äußeren Welt beschäftigt, und Wissenschaft, die sich mit der inneren Welt beschäftigt wie mit der Erforschung der Natur des Geistes. Die folgende Erläuterung mag hilfreich sein, um westliche Psychologie zu verstehen, und ebenso mag westliche Psychologie hilfreich sein, um diese Erläuterung zu verstehen. Der Schlüsselpunkt ist jedenfalls: wenn wir die genaue Funktionsweise der Geistesfaktoren klar verstehen, wird es sehr hilfreich für das Verständnis der Natur unseres Geistes sein. Wir können wieder das Beispiel eines Flugzeugs benützen, um das zu verdeutlichen. Wenn wir durch den Raum fliegen, ist es das Flugzeug selbst, das steigt und sinkt oder geradeaus fliegt. Aber im Innern des Flugzeugs, im Cockpit, gibt es viele Hebel und Knöpfe, die gedrückt oder geschaltet, nach links oder rechts bewegt werden müssen und bewirken, daß das Flugzeug steigt oder sinkt, hierhin oder dorthin, schnell oder langsam fliegt. Die Höhe des Flugzeugs, Richtung, Geschwindigkeit und so weiter hängen von diesen Schaltern und Hebeln ab. In gleicher Weise hängt der Geist von den Geistesfaktoren ab, die bei seiner Wahrnehmung von Objekten funktionieren. Genauso wie viele Schalter und Hebel am richtigen Funktionieren eines Flugzeugs beteiligt sind, so sind auch zahlreiche Faktoren am richtigen Funktionieren unseres Geistes beteiligt.

In Wirklichkeit gibt es eine große Zahl von Geistesfaktoren, aber hier werden wir uns mit einer Einteilung in einundfünfzig Faktoren befassen. Von diesen einundfünfzig

Geistesfaktoren müssen einige immer anwesend sein, damit der Geist richtig funktioniert, einige lenken den Geist in eine heilsame Richtung, und einige führen zu unheilsamen Handlungen. Diese einundfünfzig Geistesfaktoren sind in sechs Arten unterteilt: die fünf immer-anwesenden Faktoren, die fünf Objekt-bestimmenden Faktoren, die elf heilsamen Faktoren, die sechs Wurzelverblendungen, die zwanzig Sekundär-Verblendungen und die vier wechselbaren Faktoren.

(Ausführliche Erklärungen der Geistesfaktoren: Siehe Gesche Rabten, „*The Mind and its Functions*".)

Wir werden mit der Erklärung der fünf immer-anwesenden Faktoren beginnen, aber zuerst lassen Sie mich Ihnen kurz eine Vorstellung von der Natur des Geistes selbst geben. Er kann unterteilt werden in den Hauptgeist und in die Geistesfaktoren. Der Hauptgeist ist der Geist, der Objekte wahrnimmt, der versteht, was erklärt wird, und der die Dinge der Erinnerung übergibt. Das wird im weiteren Verlauf noch ausführlicher erläutert werden. Während ich jetzt zu Ihnen spreche, ist es Ihr Hauptgeist, der über den Gegenstand des Vortrags nachdenkt, doch ist das nur eine seiner vielen Funktionen.

Die fünf immer-anwesenden Faktoren

1 Aufmerksamkeit

Die erste Gruppe der Geistesfaktoren ist die der fünf immer-anwesenden Faktoren. Der erste davon ist *Aufmerksamkeit.* Dies ist ein wahrnehmender Faktor, der den Hauptgeist in Tätigkeit setzt und ihn zu seinem Objekt lenkt. Es kann ein Objekt des Gesichtssinns, des Gehörsinns, des Geruchssinns, des Geschmackssinns oder des Tastsinns wie auch ein Objekt des Denksinns sein.

2 Erkennen

Der zweite immer-anwesende Faktor ist *Erkennen.* Das ist ein wahrnehmender Faktor, der den Hauptgeist zu einem bestimmten Objekt hinführt. Er ist wie ein Lenkrad, das es ermöglicht, ein Auto die Straße entlang zu steuern und nicht ziellos von einer Seite zur andern hin- und herzupendeln. Wenn wir zum Beispiel unseren Geist auf ein weißes Objekt richten, ist er nicht gleichzeitig auf ein gelbes Objekt gerichtet. Ähnlich ist er, wenn er auf ein gelbes Objekt gerichtet ist, nicht auf ein rotes Objekt gerichtet. Dieser Geistesfaktor befähigt den Geist, sich auf ein bestimmtes Objekt zu richten, ohne es mit einem anderen zu verwechseln. Wenn wir auf eine Gruppe von Leuten schauen, macht dieser Faktor, das Erkennen, es uns möglich, eine bestimmte Person aus der Menge herauszufinden.

3 Berührung

Der dritte Geistesfaktor ist *Berührung*. Berührung entsteht aus der Wechselwirkung zwischen Objekt, Sinnesorgan und Sinnesbewußtsein und bereitet den Geist darauf vor, entweder eine angenehme, eine unangenehme oder eine neutrale Empfindung zu erfahren, je nach der Natur des Objekts. Der eigentliche Geistesfaktor der Empfindung wird nach der Berührung wirksam. Diese Erklärungen mögen ziemlich schwierig sein, und so müssen Sie sehr gründlich darüber nachdenken.

4 Empfindung

Der vierte immer-anwesende Geistesfaktor ist *Empfindung*. Sie erfährt entweder angenehme, unangenehme oder neutrale Gefühle in Abhängigkeit von der Berührung mit ihrem Objekt.

5 In-Betracht-Ziehen

Der fünfte immer-anwesende Geistesfaktor ist *In-Betracht-Ziehen*. Das In-Betracht-Ziehen benennt sein Objekt, das heißt, nachdem es sein Objekt erkannt hat, wird es von ihm mit einem Namen oder einer Vorstellung belegt. Wenn wir zum Beispiel auf einer Bergwiese mit vielen blühenden Wildblumen sind, erlaubt uns dieser Faktor, jede einzelne Blume zu erkennen und zu benennen.

Diese fünf immer-anwesenden Faktoren begleiten den Geist, wann immer er funktioniert. Da sie so schnell arbeiten, ist es für uns sehr schwierig, sie zu erkennen. Wenn dem Geist irgendeiner dieser fünf Faktoren fehlt oder wenn einer von ihnen nicht richtig funktioniert, wird der Geist selbst nicht funktionieren. Durch Nachdenken über diese Faktoren werden wir ein klareres Bild von unserem Geist bekommen.

Diese fünf immer-anwesenden Geistesfaktoren arbeiten nicht nur in Verbindung mit dem Denkbewußtsein, sondern auch mit jeder der fünf Arten von Sinnesbewußtsein. So wie sie für das richtige Funktionieren des Denkbewußtseins nötig sind, müssen sie auch vorhanden sein, damit Tastsinn, Geschmackssinn, Geruchssinn, Gehörsinn und Gesichtssinn funktionieren können.

Die fünf Objekt-bestimmenden Faktoren

Die zweite Gruppe von Geistesfaktoren ist die der fünf Objekt-bestimmenden Faktoren.

1 Streben

Der erste davon ist *Streben*. Streben ist der Aspekt des Geistes, der ein Objekt bei seinem Anblick besitzen möchte und zu diesem Zweck nach Mitteln sucht. Wenn zum Beispiel jemand entdeckt, daß an einem bestimmten Ort ein Schatz versteckt liegt, wird er sich bemühen, ihn zu bekommen. Oder, im Hinblick auf das Dharma, wenn man eine bestimmte Unterweisung interessant findet, bemüht man sich, diese Unterweisung zu erhalten. Aufgrund des Verständnisses dieser beiden Beispiele sollten Sie aus Ihrer eigenen Erfahrung andere finden können.

2 Mögen

Der zweite Objekt-bestimmende Faktor ist *Mögen*. Dies bezieht sich nicht auf eine gewöhnliche Art und Weise, etwas zu mögen, sondern auf eine vorteilhafte Einschätzung, die entsteht, nachdem das Objekt von einer gültigen oder idealen Wahrnehmung klar erkannt worden ist. Als Folge einer solchen Wahrnehmung entsteht ein Verständnis des Objekts, das völlige Gewißheit über das, was erkannt worden ist, beinhaltet. Man überlegt, dieses Objekt ist genau so und nicht anders. Wenn zum Beispiel eine Person gültig weiß, daß ein Ort sehr ruhig ist, wird sie, nachdem sie erkannt hat, daß dies so ist, ihn immer als einen ruhigen Ort einschätzen, auch wenn jemand kommt und das Gegenteil behauptet. Wieder sollte Ihnen Ihre eigene Erfahrung weitere Beispiele liefern.

Ohne ein Verständnis dieser Geistesfaktoren, denken wir vielleicht nur, daß in unserem Geist Gedanken kommen und gehen, ohne die Einzelheiten zu kennen, wie sie das tun. Aber mit Verständnis beginnen wir zu sehen, daß der Vorgang subtil ist und viele verschiedene Aspekte daran beteiligt sind, die wechselseitig zusammenarbeiten müssen. Wenn wir einmal ein Objekt oder eine Auffassung fest eingeschätzt haben, wird sich unsere Einstellung nicht ändern, selbst wenn uns jemand sagt, unsere Ansicht sei falsch und eine andere Ansicht sei richtig.

3 Erinnern

Der dritte Objekt-bestimmende Faktor ist *Erinnern.* Dieser Geistesfaktor tritt als Folge unserer Wahrnehmung eines Objekts oder einer Situation auf und ermöglicht es uns, es im Geist zu behalten. Wenn wir zum Beispiel eine bestimmte Aufgabe zu erfüllen haben und uns plötzlich daran erinnern, denken wir, daß sich unser Geist daran erinnert hat. Tatsächlich ist es aber eine Funktion dieses speziellen Geistesfaktors der Erinnerung.

4 Konzentration

Der vierte Objekt-bestimmende Faktor ist *Konzentration.* Dies ist der Geistesfaktor, der sich punktförmig auf ein bestimmtes Objekt setzt oder konzentriert. Die Dauer der Konzentration muß nicht lang sein, vielleicht nur einen oder zwei Augenblicke. Hier ist das Wort Konzentration eine Übersetzung des Sanskritwortes *Samadhi,* aber in diesem Fall muß das Samadhi nicht sehr lang oder tief sein. Wenn der Geist sich während irgendeiner Zeitspanne, und wenn sie noch so kurz ist, auf ein Objekt richtet, wird dies als Konzentration betrachtet. Wir sollten daher diesen Geistesfaktor nicht mit der Bedeutung von Samadhi verwechseln, die im Westen recht bekannt ist und sich auf eine bestimmte Art der Meditation bezieht. Das ist hier nicht gemeint.

5 Intelligenz

Der fünfte Objekt-bestimmende Faktor ist die *Intelligenz,* wovon der höchste und reinste Ausdruck Weisheit ist. Dies ist ein Geistesfaktor, der Objekte nach ihrer Beschaffenheit unterscheidet. Er macht zum Beispiel einen Unterschied zwischen dem, was richtig und unrichtig ist, was getan und nicht getan werden sollte, was fehlerfrei und was falsch ist. Ehe wir darangehen, etwas zu tun, müssen wir die richtige Art und Weise, es zu tun, bestimmen. Wenn es auf eine Art getan wird, entstehen vielleicht negative Resultate, während es, wenn es auf andere Art getan wird, vielleicht positive Wirkungen verursacht. Dieser Geistesfaktor befähigt uns, über die richtige Vorgehensweise zu entscheiden. Es ist zum Beispiel wichtig, daß wir, wenn wir auf einem schmalen und gefährlichen Bergweg gehen, sehr aufmerksam sind, damit wir nicht hinunterfallen oder uns verletzen.

Das sind die fünf Objekt-bestimmenden Faktoren. Tatsächlich arbeiten der Hauptgeist und diese Geistesfaktoren wechselseitig zusammen, aber jeder von ihnen hat eine bestimmte Rolle auszuführen, damit der Geist richtig funktioniert. Es ist ähnlich wie das Malen eines Thangkas, das ein Bild eines Buddha oder einer Meditationsgottheit auf Stoff ist. Zuerst skizzieren wir leicht die ganze Form des Buddha, und danach beginnen wir, die verschiedenen Farben aufzutragen. Das Ergebnis ist eine schöne, gut gemalte Darstellung des Buddha. Auf die gleiche Weise ist der Hauptgeist wie die Skizze. Er nimmt das Objekt als Ganzes wahr, in großen Zügen, und dann werden die besonderen Merkmale von den verschiedenen Geistesfaktoren eingefügt, was mit den Farben auf dem Bild verglichen werden kann.

Wie die fünf immer-anwesenden Faktoren, so sind auch die fünf Objekt-bestimmenden Faktoren nötig, damit der Geist richtig funktionieren kann. Sie sind für die Anwendung von Dharma sehr nützlich und besonders für die Meditation. Wenn zum Beispiel Streben nach dem Erreichen des Ziels der Anwendung vorhanden ist, wird es die Energie liefern, die nötig ist, um die Anwendung bis zu ihrer Vollendung durchzuführen, und man wird nicht müde oder entmutigt werden. In Verbindung mit Mögen wird unsere Anwendung fest werden, und unsere Zielstrebigkeit und unsere Entschlossenheit werden nicht leicht ins Schwanken gebracht, wenn wir Schwierigkeiten begegnen. Wir brauchen auch Erinnerung, um den Geist auf das Meditationsobjekt zu richten und dort zu halten, wobei wir auf Störungen achten, die Ablenkung verursachen könnten. Auch Konzentration ist sehr wichtig, um den Geist auf das Objekt gerichtet zu halten. Obwohl zuerst unsere Konzentration vielleicht sehr kurz ist, wenn wir in der Anwendung beständig bleiben, wird sie immer länger werden, und schließlich werden wir fähig sein, mehrere Tage hintereinander in punktförmiger Konzentration zu verweilen. Auch Intelligenz ist wichtig für jeden Aspekt der Dharma-Anwendung, um zu entscheiden, welche Handlungen richtig und welche nicht richtig sind. In der Meditation zum Beispiel müssen wir prüfen, ob wir über die richtigen Dinge meditieren. Mit der Kraft der Intelligenz können wir entscheiden, ob wir Korrekturen oder Änderungen machen müssen oder nicht.

Die elf heilsamen Faktoren

Wir werden nun über die dritte Art der Geistesfaktoren sprechen, die elf heilsamen Faktoren. Der erste davon ist *Vertrauen.*

1 Vertrauen

Diese Art von Vertrauen ist ein Vertrauen in etwas Heilsames und Bewundernswertes, zum Beispiel in die richtige Methode des eigentlichen Weges, der Leid beseitigt. Man hat Vertrauen auf die Tatsache, daß durch die Kraft der Methode, indem man diesem Weg folgt, das Leid beseitigt und sicher beendet wird. Ein weiteres Beispiel ist Vertrauen in das Gesetz von Ursache und Wirkung, nämlich darauf, daß eine heilsame Ursache eine heilsame Wirkung zur Folge hat. Allgemein können wir sagen, daß Vertrauen ein Geistesfaktor ist, der das, was heilsam ist, achtet. Es ist entscheidend für den Prozeß der Reinigung unseres Geistes, der jetzt positive und negative Faktoren wahllos vermischt. Diese Art des Vertrauens ist nicht blinder Glaube, vielmehr entsteht es auf der Grundlage gültiger, logischer Überlegungen. Deshalb wird es durch die Meinungen anderer nicht leicht ins Schwanken gebracht, sondern bleibt fest.

2 Scham

Der zweite heilsame Geistesfaktor ist *Scham.* Er entsteht aus dem Gefühl im eigenen Geist, daß eine bestimmte körperliche oder sprachliche Handlung schlecht ist, so daß man aus einem Sinn für Anstand oder Scham von dem Gedanken oder der Handlung Abstand nimmt. Stellen wir uns zum Beispiel zwei Menschen vor, von denen einer Dharma anwendet. Sein Begleiter schlägt aus dem einen oder anderen Grund vor, ein Tier zu töten. Während sie im Begriff sind, es zu tun, denkt der Dharma-Anwender bei sich selbst: „Ich kann das nicht tun. Ich bin doch ein Dharma-Anwender, und diese Handlung steht im Widerspruch zu meiner Anwendung ebenso wie zu meinen eigenen Neigungen." Das Unterlassen dieser Handlung war in diesem Fall die Folge von Scham. Sie ist ein sehr wichtiger Faktor, der uns davor schützt, nachteilige Handlungen zu begehen. Wenn wir im Begriff sind, eine schlechte Handlung auszuführen, und uns bewußt werden, daß wir das nicht tun sollten, und uns enthalten, wirkt unsere Scham.

3 Achtung

Der dritte heilsame Faktor ist *Achtung*, sei es in bezug auf andere Wesen oder auf das Dharma. Achtung hält uns auch davor zurück, unheilsame Handlungen zu begehen, aber hier ist der Grund für das Unterlassen solcher Handlungen Achtung für andere oder Rücksicht auf andere. Da man besorgt ist darüber, was andere denken könnten, wendet man sich davon ab, eine besonders schlechte Handlung zu begehen. Diese zwei heilsamen Geistesfaktoren sind ähnlich insofern, als sie uns von schlechten oder unheilsamen Handlungen zurückhalten, aber die Überlegung dahinter ist verschieden. Bei diesem dritten Geistesfaktor machen wir uns Gedanken über die Wirkung unserer Handlung auf den Geist einer anderen Person; oder wir möchten die Gefühle eines anderen nicht enttäuschen oder verletzen. Von negativem Benehmen Abstand zu nehmen wegen eines Gefühls von Verlegenheit oder aus Rücksicht auf andere ist daher dem Wirken dieses dritten Geistesfaktors zuzuschreiben.

4 Begierdelosigkeit

Der vierte heilsame Geistesfaktor ist *Begierdelosigkeit.* Er entsteht auf der Grundlage folgerichtigen Überlegens. Wenn wir einem Objekt der Begierde begegnen, zum Beispiel einer Person, Reichtum oder irgendeinem anderen materiellen Objekt, erzeugen wir ein Gefühl von Begierdelosigkeit gegenüber dem Objekt, weil wir sehen, daß ihm jede wirkliche Essenz fehlt. Man kann zum Beispiel Begierde nach einer schönen Blume empfinden, aber indem man erkennt, daß diese Art der Einstellung sinnlos ist und daß diese Blume schließlich verwelken wird, wirkt man diesem starken Gefühl der Begierde entgegen. Es ist sehr wichtig, diesen Geistesfaktor zu entwickeln, weil wir viel Begierde nach Dingen mit wenig oder keinem wirklichen Wert haben, die nur bewirken, daß wir unsere Zeit und unser Leben vergeuden, indem wir versuchen, solche Dinge zu erlangen.

5 Haßlosigkeit

Der nächste heilsame Geistesfaktor ist *Haßlosigkeit.* Er ist das Gegenmittel gegen Haß, der gegenüber belebten oder unbelebten Objekten entstehen kann. Haß entsteht nicht nur gegenüber anderen Menschen; er kann auf Dinge gerichtet sein wie das Wetter oder eine Stufe, über die man gestolpert ist, oder eine Reihe anderer unbelebter Objekte, denen man im Lauf eines Tages begegnet und die ein Gefühl von Ärger auslösen. Dieser Geistesfaktor sieht die schlechten Eigenschaften von Haß und erkennt, wie er einem selbst und anderen schadet, und hindert dadurch den Haß am Entstehen. Man kann diesen Faktor auch Geduld nennen. Wenn wir fähig sind, ihn zu entwickeln, wird er zu großem Geistesfrieden sowohl für uns selbst als auch für andere führen.

6 Verwirrungslosigkeit

Der sechste heilsame Geistesfaktor ist *Verwirrungslosigkeit.* Er ist das Gegenmittel gegen Verwirrung und ist ähnlich der Intelligenz, die zwischen dem, was heilsam, und dem, was unheilsam ist, unterscheidet. Es gibt zwei Arten von Intelligenz. Die erste ist angeboren und entsteht abhängig von geistigen Eindrücken aus früheren Leben. Die zweite Art entsteht durch Schulung des Geistes. Die erste Art, die durch Vertrautheit mit Intelligenz aus einem früheren Leben entsteht, funktioniert so, daß sie dann, wenn man in diesem Leben mit den geeigneten Umständen in Berührung kommt, als Folge früherer Vertrautheit wieder zu funktionieren beginnt. Da dies so ist, müssen wir jetzt beginnen, Vorbereitungen zu treffen und uns mit ihr bekannt zu machen, wenn wir in Zukunft diese Art von Intelligenz haben möchten. Wir können zum Beispiel Fälle finden, wo kleine Kinder spontan starkes, liebevolles Mitgefühl für andere zu haben scheinen. Manche Kinder dagegen sind, obwohl noch sehr jung, aggressiv und haben ein unfreundliches und beleidigendes Wesen. Beides ist die Folge früherer Vertrautheit mit einem solchen Charakter. Unterschiedliches Verhalten dieser Art kann auch bei Geschwistern und selbst bei Zwillingen auftreten. Das zeigt, daß unser Charakter nicht so sehr von der gegenwärtigen Situation abhängt, sondern eher von Neigungen, die in der Vergangenheit entwickelt wurden.

Nehmen wir zum Beispiel zwei Meditierende. Der eine hat große Erfahrung, und der andere ist ein Anfänger. Wenn sie zusammen sitzen und meditieren, wird der eine dies recht einfach finden, während es der andere sehr schwierig findet. Der Unterschied liegt am verschiedenen Grad ihrer Vertrautheit mit Meditation. Der eine hat schon lange Zeit meditiert und ist mit der Technik vertraut, während der andere mit einer Anwendung kämpfen muß, die er kaum kennt. Im Fall von Kindern mag zwar ihre äußere Form, ihr Körper, sehr ähnlich sein, weil sie dieselben Eltern haben, aber ihr geistiger Charakter wird unterschiedlich sein, weil dieser nicht von den Eltern abhängt. Wenn zwei Kinder, obwohl sie aus derselben Familie stammen, nicht ähnlich aussehen, ist das die Folge ihres einmaligen persönlichen Karmas. Diese Beispiele sind wichtig, weil sie auf das Existieren vergangener und zukünftiger Leben hinweisen, was ich schon im Zusammenhang mit Karma erklärt habe.

7 Enthusiasmus

Der siebte heilsame Geistesfaktor ist *Enthusiasmus.* Wo er vorhanden ist, wird unsere Anwendung von Dharma spontan; da gibt es keine Müdigkeit oder Schwierigkeit, und da ist beständiger Enthusiasmus. Wenn dieser Geistesfaktor auftritt, wird jede beliebige Anwendung, die wir ausführen, leichter, und sie wird erfolgreich vollendet werden. Außerdem werden wir während der Anwendung nicht entmutigt und wünschen nicht aufzugeben, sondern wir werden sie fortführen bis zu ihrem Abschluß. Ein solcher Enthusiasmus ist ein Geistesfaktor, der für heilsame Handlungen und nicht für unheilsame Handlungen entsteht.

8 Flexibilität

Der achte heilsame Geistesfaktor ist *Flexibilität.* Dies ist ein Zustand, in dem der Geist gut geschult ist. Wenn er zum Beispiel in Meditation geschult ist, fühlt sich der Geist leicht, geschmeidig, und da ist kein Gefühl von müder Schwere. Nicht nur der Geist, sondern auch der Körper kann dieses Gefühl von geschmeidiger Leichtigkeit, frei von jeglicher Steifheit oder Schwere erfahren. Man fühlt sich leicht und wohl. Wenn dieser Geistesfaktor vorhanden ist, wird in der Kontinuität unserer Anwendung Leichtigkeit sein.

9 Achtsamkeit

Der neunte heilsame Geistesfaktor ist *Achtsamkeit.* Dieser Geistesfaktor hilft ebenfalls, unseren Geist davor zu bewahren, Verblendungen wie Begierde, Haß und Verwirrung nachzugeben. Sobald diese Verblendungen im Begriff sind, zu entstehen und den Geist in ihren Bann zu ziehen, erkennen wir, was geschieht, und erlauben dem Geist nicht, sie zuzulassen. Dieser Vorgang ist ähnlich, wie wenn man ein kleines Kind beschützt, das auf einen Abgrund zuläuft. Dann packen wir das Kind und halten es zurück. Achtsamkeit kann mit einer guten Mutter verglichen werden, die ein wachsames Auge auf ihr Kind wirft. Es ist wichtig, daß wir diesen Geistesfaktor entwickeln, weil unser gewöhnlich wilder und aggressiver Geist ständig zu gefährlichen Objekten hingezogen ist. So wie eine Mutter, die nicht auf ihr Kind aufpaßt, es leicht verlieren kann, wenn es von einem Auto überfahren wird oder in einen Fluß fällt, werden auch wir, wenn wir keine Kontrolle über unseren Geist haben und ihn nicht daran hindern, diesen Verblendungen zu unterliegen, nichts als ungünstige Resultate bekommen.

10 Gleichmut

Der zehnte heilsame Geistesfaktor ist *Gleichmut.* Die Wirkung dieses Geistesfaktors ist es, den Geist in einem stabilen, ausgeglichenen Zustand, frei von Ablenkung zu halten. Bei der Anwendung von Meditation gibt es zwei Haupthindernisse. Eines ist Erregung, die, wenn sie wirkt, verhindert, daß der Geist konzentriert bleibt. Das zweite ist ein Gefühl von Sinken oder geistiger Dumpfheit. Wenn dieser Geistesfaktor des Gleichmuts vorhanden ist, hilft er, den Geist in einem Zustand zu halten, der ausgeglichen, konzentriert und frei von solchen Hindernissen ist.

11 Schadlosigkeit

Der elfte heilsame Geistesfaktor ist *Schadlosigkeit.* Diese ist das Gegenmittel gegen das Zufügen von Schaden, gegen den Geisteszustand, der anderen schaden möchte. Wenn man zum Beispiel geschlagen und beleidigt wird und im Geist der Drang entsteht, zu vergelten und zurückzuschlagen, würde man sich zurückhalten und die Absicht, Schaden zuzufügen, aufgeben. Geistesfaktoren wie Erbarmen werden ebenfalls in diese Art der Gewaltlosigkeit mit einbezogen.

Damit ist die Aufzählung der elf heilsamen Geistesfaktoren vollständig. Es ist sehr wichtig, daß wir ihre Entwicklung fördern, denn wenn sie vorhanden sind, können wir wirksam gegen die Macht der Verblendungen kämpfen, die jetzt dazu tendieren, in unserem Geist die Oberhand zu haben. Wir müssen diese Geistesfaktoren erkennen und entwickeln. Wenn heilsame Faktoren in unserem Geist wirken, neigen wir spontan dazu, heilsame Handlungen auszuführen. Dadurch können wir auch heilsame Wirkungen erwarten, das heißt Glück und einen Zustand von Wohlbehagen. Wenn wir Glück wünschen, müssen wir uns daher anstrengen, die Geistesfaktoren zu fördern, die es erzeugen.

Die sechs Wurzelverblendungen

Wir werden jetzt über die Geistesfaktoren sprechen, die eine Rückwärtsentwicklung des Geistes verursachen und jenes Leid und jene Verwirrung zur Folge haben, die wir im Lauf unseres Lebens erfahren. Die erste Gruppe dieser Geistesfaktoren sind die sechs Wurzelverblendungen. Die erste dieser Wurzelverblendungen ist *Begierde*.

1 Begierde

Begierde überbewertet ihr Objekt. Sie verfälscht die wirkliche Erscheinung des Objekts und läßt es wesentlich begehrenswerter erscheinen als es ist. Als Folge dieser übertrieben anziehenden Erscheinung wächst dann unsere Anhaftung an das Objekt. Das macht es schwierig für uns, von ihm getrennt zu sein. Aufgrund dieser starken Begierde zögern wir nicht, verschiedene Arten unheilsamer Handlungen auszuführen, um uns ein gewünschtes Objekt zu verschaffen. Obwohl dieser Geistesfaktor den Geist stört, ist er schwer zu beseitigen, weil er uns nützlich zu sein scheint. Aufgrund der verfälschten Vorstellung des Objektes hängen wir daran, und weil das Objekt angenehm scheint, ist es schwer, sich von dieser Auffassung zu befreien.

2 Haß

Die zweite Wurzelverblendung ist *Haß*. Wie schon erwähnt, kann Haß entweder gegenüber einem belebten oder einem unbelebten Objekt auftreten. Wenn Haß in unserem Geist entsteht, verursacht er uns Schmerz, verursacht er, daß wir leiden. Haß ist sehr schädlich, nicht nur, weil er anderen Schmerz und Kummer verursacht, sondern weil er auch unser eigenes geistiges Wohlbehagen zerstört. Wirkt Haß auf unseren Geist ein, dann zeigt er sich sowohl in unserer Sprache als auch in unseren Handlungen. Wenn wir diesen unheilsamen Geistesfaktor Haß nicht unter Kontrolle bringen, erzeugen wir nicht nur große Mengen unheilsamen geistigen Karmas, sondern wir häufen auch große Mengen unheilsamen körperlichen und sprachlichen Karmas an. Im Gegensatz zur Begierde ist es für uns leichter, Kontrolle über den Haß zu gewinnen und ihn zu überwinden. Denn er erscheint uns nicht als ein wünschenswerter Geisteszustand. Wenn wir Haß empfinden, bewirkt er, daß wir leiden, er verursacht, daß wir unglücklich sind, und deshalb sind wir ganz willig, ihn aus unserem Geist zu beseitigen. Begierde kann fast in der Gestalt eines Freundes erscheinen, als stünde sie auf unserer Seite und arbeite zu unserem Vorteil. Diese trügerische Erscheinung macht es schwieriger, sie zu überwinden und zu beseitigen. Es ist ähnlich, wie wenn wir von zwei Leuten gefoltert würden, der eine foltert uns auf angenehme Art, der andere auf eine sehr grobe und gewaltsame Art. Beide verursachen uns Leid, aber die Art und Weise, wie sie es tun, ist unterschiedlich.

3 Stolz

Die dritte Wurzelverblendung ist *Stolz*. Stolz übertreibt unsere Stellung. Aufgrund von Stolz hält sich eine Person für etwas Besonderes, für mehr, als sie tatsächlich ist. Es gibt viele Gründe für das Auftreten von Stolz. Er kann als Folge der eigenen äußeren Erscheinung entstehen, aufgrund des eigenen Reichtums oder Wissens oder einer Reihe anderer Faktoren. Es ist sogar möglich, Stolz hinsichtlich unserer Kenntnis des Dharma zu empfinden. Obwohl unsere Kenntnis des Dharma gering ist, glauben wir, wir wüßten viel und seien gelehrt. Kurz, Stolz ist die Einstellung, die sich anderen gegenüber für überlegen hält; er bläht die eigenen Verhältnisse auf. Stolz ist ein großes Hindernis für die Entwicklung des Geistes. Es ist sehr selten, daß eine von Stolz geschwellte Person sich an jemand anderen um Hilfe und Rat wendet. Stolz führt zu Mißachtung und Kränkung derjenigen, die man für geringer hält, erregt Eifersucht auf diejenigen, die man für ebenbürtig hält, und Neid gegenüber denen, die man für überlegen hält. Infolge dieser falschen Auffassungen blockiert der Stolz den Weg zu weiterem Fortschritt. Es ist, wie wenn man versucht, Wasser in eine umgekehrte Schüssel zu gießen. So sehr man sich auch bemühen mag, eine stolze Person mit Kenntnis und Heilsamem zu durchtränken, gute Qualitäten werden in einer solchen Person nur schwer Fuß fassen können. Es gibt eine Aussage in den Schriften: *„Das Wasser des Heilsamen wird auf der Kugel des Stolzes nicht haften.“*

4 Unwissenheit

Die vierte Wurzelverblendung ist *Unwissenheit.* Im allgemeinen gibt es viele Arten von Unwissenheit; Unwissenheit über vergangene und zukünftige Leben, Unwissenheit über die letztliche Natur der Wirklichkeit, Unwissenheit über das Gesetz von Ursache und Wirkung und so weiter. Die Unwissenheit, über die ich hier spreche, ist eine subtilere Art, die des Greifens nach einem Selbst oder das unwissende Erfassen des Selbst. Um zu verstehen, was mit Greifen nach dem Selbst gemeint ist, ist es wichtig, die eigentliche Art und Weise, wie das Selbst existiert, zu verstehen. Das ist ein kritischer Punkt. Wenn er richtig verstanden wird, kann er von großem Nutzen sein; aber wenn er falsch verstanden wird, kann er zu sehr schädlichen falschen Ansichten führen. Ich werde Ihnen jetzt eine kurze Erklärung darüber geben.

Zum Beispiel haben alle von Ihnen, die hierhergekommen sind, die Auffassung: „*Ich* bin hierhergekommen. *Ich* bin hierhergekommen, um zu studieren. *Ich* bin hierhergekommen, um zu meditieren. Jetzt studiere *ich.* Jetzt meditiere *ich.*" Wir haben eine Auffassung von unserem Selbst, von einer persönlichen Identität, die alle diese Tätigkeiten ausführt. Was wir tun müssen, ist, zu bestimmen, wo und wer dieses „Ich" ist, das studiert. In meinem eigenen Fall zum Beispiel kann ich fragen: „Wo ist dieser *Gesche Rabten?*" *Gesche Rabten* ist jetzt hier und gibt Unterweisungen. Aber wo ist dieser *Gesche Rabten,* der die Unterweisungen gibt, wirklich zu finden? Auf diese Weise müssen wir in uns hineinschauen, um herauszufinden, wo und was wir sind. Wenn wir unseren Körper gründlich durchsuchen, werden wir feststellen, daß keiner der Teile unseres Körpers das „Ich" ist. Wir sind weder unser Kopf, noch die Arme, die Beine, der Magen oder irgendein anderer Teil unseres Körpers. Wenn wir gründlich Haut, Fleisch, Muskeln und Knochen, alle unsere inneren Organe durchsuchen, werden wir keine wirkliche Stelle finden, von der wir sagen könnten, sie bilde das „Ich". Wenn wir unseren physischen Organismus auf diese Weise durchsucht haben und gefunden haben, daß es da nichts gibt, das wir das Selbst nennen können, kommen viele auf den Gedanken, daß der Geist das Selbst ist. Aber tatsächlich ist auch der Geist nicht das Selbst, das „Ich". Genausowenig können wir das Selbst als etwas bestimmen, das getrennt von Körper und Geist existiert. Nun könnten wir denken, daß das „Ich" nicht existiert, daß wir unser Selbst verloren haben. An diesem Punkt besteht eine große Gefahr, in die Ansicht zu verfallen: Ich existiere überhaupt nicht, ich bin vollständig nichtexistent. Das ist falsch. Wir sind nicht vollständig nichtexistent. Wir existieren. Das ist offensichtlich, denn wir studieren, wir meditieren, wir lernen über diese Dinge. Also existieren wir, aber wir existieren auf eine Weise, die nicht leicht zu verstehen und zu erkennen ist. Um zu erkennen, wie wir existieren, müssen wir zuerst die Leerheit verstehen.

Es ist wichtig, klar zu erfassen, daß wir existieren, obwohl weder der Körper noch der Geist das eigene Selbst sind – wenn wir diesen Punkt nicht begreifen, fühlen wir uns vielleicht wie ein Stück Holz, ein lebloses und unwirksames Objekt. Das ist ein kritischer Punkt, der leicht mißverstanden werden kann. Es ist ähnlich, wie wenn wir eine belebte Hauptstraße entlanggehen, wo wir, wenn wir unvorsichtig sind, leicht von einem Auto überfahren werden können. Auch zusätzliche falsche Auffassungen, zum Beispiel über vergangene und zukünftige Leben, können als Folge dieser irrigen Ansicht entstehen. Man könnte denken, dies sei die einzig mögliche Existenz, und wenn sie zu Ende ist, gebe es nichts mehr. Und als Folge kann man schließen, daß jegliche Art von Verhalten im Leben vollkommen richtig ist. Beides ist falsch und gefährlich. Aber aus einem Mißverstehen der Art und Weise, in der wir existieren, kann eine solche falsche Auffassung leicht entspringen.

Zuerst werde ich erklären, wie Unwissenheit diese Auffassung annimmt. Wenn Sie zum Beispiel ganz friedlich dasitzen und plötzlich jemand des Weges kommt, auf Sie zeigt und sagt: „Sie sind ein Dieb, Sie haben meine Uhr gestohlen", dann wird ein starkes Greifen nach dem „Ich" auftreten. „Wie sollte *ich* stehlen! *Ich* bin kein Dieb!" Diese Empfindung des Selbst kommt auch zum Vorschein, wenn wir uns glücklich fühlen – wir haben gerade unsere Prüfungen bestanden oder jemand hat uns mit einem großzügigen Vermächtnis bedacht. Da kommt eine starke Auffassung auf: „Oh, *ich* habe meine Prüfung bestanden", oder „jetzt bin *ich* reich". In solchen Situationen entsteht ein lebhaftes Greifen nach dem Ich. In Wirklichkeit ist das Ich nicht so stark, aber die Unwissenheit übertreibt und verfälscht das Selbst und hängt dann fest an diesem Selbst als etwas sehr Bedeutendem.

Wie ich schon gesagt habe, können wir uns selbst durchsuchen, um festzustellen, wie wahr dieses Selbst wirklich ist, aber wenn die unwissende Auffassung des Selbst auftritt, wird es als etwas sehr Wahres erfahren. Die Auffassung, die die Unwissenheit unterstellt, und die eigentliche Bestehensweise des Selbst sind vollständig entgegengesetzt. Diese Unwissenheit ist jedoch immer in uns vorhanden und hängt an diesem Glauben von einem wahren Selbst. Gewöhnlich ist sie jedoch recht subtil und gar nicht augenscheinlich. Nur unter besonderen Umständen schnellt sie stark und deutlich hervor. Sie ist wie eine giftige Schlange, die immer gefährlich ist, aber besonders gefährlich wird, wenn sie gereizt ist. Ähnlich ist die falsche Auffassung immer da, wenn auch subtil, und wenn besondere Umstände auftreten, tritt sie lebhaft hervor.

Unwissenheit ist die Wurzel aller anderen Verblendungen. Sie ist der Ursprung der Erzeugung von Karma und daher die Ursache aller Leiden. Sie ist wie die Wurzel eines giftigen Baumes, aus dem giftige Äste, Blätter und Früchte kommen. Auf die gleiche Weise ist Unwissenheit die Wurzel aller Verblendungen. Wir brauchen Unwissenheit nicht außerhalb von uns zu suchen; sie ist da in unserem Geist. Wir müssen daher diesen unheilsamen Geistesfaktor und seine Funktion erkennen und dann die richtigen Gegenmittel anwenden, um ihn vollständig zu zerstören. Selbst wenn alle Armeen der Welt sich gegen diese Verblendung –

die Unwissenheit – verbündeten, wären sie nicht fähig, sie zu besiegen. Auch wenn sie die Körper der Menschen zerstörten, sie würden nicht deren Unwissenheit zerstören, weil ihre Eindrücke auf dem Bewußtseinsstrom bleiben und sich in zukünftigen Leben zeigen würden. Den Körper zu zerstören ist ähnlich wie das Wechseln der Kleider. Ohne jede Freiheit der Wahl wird in einem zukünftigen Leben ein anderer Körper angenommen, und die Unwissenheit wird fortdauern. So wie wir von Tag zu Tag unsere Kleider wechseln, wechseln wir von Leben zu Leben unseren Körper. Aber die Unwissenheit bleibt fest in unserem Geist, bis wir sie durch die Kraft der Gegenmittel beseitigen.

5 Zweifel

Die nächste Wurzelverblendung ist *Zweifel.* Es gibt viele Arten von Zweifel. Wir können zum Beispiel zweifeln, ob es regnen wird oder nicht, oder ähnliche belanglose Zweifel haben. Aber die Art von Zweifel, die eine der sechs Wurzelverblendungen ist, ist ein Zweifel, der zu einem falschen Schluß neigt; zum Beispiel zu zweifeln, ob es Wiedergeburt gibt oder nicht, und dazu zu neigen, daß es sie nicht gibt. Zweifel, ob es regnen wird oder nicht, und ähnliche unbedeutende Dinge sind nicht annähernd so gefährlich wie diese Art von Zweifel. Wenn andererseits jemand am Gesetz von Ursache und Wirkung zweifelt und dazu neigt zu schließen, daß es nicht existiert, können die Auswirkungen verhängnisvoll sein. Eine solche Person wird sich nicht bemühen, heilsame Handlungen anzusammeln und unheilsames Verhalten aufzugeben, und sie wird daher keinerlei Dharma-Anwendungen folgen. Das ist wie jemand, der eine Maschine baut, dann zweifelt, ob sie ihm nützen wird, und sie folglich nicht fertigbaut.

6 Verblendete Anschauung

Die sechste Wurzelverblendung ist *Verblendete Anschauung.* Diese Verblendung hat fünf Unterteilungen: Falschanschauung, Extremanschauung, betrachtet irrige Auffassungen als überlegen, betrachtet unrichtige Verhaltensarten als überlegen, verneint die Existenz von etwas, das existiert.

Die erste ist *Falschanschauung*, die behauptet, das eigene Selbst habe wahre Existenz. Diese falsche Auffassung ist schwer zu verstehen, aber die Erklärung, die ich im Zusammenhang mit der Unwissenheit gegeben habe, wird helfen, sie klarzumachen. Unwissenheit im allgemeinen unterscheidet sich davon dadurch, daß sie *alle* Phänomene als wirklich existent erfaßt. Falschanschauung hat jedoch nichts mit Objekten oder anderen Wesen zu tun. Vielmehr ist dies ein Erfassen des eigenen Ichs als wirklich existent. Dieses Greifen nach einem wahr existierenden Ich entsteht auf der Grundlage der fünf Aggregate. Es hält stark an dem Gedanken „Ich" und „Mein" fest: *meine* Freunde, *meine* Verwandten, *meine* Eltern, *mein* Besitz und so weiter. Daher unterscheidet es sich von der Unwissenheit im allgemeinen durch sein besonderes Erfassen eines Ich oder Mein. Unwissenheit dagegen braucht nicht an der Idee eines Ich oder Mein festzuhalten, sondern kann in bezug auf ein Objekt oder eine andere Person auftreten, ohne an der Vorstellung der eigenen wahren Existenz festzuhalten. Diese Unterschiede sind sehr subtil, und es ist schwierig, sie sofort zu verstehen, aber wenn wir gründlich darüber nachdenken, werden wir mit Hilfe unserer Überlegungen allmählich fähig sein, zwischen den beiden zu unterscheiden. Obwohl dies schwierig ist, dürfen wir uns nicht entmutigen lassen und das Nachdenken über diese Dinge aufgeben. Wenn wir dabeibleiben, werden wir nach und nach die einfacheren Punkte verstehen und schließlich zweifellos beginnen, die schwierigeren und subtileren Sachverhalte zu erfassen.

Die zweite der fünf Verblendeten Anschauungen ist *Extremanschauung*. Diese Anschauung tritt gegenüber allen Phänomenen auf. Sie hat zwei Unterteilungen. Die erste ist die Fehlauffassung, daß das Selbst und die Objekte beständig oder ewig sind. Dies wird als *Eternalismus* bezeichnet. Die zweite ist die Fehlauffassung, daß das Selbst und die Objekte für eine bestimmte Zeit existieren und dann aufhören zu existieren. Dies wird als *Nihilismus* bezeichnet. Die erste dieser Fehlanschauungen hängt an Beständigkeit, die zweite an Verneinung.

Die dritte Verblendete Anschauung *betrachtet irrige Auffassungen als überlegen.* Ein Beispiel dafür wäre die Auffassung, daß das wahr existierende „Ich" die höchste oder letztliche Weise ist, in der das „Ich" besteht.

Die erste dieser Verblendeten Anschauungen ist immer in unserem Geist vorhanden. Die zweite und dritte entstehen nur unter bestimmten Umständen, zum Beispiel als Folge von fehlerhaften Analysen oder durch Studium einer besonderen Lehrmeinung oder eines philosophischen Systems.

Die vierte Verblendete Anschauung *betrachtet unrichtige Verhaltensarten als überlegen.* Um Befreiung zu erlangen, benötigen wir eine fehlerfreie Ethik, einen heilsamen Lebensstil und die Anwendung von Meditation. Das sind fehlerfreie Arten von Disziplin. Wenn wir dagegen glauben, Hungern, Selbstkasteiung oder Selbstmord seien geeignete Methoden zum Erlangen einer Befreiung, sind das Beispiele dieser vierten Verblendeten Anschauung. Selbstverständlich werden wir bei der Anwendung von Dharma auf manche Schwierigkeiten stoßen und müssen dabei Geduld aufbringen. Aber wenn wir uns selbst absichtlich schaden in der Annahme, dies sei ein Weg zur Befreiung, indem wir zum Beispiel auf Nägeln sitzen oder nackt umherlaufen, schaden wir uns und tun nichts, um die wirklichen Ursachen für Leid zu beseitigen. Es gibt auch Leute, die Tieropfer als eine nützliche Anwendung betrachten. Aber Tieren das Leben zu nehmen ist kein Weg, um irgendeine Gottheit zu erfreuen, sondern kann ihr durchaus mißfallen. Wahre Retter und Gottheiten bringen allen Wesen gleiche Liebe und gleiches Erbarmen entgegen. Das Leben auch nur eines einzigen Wesens zu zerstören, um damit eine Opfergabe darzubringen, wird sie nicht erfreuen.

Die fünfte Verblendete Anschauung kann in mehrere Arten unterteilt werden. Im wesentlichen *verneint diese Anschauung die Existenz von etwas, das existiert.* Zum Beispiel solche falschen Ansichten, daß es Wiedergeburt nicht gibt oder daß es kein Gesetz von Ursache und Wirkung gibt oder daß vollständige Freiheit oder Befreiung von Leid unmöglich ist, sind alle in dieser Art falscher Anschauungen inbegriffen.

Das beschließt die Erklärung über die sechs Wurzelverblendungen. Sie werden Wurzelverblendungen genannt, weil sie die Wurzel aller anderen Verblendungen sind. Über sie zu lernen hat nicht nur den Zweck, ein intellektuelles Verständnis zu gewinnen, sondern uns zu befähigen, diese Kenntnis für unsere Meditation zu benützen. Daher müssen wir über diese Erklärungen nachdenken und dürfen nicht mit einem intellektuellen Verständnis allein zufrieden sein. Wenn solche Verblendungen auftreten, müssen wir sofort versuchen, sie abzuwenden, indem wir uns ihre gefährliche und schädliche Natur vor Augen halten und uns in Erinnerung rufen, daß sie die Ursache von allem Leid und aller Frustration sind. Sie wirklich zu entwurzeln wird Zeit und weitere Entwicklung unseres Geistes erfordern. Aber da sie immer schädlich sind, ganz gleich, wann sie auftreten, müssen wir sie auch schon auf unserer Stufe der Anwendung vermeiden, indem wir ihre schädlichen Wirkungen erkennen. Wenn wir uns bemühen, aber dennoch nicht imstande sind, eine Verblendung abzuwenden, dann sollten wir die Verblendung beobachten und dabei versuchen, ihre Funktionsweise und Natur zu verstehen. Konzentrieren wir uns so auf die Verblendung, dann wird sie schließlich ihre Kraft verlieren und vorläufig vergehen.

Die zwanzig sekundären Verblendungen

Die nächste Gruppe von Geistesfaktoren sind die zwanzig sekundären Verblendungen. Jede dieser zwanzig Verblendungen kann mit einer oder mehreren der sechs Wurzelverblendungen in Beziehung gebracht werden, manche mit Begierde, manche mit Haß, andere mit Stolz und so weiter.

1 Zorn

Die erste dieser zwanzig Verblendungen ist *Zorn.* Zorn ist verwandt mit der Wurzelverblendung Haß. Er entsteht als Resultat von einem oder mehreren aus neun Gründen. Diese neun Gründe sind: diese Person hat mir in der Vergangenheit geschadet, schadet mir in der Gegenwart oder wird mir in der Zukunft schaden; diese Person hat meinen Freunden oder Verwandten in der Vergangenheit geschadet, schadet ihnen in der Gegenwart oder wird ihnen in der Zukunft schaden; oder diese Person hat in der Vergangenheit Menschen genützt, die ich nicht mag, oder nützt ihnen in der Gegenwart oder wird ihnen in der Zukunft nützen.

Abhängig von einem dieser neun Gründe entsteht Zorn und mit ihm der Wunsch, einer anderen Person oder einem Objekt zu schaden. Diese Verblendung kann oft in unserem Geist entstehen und durch viele verschiedene Umstände ins Spiel gebracht werden.

2 Nachtragen

Die zweite sekundäre Verblendung, *Nachtragen*, ist auch mit Haß verwandt. Diese Verblendung tritt auf, wenn wir Groll gegen jemanden hegen. Hat uns jemand in der Vergangenheit geschadet, dann vergeben und vergessen wir es nicht, sondern behalten es im Gedächtnis und warten auf eine Gelegenheit, um es zu vergelten. Diese Verblendung muß nicht nur auf einzelne beschränkt sein. Ein ganzes Land kann zum Beispiel einem anderen gegenüber Groll hegen und auf die Zeit warten, wo es angreifen und sich rächen kann. Solcher Groll kann auch in Familien von Generation zu Generation gehegt werden, bis die Umstände auftreten, die es der einen oder der anderen Familie ermöglichen, Vergeltung zu üben. Auch wenn aus weltlicher Sicht diese Art des Nachtragens Sinn zu haben scheint, ist sie aus der Sicht des Dharma lächerlich. Nachtragen erzeugt ausschließlich Schmerz und Unglück für alle Beteiligten.

3 Verbergen

Die dritte sekundäre Verblendung ist *Verbergen.* Hat zum Beispiel eine Person etwas falsch gemacht und erklärt ihr jemand anderer ihren Fehler, dann weigert sie sich unter dem Einfluß dieser Verblendung, es zuzugeben. Wenn Sie jemand auf einen Fehler aufmerksam macht und Sie lediglich mit „das geht dich nichts an" antworten und nichts tun, um den Fehler zu korrigieren, wird dies nur zu weiteren Problemen führen. Die Verblendung, die solche Reaktionen hervorruft, wird Verbergen genannt. Ihr Hauptmerkmal ist, eigene Fehler nicht offen zugeben zu wollen. Solche Situationen kommen in unserem täglichen Leben oft vor. Wenn jemand zu uns kommt und uns ehrlich darauf hinweist, daß wir etwas falsch gemacht haben, sollten wir ruhig zuhören, ihm für seine Hilfe und seinen Rat danken und unser Bestes tun, um unseren Fehler zu korrigieren. Diese sekundäre Verblendung ist mit Unwissenheit verwandt.

4 Reizbarkeit

Die vierte sekundäre Verblendung ist *Reizbarkeit.* Sie ist mit Haß verwandt und ähnelt der vorangegangenen. Wenn jemand einer anderen Person erklärt, daß sie etwas falsch gemacht hat, wird diese nicht ihren Fehler abstreiten, sondern sich sofort rächen und die andere Person körperlich, sprachlich oder auf eine andere Art mißhandeln. Der Unterschied zwischen diesen zwei Verblendungen ist, daß Verbergen infolge Unwissenheit entsteht – man weigert sich einzusehen und zuzugeben, daß man etwas falsch gemacht hat, während Reizbarkeit aus Haß entsteht. Solche Dinge kommen in unserem Leben dauernd vor. Aber da wir diese Verblendungen und die Art und Weise, wie sie entstehen und funktionieren, nicht bemerken, bemerken wir auch ihre Tätigkeit in unserem Geist nicht. Wir müssen uns daher bemühen, diese Verblendungen zu erkennen, damit wir ihnen ein Ende bereiten können.

5 Eifersucht

Die fünfte sekundäre Verblendung ist *Eifersucht.* Sie ist mit Haß verwandt. Eifersucht entsteht im Geist aufgrund von Begierde nach Eigenschaften oder Besitz anderer. Wenn Eifersucht auftritt, können wir den Anblick der Qualitäten anderer nicht ertragen und wollen diese Qualitäten, seien sie gut oder schlecht, für uns selbst haben. Es ist eine verkehrte Einstellung, eigenes Glück zu wünschen und sich am Glück anderer zu stoßen.

6 Geiz

Die sechste sekundäre Verblendung ist *Geiz.* Geiz ist mit Begierde verwandt. Zuerst tritt Begierde auf, dann kann Geiz folgen. Aus Anhaftung an unseren Besitz und aus Furcht, etwas davon zu verlieren, horten wir Güter und zögern, auch nur ein wenig davon anderen zu geben. Diese Verblendung und die damit verbundenen Handlungen sind eine wesentliche Ursache für Armut in diesem und in zukünftigen Leben.

7 Heucheln

Die siebte sekundäre Verblendung ist *Heucheln.* Es ist sowohl mit Begierde als auch mit Unwissenheit verwandt. Diese Verblendung tritt auf, wenn wir andere zu unserem eigenen Vorteil ausnützen wollen. Obwohl wir vielleicht keinerlei positive Eigenschaften oder irgendein Wissen über ein bestimmtes Gebiet haben, täuschen wir vor, es zu haben. Eine Person zum Beispiel, die Ruhm oder materiellen Gewinn erlangen möchte, tut so, als hätte sie Einfluß und täuscht damit andere, um an ihr Ziel zu gelangen. Solche Irreführungen mögen sich eine Weile aufrechterhalten lassen, aber schließlich wird man durchschaut werden, und dann sind die Folgen sehr unangenehm.

8 Verhehlen

Die achte sekundäre Verblendung ist *Verhehlen.* Es ist mit Unwissenheit und Begierde verwandt und gleicht in gewisser Hinsicht dem Heucheln. Aus dem Wunsch, sich einen guten Ruf oder materielle Dinge zu verschaffen, versucht man, die eigenen Fehler zu verbergen, um andere irrezuführen. Das geschieht deshalb, weil man glaubt, seine Ziele nicht erreichen zu können, wenn man seine Fehler oder Unfähigkeit zeigt. Obwohl Verhehlen und Heucheln auf diese Weise andere zu betrügen scheinen, betrügen sie in Wirklichkeit nur einen selbst.

9 Überheblichkeit

Die neunte sekundäre Verblendung ist *Überheblichkeit.* Sie ist mit Begierde verwandt und kann aus verschiedenen Gründen auftreten. Körperliche Schönheit, Kraft, Gesundheit, Rasse, soziale Stellung oder besondere Eigenschaften, die wir als wichtig betrachten, können die einfältige Grundlage für Überheblichkeit sein. Diese Verblendung führt auch zu Begierde.

10 Grausamkeit

Die zehnte sekundäre Verblendung ist *Grausamkeit.* Sie ist mit Haß verwandt und beruht auf einem Mangel an Erbarmen mit denen, die schwach oder arm sind oder einem unterlegen scheinen. Grausamkeit führt dazu, solche Wesen körperlich, sprachlich oder geistig zu verletzen. Diese Verblendung ist eine der Hauptursachen für das Anhäufen von unheilsamem Karma, und wir sollten sie immer vermeiden, ganz gleich, ob eine Person schwach oder arm ist oder eine höhere oder niedrigere Stellung hat.

11 Schamlosigkeit

Die elfte sekundäre Verblendung ist *Schamlosigkeit.* Sie ist verwandt mit Begierde, Haß und Unwissenheit und ist das Gegenteil von Gewissen. Wenn sie vorhanden ist, erlaubt sie einem, jede Art unheilsamer Handlung auszuführen. Ob man sich selbst für einen Anwender von Dharma hält oder nicht, wenn man ohne ein Gefühl von Scham oder Verlegenheit, von Gewissen oder Selbstachtung unheilsame Handlungen ausführt, dann geschieht das infolge dieser Verblendung.

12 Achtungslosigkeit

Die zwölfte sekundäre Verblendung ist *Achtungslosigkeit.* Auch sie ist verwandt mit den Wurzelverblendungen Begierde, Haß und Unwissenheit. Wenn sie auftritt, mißachtet man die Gedanken und Meinungen anderer und begeht wahllos unheilsame Handlungen. Ohne sich darum zu kümmern, was andere denken, ob sie enttäuscht oder wütend sind, tut man, was einem beliebt. Dieser Geistesfaktor und der vorangegangene sind das Gegenteil von Gewissen und Rücksicht auf andere. Sie sind wie ein Wagen ohne Bremsen.

13 Dumpfheit

Die dreizehnte sekundäre Verblendung ist *Dumpfheit* oder Mangel an geistiger Klarheit. Wenn sie auftritt, wird der Geist unklar, schwer, und dies kann schließlich zu Schlaf führen. Wenn wir meditieren, tritt diese Verblendung oft auf, und nur durch stufenweise Anstrengung und Ausdauer überwinden wir schließlich ihre Wirkungen. Sie ist mit der Unwissenheit verwandt.

14 Erregtheit

Die vierzehnte sekundäre Verblendung ist *Erregtheit.* Sie ist mit Begierde verwandt und ständig in unserem Geist vorhanden. Während unserer Meditationssitzungen zeigt sie sich ganz deutlich. Angeführt von der Begierde wandert unser Geist zu angenehmen Objekten. Wir denken an schöne Orte in den Bergen, an Seen und Flüsse, und unser Geist vergißt das Meditationsobjekt. Erregung ist die Hauptstörung bei der Anwendung konzentrativer Meditation.

15 Vertrauenslosigkeit

Die fünfzehnte sekundäre Verblendung ist *Vertrauenslosigkeit.* Sie ist mit Unwissenheit verwandt und besteht aus dem Fehlen von Vertrauen in das, was richtig oder heilsam ist, besonders im Hinblick auf die Anwendung von Dharma. Sie kann leicht als Folge oberflächlicher Betrachtung des Dharma entstehen. Es ist eine schädliche Verblendung, denn wenn uns zum Beispiel das Vertrauen in den Weg zur Befreiung fehlt, werden wir nicht danach streben, ihn zu entwickeln. Und wenn wir ein Ziel nicht anstreben, werden wir es nie erreichen.

16 Faulheit

Die sechzehnte sekundäre Verblendung ist *Faulheit.* Sie ist mit Unwissenheit verwandt. Wenn sie auftritt, fehlt unserer Anwendung Energie und der Wunsch, sie aufrechtzuerhalten. Es gibt verschiedene Arten von Faulheit. Eine Art führt dazu, der Anwendung von Dharma mit Ausreden, wie „ich habe keine Zeit" oder „ich bin zu dumm" aus dem Weg zu gehen, obwohl Vertrauen in Dharma vorhanden ist. Eine andere Art von Faulheit führt dazu, nach anfänglicher Anstrengung in der Anwendung von Dharma bei kleineren Schwierigkeiten entmutigt aufzugeben. Eine dritte Art von Faulheit ist durch einen Mangel an Enthusiasmus für die Anwendung von Dharma und einen großen Enthusiasmus für weltliche Dinge gekennzeichnet. Wenn wir die Wahl zwischen Fußball und Meditation haben, dann wählt diese Faulheit das Fußballspiel. Wenn wir unseren Geist gern durch weltliche Beschäftigungen von der Anwendung des Dharma wegbewegen, wirkt diese dritte Art von Faulheit.

17 Achtlosigkeit

Die siebzehnte sekundäre Verblendung ist *Achtlosigkeit,* das Gegenteil von Gewissenhaftigkeit. Achtlosigkeit ist mit Haß, Begierde und Unwissenheit verwandt. Während Gewissenhaftigkeit die Wirkung hat, Körper, Rede und Geist von unheilsamen Handlungen abzuhalten, läßt Achtlosigkeit den Geist wandern, wohin er will. Wenn der Geist achtlos wandert, werden Körper und Sprache den unkontrollierten Gedanken mit unheilsamen Handlungen folgen, was ein großes Hindernis für die Anwendung von Dharma ist.

18 Vergeßlichkeit

Die achtzehnte sekundäre Verblendung ist *Vergeßlichkeit*. Sie ist mit Unwissenheit verwandt und das Gegenteil von Erinnerung. Wenn sie stark in unserem Geist auftritt, sind wir nicht fähig, uns an das zu erinnern, woran wir uns erinnern möchten. Das ist sehr abträglich, sowohl aus weltlicher Sicht als auch aus der Sicht des Dharma, denn wenn man sich an seine Aufgaben nicht erinnern kann, ist es nicht möglich, sie auszuführen. Wenn wir die Dinge nicht im Gedächtnis behalten können, wird nicht einmal ein Wagen voller Sutras helfen.

19 Unintelligenz

Die neunzehnte sekundäre Verblendung ist *Unintelligenz*. Sie ist mit Unwissenheit verwandt und ist eine fehlerhafte Art von Intelligenz. Ist sie vorhanden, dann ist man nicht fähig, der richtigen Ausführung einer Arbeit Aufmerksamkeit zu schenken. Das Ergebnis kann chaotisch sein. Wenn zum Beispiel jemand, ohne das Alphabet oder buchstabieren zu können, versucht zu schreiben, wird er zwar wohl irgendeine Art Gekritzel erzeugen, aber es wird keinen Sinn vermitteln.

20 Ablenkung

Die zwanzigste sekundäre Verblendung ist *Ablenkung*. Sie steht mit Unwissenheit, Anhaftung und Haß in Zusammenhang und tritt besonders während der Meditation auf. Dies ist Zerstreuung der Geistes. Anstatt auf ein Objekt wie das Objekt der Meditation gerichtet zu bleiben, wandert der Geist weg zu verschiedenen Dingen. Diese Verblendung ist ein großes Hindernis beim Ausführen irgendeiner Aufgabe.

Unser Geist ist wie ein kleines Kind, das von seinen Freunden leicht entweder in eine heilsame oder in eine unheilsame Tätigkeit geführt werden kann. Wenn ein solches Kind oder unser Geist die richtige Art Einfluß von guten Freunden wie den elf heilsamen Geistesfaktoren erhält, wird er ein befriedigendes und heilsames Wesen und Verhalten entwickeln. Aber wenn das kleine Kind oder unser Geist schlechte Freunde wie die zwanzig Verblendungen hat, wird er vom rechten Weg abgebracht und in unheilsame Handlungen geführt. Alle diese Freunde haben wir in unserem Geist. Es ist daher wichtig, daß wir die heilsamen Geistesfaktoren fördern und die unheilsamen beseitigen. Das heißt, daß wir als allererstes lernen müssen, sie klar zu erkennen, wenn sie auftreten. Das ist besonders schwierig bei manchen der Verblendungen, weil viele von ihnen sehr ähnlich scheinen, wie zum Beispiel Erregtheit und Ablenkung, Faulheit und Vergeßlichkeit. In Wirklichkeit jedoch ist jede von ihnen ein wenig anders und hat eine bestimmte Natur. Das Wichtigste, was wir in unserem Leben zu beherrschen lernen können, ist unser Geist. Dadurch können wir auch unseren Körper und unsere Sprache unter Kontrolle bringen, weil sie wie Diener des Geistes sind und ihm gehorchen. Ich brauche das nicht ausführlich zu erklären, denn es leuchtet uns allen ein, wenn wir darüber nachdenken und in uns hineinschauen. Tritt zum Beispiel Haß oder Ärger im Geist auf, dann können wir sehen, wie machtlos Körper und Sprache sind und wie sie gezwungen werden, unter dem Einfluß dieser Verblendung zu handeln. Das gilt auch für heilsame Handlungen. Hat zum Beispiel jemand reine Gedanken der Liebe und des Erbarmens gegenüber anderen, dann kann dies körperliche und sprachliche Handlungen außerordentlich beeinflussen. Wenn wir Glück wünschen, müssen wir die heilsamen Geistesfaktoren nähren, und wir werden von selbst heilsames Karma durch Körper, Rede und Geist ansammeln.

Die vier wechselbaren Faktoren

Die letzten vier der einundfünfzig Geistesfaktoren werden die vier wechselbaren Faktoren genannt. Diese vier Faktoren sind neutraler Natur. Wenn sie durch Verblendungen ausgelöst werden, sind sie unheilsam, wenn sie dagegen von heilsamen Geistesfaktoren ausgelöst werden, sind sie heilsam. Sie sind fähig, sich zu beiden Seiten hinzubewegen, aber ihre Natur ist neutral.

1 Schlaf

Der erste dieser Faktoren ist *Schlaf.* Wenn wir zum Beispiel vor dem Einschlafen über Aspekte unserer Dharma-Anwendung nachdenken, werden sogar in unseren Träumen Gedanken über unsere Anwendung auftreten. In diesem Fall hat unser Nachdenken über die Anwendung unseren Schlaf beeinflußt, und daher ist die Natur unseres Schlafes heilsam. Wenn wir dagegen ständig mit anderen streiten oder andere unheilsame Handlungen ausführen, dann werden wir sogar in unseren Träumen mit anderen im Streit sein. Die Eindrücke der unheilsamen Handlungen, die während des Tages ausgeführt werden, treten im Traum auf, und in solchen Fällen wird der Schlaf unheilsam. Dies zeigt, wie die vier wechselbaren Faktoren von unseren unheilsamen oder heilsamen Neigungen beeinflußt werden. Wir benötigen eine gewisse Menge Schlaf, wenn wir jedoch zu viel schlafen, ist es schädlich. Schlaf wird als Aufhebung von Tätigkeit definiert. Es ist unverkennbar, daß im Schlaf körperliche, sprachliche und ein Großteil der geistigen Aktivitäten aufgehoben sind. Zu viel Schlaf führt zu Mangel an Klarheit im Geist. So muß man die richtige Menge bestimmen, die dazu führt, daß man sich gut ausgeruht fühlt, aber einen Zustand geistiger Klarheit aufrechterhält.

2 Reue

Der zweite wechselbare Geistesfaktor ist *Reue.* Reue entsteht, wenn wir eine Handlung mit Körper, Rede oder Geist begehen, die wir als falsch erkennen, und von ihr denken, wir hätten sie besser nicht ausgeführt. Dies ist ein wechselbarer Faktor, denn wenn wir uns mit sinnvoller Dharma-Anwendung beschäftigen wie zum Beispiel mit Meditation oder Großzügigkeit und dies später bereuen und denken, wir hätten es nicht tun sollen, wird unsere Reue negativ. Wenn wir dagegen eine unheilsame Handlung bereuen, wird unsere Reue heilsam. Mißhandeln wir zum Beispiel jemanden mit unserer Rede, bereuen und bedauern es aber später, dann ist das zweifellos eine heilsame Handlung. Das ist die Art von Reue, die wir in unserem Geist entwickeln müssen.

3 Nachdenken

Der dritte wechselbare Faktor ist *Nachdenken.* Wenn wir Punkte des Dharma untersuchen, um zu ermitteln, was richtig und nützlich ist, wenden wir heilsames Nachdenken an. Wenn wir dagegen darüber nachdenken, wie wir anderen schaden oder unheilsame Handlungen wie Töten, Stehlen, Lügen oder sexuelles Mißverhalten ausführen könnten, benützen wir den Geistesfaktor des Nachdenkens auf eine unheilsame Weise.

4 Untersuchen

Der vierte wechselbare Faktor ist *Untersuchen.* Diese Art des Untersuchens kann auf alle Einzelheiten seines Objektes eingehen, während Nachdenken oberflächlicher ist. Es kann auf die gleiche Weise wie der vorhergehende Faktor heilsam oder unheilsam sein.

Während das, was ich gelehrt habe, noch frisch in Ihrem Geist ist, sollten Sie immer wieder über diese Geistesfaktoren nachdenken, denn dadurch werden sie immer klarer werden. Für die vollständige Beseitigung der unheilsamen Faktoren und das Erlangen der letztlichen Befreiung ist es entscheidend zu verstehen, wie diese Geistesfaktoren arbeiten. Auch um das Funktionieren des Geistes klar zu erkennen, müssen wir zuerst diese Geistesfaktoren verstehen. So wie es für einen Piloten lebenswichtig ist, zu wissen, wie er sein Flugzeug zu fliegen hat und wozu die einzelnen Knöpfe, Ziffernblätter, Hebel und Schalter gebraucht werden, müssen auch wir verstehen, wie unser Geist funktioniert, um den besten Gebrauch von ihm zu machen.

Erbarmen oder Begierde?

Einer der elf heilsamen Geistesfaktoren ist Erbarmen, und eine der sechs Wurzelverblendungen ist Begierde. Erbarmen muß entwickelt werden, Begierde muß beseitigt werden. Manche von Ihnen mögen es jedoch schwierig finden, zwischen den beiden zu unterscheiden. Diese Frage ist oft zur Sprache gekommen, wenn ich westlichen Menschen Unterweisungen gegeben habe. Obwohl Erbarmen und Begierde miteinander verwechselt werden können, sind sie in Wirklichkeit sehr verschieden.

Vor allen Dingen besteht ein Unterschied in der Natur der Objekte, auf die sie gerichtet sind. Auch die Art ihres Entstehens ist verschieden. Man sollte nicht das Verlangen, Dharma anzuwenden, und den Wunsch, Befreiung zu erreichen, mit Begierde verwechseln. Vielmehr gehören diese Eigenschaften zu dem Geistesfaktor Streben, der einer der fünf Objekt-bestimmenden Faktoren ist. Obwohl dabei eine gewisse Art von Begierde vorhanden sein mag, unterscheidet sie sich von der Begierde nach einem weltlichen Objekt dadurch, daß sie ein vollständig anderes Resultat hervorbringt. Vielleicht haben wir zum Beispiel starke Anhaftung an unsere Eltern, Freunde oder Verwandten. Ein Teil unserer Gefühle ihnen gegenüber kann durch Anhaftung hervorgerufen sein, während ein anderer Teil durch echte Liebe verursacht sein kann. Wir können zwischen reiner Liebe, Erbarmen und Anhaftung unterscheiden, indem wir unsere Reaktion beobachten, wenn jemand, den wir sehr gern haben und den wir für einen guten Freund halten, uns gegenüber eine negative Einstellung zeigt. Gewöhnlich, wenn alles gut geht, behandelt uns unser Freund nett und aufmerksam. Aber wenn sich aus irgendeinem Grund seine Einstellung ändert und er unsere Freundschaft mit Kränkung und Kritik erwidert, müssen wir unsere Reaktion genau beobachten. Beeinträchtigt seine beleidigende Haltung unsere Liebe und Sorge für ihn nicht, dann ist das ein Zeichen dafür, daß unser Gefühl von Liebe und Erbarmen ihm gegenüber rein ist. Wenn wir dagegen auf seine Kränkung und Kritik in ähnlich negativer Weise reagieren, zeigt das, daß unser Gefühl für ihn in erster Linie Begierde war. Denn Begierde erwartet etwas zurück, und wenn das nicht kommt, ändert sie sich schnell. Liebe und Erbarmen andererseits sind bereit, ohne irgendwelche Erwartungen zu geben. Und gleichgültig, wie die Person, der wir geben, reagiert, sie bleiben fest und aufrichtig. Wenn wir dieses Gefühl für andere fördern können, sind wir dabei, reine Liebe und reines Erbarmen zu entwickeln. Es gibt zum Beispiel Eltern, die ihr Kind sehr lieben, wenn es artig ist. Fühlen sie diese Liebe und Sorge auch, wenn sich das Kind schlecht aufführt und unfolgsam ist, dann haben sie echte Liebe und echtes Erbarmen.

Anhaftung ist von ganz anderer Natur. Wenn das Objekt der Anhaftung angenehm ist, entsteht ein starkes Gefühl der Zuneigung zu ihm. Aber wenn diese Zuneigung dahinzuschwinden beginnt, sobald das Objekt unangenehm und unvorteilhaft wird, ist dies nicht wahre Liebe, sondern Anhaftung. Erbarmen macht keine Unterschiede, ob das Objekt gut oder schlecht, schön oder häßlich, angenehm oder unangenehm ist. Vielmehr gibt es sich ganz hin, um seinem Objekt aufrichtig zu nützen, ohne irgendeine Hoffnung für sich selbst. Anhaftung dagegen klammert sich fest an die Hoffnung, Nutzen und Glück für sich selbst zu gewinnen, auch wenn sie manchmal dem Nutzen der anderen Person gewidmet zu sein scheint. Da Erbarmen ganz dem Wohlergehen und Glück anderer gewidmet ist, ist es beständiger, tiefer und umfassender. Im Vergleich dazu ist Anhaftung auf falsche Vorstellungen und verblendete Ansichten gegründet, und nicht so weitreichend.

Wenn wir das klar verstehen, werden wir zwischen den beiden klar unterscheiden können. Wir werden das nicht in Beziehung zu einem Objekt sehen müssen, denn immer, wenn im Geist Erbarmen gegenüber jemandem auftritt, macht es den Geist friedlich und hell. Aber wenn im Gegensatz dazu Anhaftung entsteht, ist die Wirkung ganz anders. Anhaftung bringt nicht Frieden und Helligkeit in den Geist, sondern verursacht Aufregung und Unruhe. Es ist, als gleiche unser Geist einem Tümpel mit klarem Wasser. Wenn wir eine Handvoll Erde in einen Tümpel werfen, wird er trüb, aber wenn wir einen Kristall in einen Tümpel legen, stört er die Klarheit des Wassers nicht. Entsteht Erbarmen im Geist, dann bleibt der Geist klar und hell, wie ein Kristall im Wasser. Entsteht aber Anhaftung im Geist, dann wird der Geist unklar und bewölkt, ähnlich wie Wasser unverzüglich trüb wird, wenn man eine Handvoll Erde hineinwirft. Sind reine Liebe und Erbarmen stark entwikkelt worden, dann werden wir nicht zögern, sogar unseren Körper und Besitz zum Wohle anderer aufzugeben. Und nicht nur für Menschen, sondern ebenso für Tiere.

Wir müssen auch achthaben auf Objekte, die Ablenkung verursachen. Wenn der Geist für ein heilsames Objekt wie die Anwendung von Dharma eingenommen ist oder wenn er sehr zu heilsamem Verhalten hingezogen ist, dann ist das gut für unsere Anwendung, und man braucht ihn nicht zurückzuhalten. Wenn aber andererseits der Geist ständig zu unheilsamem Verhalten hingezogen ist, müssen wir versuchen, dies zu unterbinden. Unser Geist ist wie jemand, der nackt auf einem Bett voller Dornen sitzt, jede Bewegung seines Körpers verursacht Schmerzen. Ebenso ist unser Geist von vielen Verblendungen bedrängt, die stets bereit sind zu schaden.

Die zwölf Glieder des abhängigen Entstehens

Zu Beginn der Unterweisungen habe ich Ihnen die drei Arten von Leid erklärt: das Leid der Schmerzen, das von allen Wesen leicht erkannt wird; das Leid der Veränderung, das zu verstehen ein gewisses Maß an Denken und Überlegen erfordert; und drittens das alles durchdringende Leid. Es ist das tiefste, subtilste Leid und daher am schwierigsten zu begreifen. Diese drei Arten von Leid sind das, was als *Wahrheit des Leids* bekannt ist, die erste der Vier Edlen Wahrheiten. Wir erfahren jetzt manche Arten von Leid, und wir werden andere in Zukunft erfahren. Da niemand von uns Leid möchte, müssen wir uns also anstrengen, es zu beseitigen. Aber durch Klagen oder einfach Wünschen, es solle verschwinden, werden wir es nicht loswerden. Um Leid zu beseitigen, müssen wir seine Ursachen beseitigen. Die Ursachen von Leid sind unheilsame Handlungen. Um unheilsame Handlungen zu beseitigen, müssen wir Verblendungen wie die sechs Wurzelverblendungen und die zwanzig sekundären Verblendungen beseitigen.

Es gibt zwei weitere Unterteilungen von Karma: Karma innerhalb bedingten Daseins und Karma außerhalb bedingten Daseins. Es gibt auch andere Unterteilungen wie heilsames und unheilsames Karma. Manche Arten von Karma müssen beseitigt werden, während andere am Anfang unserer Anwendung gebraucht werden, so wie Stufen nötig sind, um in ein Flugzeug zu gelangen. Wenn Sie hören, daß in buddhistischen Unterweisungen die Tatsache sehr betont wird, daß Leid aus Karma entsteht, sollten Sie nicht fälschlicherweise schließen, daß alle Arten von Handlung aufgegeben werden müssen. Wir müssen unterscheiden zwischen den Handlungen, die aufgegeben werden müssen, und den Handlungen, die für den Fortschritt auf dem Weg zur Befreiung nützlich sind. Karma innerhalb bedingten Daseins und die damit verbundenen Verblendungen werden *Wahrheit des Ursprungs* genannt, die zweite der Vier Edlen Wahrheiten.

Die Wahrheit des Leids und die Wahrheit des Ursprungs existieren beide nicht außerhalb unser selbst. Sie existieren innerhalb unseres Geistes. Folglich können sie nur durch die Anwendung einer inneren Methode beseitigt werden. Wir müssen jetzt beginnen, eine solche Methode anzuwenden. Wir sollten die Dinge nicht aufschieben, denn gegenwärtig haben wir die Gelegenheit und die Fähigkeit dazu, sowohl körperlich als auch geistig. Solange wir diese günstigen Umstände besitzen, müssen wir sie ausnutzen. Wenn jemand an einer schweren körperlichen Krankheit oder an einer akuten geistigen Störung leidet, wird es sehr schwierig für ihn sein, Dharma anzuwenden. Aber wir sind frei von solchen Hindernissen. Es ist wie beim Einkaufen. Wenn wir einen Artikel finden, den wir kaufen möchten, sollten wir ihn kaufen, wenn wir ihn sehen. Tun wir es nicht, dann haben wir später vielleicht das Geld nicht, oder der Artikel ist nicht mehr erhältlich. So wie wir jetzt vielleicht das Geld haben, um in einem Geschäft etwas zu kaufen, haben wir jetzt die Gelegenheit und die Fähigkeit, Dharma anzuwenden. Und so wie der Artikel im Geschäft ist, sind wir jetzt mit den Methoden in Kontakt gekommen, die für die Anwendung von Dharma benützt werden. An diesem günstigen Zeitpunkt müssen wir mit der Anwendung beginnen und dürfen die Dinge nicht verschieben.

Manche Leute denken vielleicht, auch wenn sie Dharma jetzt oder in diesem Leben nicht anwenden können, spiele das keine Rolle, weil sie es in zukünftigen Leben tun werden. Das ist eine gefährlich falsche Auffassung, denn diese gegenwärtige günstige Gelegenheit zu erlangen ist alles andere als leicht. Ein menschliches Dasein erfordert bestimmte Ursachen und Umstände, die nicht leicht anzusammeln sind. So wie eine bestimmte Blume ohne den richtigen Samen nicht wächst, bedarf auch das Erlangen eines menschlichen Lebens bestimmter Ursachen. Um ein menschliches Dasein zu erreichen, ist reines ethisches Verhalten nötig. Auch wenn wir sehr wünschen, ein menschliches Leben zu erlangen, ist dies keine genügende Ursache dafür, daß wir dazu imstande sind. Manche denken vielleicht, ein menschliches Dasein sei verhältnismäßig einfach zu erlangen, weil die Welt so übervölkert ist. Ungeachtet der Weltbevölkerung jedoch muß jede Person die spezifischen Ursachen ansammeln, um als menschliches Wesen Geburt nehmen zu können. Obwohl es zum Beispiel in einem Supermarkt viele Dinge gibt, kann man sie ohne Geld nicht haben. Es nützt nichts, nur zu sagen: „Oh, ich möchte das." Da es so schwierig ist, ein menschliches Dasein zu erlangen, ist es sehr wichtig, jetzt mit Vorbereitungen zu beginnen.

Wenn Sie die Erklärung über Leid verstanden haben, fragen Sie sich vielleicht, wie Leid durch Verblendungen verursacht wird. Der betreffende Prozeß heißt *Die zwölf Glieder des abhängigen Entstehens*. Dieser ist auf dem bekannten Bild des Lebensrades dargestellt. Aber das Bild des Lebensrades ist nur ein Symbol. Das eigentliche Rad des Lebens ist ein Prozeß, der in unserem Geist vor sich geht. Die zwölf Glieder sind: Unwissenheit, Ansammlung, Bewußtsein, Verlangen, Greifen, Sein, Geburt, Name und Form, Sechs Quellen, Berührung, Empfindung, Altern und Tod. (Die Anordnung der Glieder hier unterscheidet sich von der üblichen Reihenfolge: Unwissenheit, Ansammlung, Bewußtsein, Name und Form, Sechs Quellen, Berührung, Empfindung, Verlangen, Greifen, Sein, Geburt, Altern und Tod.)

Bedingtes Dasein

Wesen, die in bedingtem Dasein Geburt nehmen, kreisen ständig durch diese zwölf Glieder, diesen Kreislauf des Lebens.

1 Unwissenheit

Das erste der zwölf Glieder, *Unwissenheit,* braucht nicht viel Erklärung, weil ich darüber bei der Beschreibung der Geistesfaktoren gesprochen habe. Unwissenheit hängt an der

Auffassung eines wahrhaft existierenden Selbst. Aber die wirkliche Art und Weise, wie das Selbst existiert, steht dazu im Widerspruch. Unwissenheit ist der Ursprung allen Leids. Unwissenheit greift sehr stark nach dem Selbst, zum Beispiel: „*Ich* möchte glücklich sein." Dieses starke Ich-Greifen ist das Hauptmerkmal der Unwissenheit. Als Folge davon entsteht Anhaftung – „*Ich* möchte dies, *ich* möchte das", und Haß – „*Ich* mag dies nicht, *ich* mag das nicht." Unwissenheit ruft alle weiteren Wurzelverblendungen und sekundären Verblendungen hervor, und als Folge davon erzeugen wir viele Arten von Karma. Wenn zum Beispiel aus Unwissenheit Haß entsteht und wir ein anderes Wesen schimpfen, erzeugen wir unheilsames Karma der Rede. Wenn wir ein anderes Wesen aufgrund des Hasses schlagen, erzeugen wir unheilsames Karma des Körpers.

Wenn wir unheilsame Handlungen wie Töten, Stehlen oder Lügen ausführen, erzeugen wir die Ursachen für zukünftiges Elend. Wir können sehen, daß solches Elend in dieser Unwissenheit wurzelt, die fest nach dem Selbst als wirklich existent greift. Auch heilsames Karma kann auf der Grundlage von Unwissenheit erzeugt werden. Wir sehnen uns zum Beispiel sehr nach einem menschlichen Dasein, um unser Selbst fortbestehen zu lassen. Dazu müssen wir einem ethischen Verhalten folgen, indem wir zum Beispiel das Leben anderer schützen und großzügig sind. Dies erzeugt heilsame Handlungen. Wir können also sehen, daß jedes Karma, das in bedingtem Dasein reift, auf der Grundlage von Unwissenheit erzeugt wird, die nach dem Selbst greift, als besitze es wahre Existenz.

2 Ansammlung

Das zweite Glied des abhängigen Entstehens ist *Ansammlung*. Ansammlung bezieht sich auf das Erzeugen von Karma selbst, ohne Rücksicht darauf, ob es günstig oder ungünstig ist. Wenn wir zum Beispiel erkennen, wie wichtig es ist, ein menschliches Leben zu erlangen, und beschließen, es zu tun, führen wir heilsame Handlungen aus wie zum Beispiel das Unterlassen von Töten. In dem Augenblick, in dem so ein Entschluß gefaßt wird, wird heilsames geistiges Karma erzeugt. Als Folge dieses Entschlusses geben wir anderen den Rat, nicht zu töten, nicht zu stehlen und so weiter. Das hat die Ansammlung heilsamen Karmas der Rede zur Folge. Wenn wir direkt das Leben anderer schützen oder großzügig sind, sammeln wir heilsames Karma des Körpers an.

3 Bewußtsein

Das dritte Glied, *Bewußtsein,* bezieht sich auf den Strom des Bewußtseins, auf dem der karmische Eindruck hinterlassen wird. Wenn wir zum Beispiel einen Samen in die Erde säen, ist die Person, die den Samen sät, wie der Erzeuger von Karma. Der Same, der gesät wird, ist der Eindruck, der durch das Karma hinterlassen wird. Die Erde, in die er gesät wird, ist der Bewußtseinsstrom oder das dritte Glied.

4 Verlangen

Das vierte Glied des abhängigen Entstehens ist *Verlangen.* Verlangen hilft, den karmischen Eindruck, der auf dem Bewußtseinsstrom hinterlassen ist, zur Reifung zu bringen. Es ist ähnlich wie das Gießen gepflanzter Samen. Das Wasser hilft dem Samen zu reifen und zu wachsen. Verlangen kräftigt den karmischen Eindruck und befähigt ihn, reif zu werden. Wenn zum Beispiel jemand aus Anhaftung stiehlt, erzeugt er das Karma des Stehlens. Indem später weiteres Verlangen nach Besitz entwickelt wird, wird dieser karmische Eindruck genährt und beginnt zu reifen. Wenn wir zum Beispiel den Wunsch erzeugen, ein menschliches Leben zu erlangen, und beginnen, uns in entsprechender Weise zu verhalten, und wenn unser Verlangen nach diesem Ziel immer stärker wird, fördert das die Reifung des ursprünglichen Eindrucks, der auf dem Geisteskontinuum hinterlassen wurde.

5 Greifen

Das fünfte Glied ist *Greifen.* Es ist dem Verlangen ähnlich, aber viel kräftiger oder gröber. Es vollendet den Reifungsprozeß des karmischen Eindrucks und bringt ihn an den Punkt, wo er dann gleich seine Wirkung hervorbringen wird.

6 Sein

Das sechste Glied ist *Sein.* Verlangen und Greifen haben den karmischen Eindruck gedüngt und reif werden lassen bis zu dem Punkt, wo er bereit ist, seine Frucht zu geben.

Ich werde nun die restlichen Glieder des abhängigen Entstehens in Verbindung mit dem Vorgang des Sterbens erklären. Das wird Ihnen ein klareres Verständnis ermöglichen. Ich werde es am Beispiel von jemandem erklären, der als Folge heilsamer Handlungen wie reinem ethischem Verhalten als menschliches Wesen geboren wird. Zuerst muß in der betreffenden Person der Wunsch entstehen, ein menschliches Leben zu erlangen. Dann sammelt sie die karmischen Ursachen dafür an und nährt den Wunsch, eine menschliche Wiedergeburt zu erreichen. Das ist wie das Düngen eines Samens. Da ein starkes Verlangen nach einer menschlichen Wiedergeburt und auch die karmischen Ursachen vorhanden sind, entsteht in dieser Person am Ende ihres Lebens ein noch stärkeres Verlangen nach einer menschlichen Wiedergeburt. Das ist das fünfte Glied, das Greifen. Dieses starke Greifen nach einer menschlichen Wiedergeburt hilft dem karmischen Eindruck, seine Frucht zu erzeugen. An diesem Punkt sind alle Vorbereitungen für die neue Existenz vollständig. Das ist das sechste Glied des abhängigen Entstehens, das Sein.

Der Vorgang des Sterbens

Während wir am Leben sind, besteht unser Körper aus den vier Elementen Erde, Feuer, Wasser und Luft. Unser Bewußtsein existiert in Verbindung mit diesen Elementen, und unser Leben ist von ihnen abhängig. Dies ist ähnlich wie ein Dach, das von vier Säulen getragen wird. Auf die gleiche Weise wird unser Bewußtsein während unseres Lebens von den vier Elementen getragen, und solange sie in einem harmonischen Verhältnis zueinander bleiben, erfreuen wir uns guter Gesundheit. Wenn jedoch ihr Gleichgewicht gestört wird, werden wir krank. Im Vorgang des Sterbens hört jedes dieser Elemente allmählich auf, das Bewußtsein zu unterstützen, und wenn alle vier versagen, sterben wir. Es ist, als würde sich jede der vier Säulen auflösen und das Dach einstürzen. Wenn die Person im Todesvorgang bestimmte Stadien erreicht, beginnen gewisse Zeichen deutlich zu werden. Eine Person, die Dharma angewendet hat und mit Meditation vertraut ist, kann diese Stadien des Sterbens für einen bedeutenden Zweck benützen. Diese Stadien werden von jedem Sterbenden erfahren, aber sie können nur dann in Gewinn verwandelt werden, wenn man darüber genau Bescheid weiß.

Eine sterbende Person verliert zuerst Kontrolle über die Bewegungen ihres Körpers und wird unfähig, sich von einer Seite auf die andere zu bewegen. Der Körper wird wie ein Klotz. Zwei Zeichen treten auf, die das Versagen des Erdelements anzeigen. Eines ist äußerlich, das andere innerlich. Das innere Zeichen wird nur von der sterbenden Person selbst erfahren, während das äußere Zeichen von den Umstehenden wahrgenommen werden kann. Das äußere Zeichen ist der Verlust der Kontrolle über den Körper. Das betrifft die groben Bewegungen, nicht solche Dinge wie Augenzwinkern oder Bewegen der Hände. Das innere Zeichen, das nur von der sterbenden Person erfahren wird, ist ähnlich, wie wenn man eine Luftspiegelung sieht. Diese erscheint dem Sterbenden als ein geistiges Bild und wird nicht mit seinem physischen Auge gesehen. Die Ursache dieser Erscheinung ist das Versagen des Erdelements und das Aufsteigen des Wasserelements.

Wenn das Wasserelement zu versagen beginnt, treten wieder innere und äußere Zeichen auf. Das äußere Zeichen ist, daß Augen und Mund trocken werden. Ich brauche das nicht ausführlich zu erklären, denn wenn man eine sterbende Person beobachtet, sind diese Zeichen leicht zu sehen. Das innere Zeichen, das im Geist des Sterbenden auftritt, ist ein bißchen wie dünner Rauch oder feiner Nebel, der den Himmel bedeckt. Diese rauchige oder neblige innere Erfahrung, die auftritt, wenn das Wasserelement versagt, ist ein Zeichen für das Aufsteigen des Feuerelements. In diesem Stadium beginnen sich bestimmte Hinweise zu zeigen, wo die Person Wiedergeburt nehmen wird. Wenn sie in einem sehr aufgeregten und angstvollen Zustand ist, wird dies als ungünstiges Zeichen betrachtet. Wenn dagegen die Person friedlich stirbt, ohne Furcht oder Unbehagen, wird dies als gutes Zeichen betrachtet. Obwohl diese Zeichen, die auf die zukünftige Wiedergeburt hindeuten, oft auftreten können, gibt es natürlich Ausnahmen. Außerdem können diese inneren und äußeren Zeichen, die bei einem natürlichen Tod deutlich auftreten, im Falle eines plötzlichen Todes wie einem Autounfall sehr schnell und unerkannt vorübergehen.

Wenn das Feuerelement seine Kraft verliert, tritt als äußeres Zeichen ein allmählicher Verlust der Körperwärme auf. Das ist ganz deutlich, wenn man einen Sterbenden beobachtet. Die Art und Weise, wie die Wärme den Körper verläßt, kann ebenfalls eine günstige oder ungünstige Wiedergeburt anzeigen. Manchmal beginnt der Verlust der Körperwärme bei den Füßen und bewegt sich gegen den Kopf zu. In anderen Fällen beginnt das Nachlassen der Wärme am Kopf und bewegt sich gegen die Füße. Natürlich wird die Körperwärme schließlich vollständig verschwinden, aber der Punkt, an dem dieser Vorgang beginnt, ist wichtig. Wenn er am Kopf beginnt und abwärts verläuft, ist dies ein ungünstiges Zeichen. Wenn er bei den Füßen beginnt und aufsteigt, ist dies ein gutes Zeichen. Wenn das Feuerelement versagt, ist die innere Erfahrung wie das Sehen von Funken oder Glühwürmchen in der Nacht. Diese Funken sind nicht hell und klar, sondern wie kleine Punkte, die in der Dunkelheit glühen. Denken Sie daran, daß diese inneren Erfahrungen nur im Geist der sterbenden Person auftreten und für einen Beobachter nicht sichtbar sind. Die Ursache dieser Funken ist, daß das Feuerelement versagt und das Luftelement aufzusteigen beginnt. Das Bild ist vergleichbar mit Funken, die der Wind von einem Feuer wegbläst.

Wenn das Luftelement zu versagen beginnt, ist als äußeres Zeichen ein stärkeres Ausatmen und ein schwereres Einatmen zu beobachten. Die Person beginnt auch schneller zu atmen. Nachdem das eine Weile gedauert hat, atmet die Person ein letztes Mal sehr stark aus und nicht wieder ein. An diesem Punkt hört der Atem auf. Das Luftelement verliert vollständig seine Kraft, das Bewußtsein zu unterstützen. Viele glauben, dies sei der tatsächliche Augenblick des Todes, aber in Wirklichkeit ist das nicht der Fall. Nachdem der Atem aufgehört hat, treten zwar keine äußeren Zeichen mehr auf, aber die inneren Erfahrungen gehen weiter.

Da der Sterbende zu diesem Zeitpunkt noch nicht tot ist, ist es falsch, seinen Körper zu bewegen. Während einiger Zeit werden noch verschiedene Stadien des Sterbeprozesses auftreten, die ein Beobachter von außen nicht wahrnehmen kann. Den Körper zu dieser Zeit zu bewegen würde die Kontinuität dieses Prozesses unterbrechen und entspricht einem vorzeitigen Töten der Person.

Die nächste innere Erfahrung ist ein Bild wie diffuses Mondlicht am Himmel. Es ist ähnlich wie das Licht am Himmel kurz vor dem Aufgang des Mondes, während der Mond noch hinter einem Berg versteckt ist. Als ich die Meditation mit dem weißen Punkt am Scheitel beschrieben habe, war das nicht nur die Grundlage für eine Visualisation. Tatsächlich gibt es einen weißen Samen, der sich in unserem Körper an diesem Punkt befindet. Wenn die vier Elemente aufhören, das Bewußtsein zu unterstützen, lösen sich die Knoten, die normalerweise die Kanäle in unserem Körper verschließen. Wenn das geschieht, sinkt der weiße Samen am Scheitel des Kopfes durch den zentralen Kanal zum Herzen hinab. Während des Lebens ist das wegen der Knoten im Kanal normalerweise nicht möglich. Dieser weiße Samen sinkt in das Herzzentrum hinab, das sich in der Mitte der Brust befindet. Während der weiße Samen hinuntersinkt, erscheint dem Sterbenden dieses diffuse weiße Licht als ein geistiges Bild.

Danach folgt die Erfahrung eines diffusen roten Lichtes ähnlich dem, das manchmal den Himmel vor dem Sonnenaufgang überzieht. Diese Erfahrung entsteht, weil der rote Samen, der sich während des Lebens im Nabelzentrum befindet, im zentralen Kanal aufzusteigen beginnt. Dieser rote Samen befindet sich an derselben Stelle, an der, wie ich Ihnen sagte, Sie den roten Punkt visualisieren sollten. Der weiße Samen ist von der Natur des Wassers und sinkt daher zum Herzen hinab. Der rote Samen ist von der Natur des Feuers und steigt daher zum Herzen hinauf.

Die nächste innere Erfahrung der sterbenden Person ist ein vollständigen Dunkel im Geist, so wie es auftritt, wenn man ohnmächtig wird. Dieses Dunkel erscheint in dem Augenblick, in dem der weiße und der rote Samen sich im Herzzentrum vereinigen. Die sterbende Person erfährt dies als eine Art Dunkelheit und ist sich keiner anderen Erfahrung bewußt. Bei manchen Leuten kann das sehr kurze Zeit dauern, während es bei anderen recht lang sein kann. Wenn diese Erfahrung von Dunkelheit vorüber ist, erfährt der Sterbende ein raumgleiches Leersein, frei von jeder Farbe oder Form.

Jemand, der sich in diesem Leben durch ernsthafte Anwendung wie Meditation über Leerheit vorbereitet hat, kann dieses Stadium des Todesvorgangs für einen sehr großen Zweck verwenden. Er wird fähig sein, sehr lange Zeit in diesem Zustand raumgleichen Leerseins in Meditation zu verweilen. In Tibet hat es Fälle großer Anwender gegeben, die in der Meditationshaltung sitzenblieben, während ihr Geist mehrere Wochen in diesem raumgleichen Leersein versenkt war. Man darf nicht vergessen, daß dieses Stadium recht lang nach dem Aufhören des Atems auftritt. Bei einer gewöhnlichen Person, die mit diesen Anwendungen nicht vertraut ist, gehen diese Stadien unbemerkt vorbei und sind von keinerlei Nutzen.

Es sollte nun klar sein, warum es nicht gut ist, eine Person gleich nach dem Aufhören des Atems zu bewegen und dies als den Zeitpunkt des wirklichen Todes zu betrachten. Selbst gewöhnliche Leute können diese inneren Vorgänge noch einige Zeit, nachdem sie anscheinend gestorben sind, erfahren. Es kann auch vorkommen, daß der Körper nicht steif wird, sondern einige Zeit beweglich bleibt. Auch das ist ein Zeichen, daß die Person noch nicht wirklich gestorben ist. Die Länge der Zeit, die in diesen Zuständen nach dem Aufhören des Atems verbracht wird, ist bei jedem verschieden. Manche können lang bleiben, andere einen Tag oder zwei, und wieder andere weniger als das. Die Dauer ist weder bestimmt noch konstant. Zum Zeitpunkt der Erfahrung raumgleicher Leere haben sich die fünf Arten von Sinnesbewußtsein und das grobe Denkbewußtsein bereits aufgelöst. Die Person nimmt diese Erfahrungen mittels eines sehr subtilen Denkbewußtseins wahr. Nach der Erfahrung raumgleicher Leere trennt sich dieses subtile Bewußtsein vom Körper, und die Existenz endet. Dann tritt der Tod wirklich ein.

Diese Erfahrungen macht jeder zur Zeit des Todes. Aber in fortgeschrittenen Mahayana-Anwendungen gibt es bestimmte Meditationen, die während des Lebens ausgeführt werden können, um diese Prozesse nachzuvollziehen. Es gibt Anwendungen, die den Meditierenden befähigen, diese Stadien des Sterbeprozesses in meditativer Konzentration zu erfahren. Solche tiefe Meditationstechniken sind einige der Möglichkeiten, um schnell Erleuchtung zu erreichen. Wenn ein Anwender diese Methoden ausführt, lösen sich die fünf Arten von Sinnesbewußtsein und das grobe Denkbewußtsein wie im Sterbevorgang auf, und der Meditierende benützt nur das subtile Denkbewußtsein.

Bardo und Geburt

Nachdem das subtile Denkbewußtsein den Körper verlassen hat und bevor es Geburt nimmt, existiert es in einem Zwischenzustand, der auf tibetisch *Bardo* genannt wird. Der Bardo-Körper ist nicht ein grober physischer Körper wie der unsere, sondern ein subtiler geistiger Körper. Wenn ich sage, es ist ein subtiler geistiger Körper, sollte man daraus nicht schließen, er sei irgendwie angenehm oder genußreich. Er ist es nicht. Das Bardo ist ein Zustand, in dem es keinerlei Freiheit gibt. Das Bardo-Wesen wird von der Kraft seines Karma getrieben und steht vollständig unter dessen Herrschaft. Im allgemeinen erfährt ein Bardo-Wesen große Angst, aber bei einer Person, die ein heilsames Leben geführt hat, ist das nicht immer der Fall. Nachdem das Bardo-Wesen einige Zeit in diesem Zwischenzustand verbracht hat, nimmt es einen physischen Körper an, zum Beispiel als menschliches Wesen. Es nähert sich seiner nächsten Wiedergeburt, wenn seine zukünftigen Eltern in sexueller Vereinigung sind. Zuerst kann es beide Eltern sehen, und getrieben durch die Kraft seines Karma, bewegt es sich in ihre Richtung. Wenn es näherkommt, kann es die Eltern nicht mehr sehen, sondern es sieht die Vereinigung von Samenflüssigkeit und Eizelle. An diesem Punkt endet das Leben des Bardo-Wesens. Sein Bewußtsein tritt in den Schoß der Mutter ein, in die Vereinigung der elterlichen Zellen. Das ist das siebte Glied, *Geburt*.

7 Geburt

Die Geburt eines Kindes erfordert die gleichzeitige Verbindung vieler bestimmter Umstände. Es muß zum Beispiel die körperliche Vereinigung der Eltern stattfinden, das Bardowesen muß in der Umgebung sein und muß in die vereinigten elterlichen Zellen eintreten. Sexuelle Vereinigung hat natürlich nicht notwendigerweise eine Schwangerschaft zur Folge, so daß auch hier gewisse Bedingungen nötig sind. Auch muß die Gebärmutter der Mutter gesund und frei von Fehlern sein. Wir können also sehen, daß zwar unser physischer Körper als Resultat der Vereinigung der Zellen zweier Eltern entsteht, unser Bewußtsein jedoch nicht. Vielmehr kommt es aus der eigenen früheren Existenz und ist Teil eines Bewußtseinsstroms.

Warum frühere Inkarnationen existieren und wie wir Geburt nehmen, sollte jetzt klarer sein. Es ist wichtig, daß das verstanden wird und daß wir nicht einfach annehmen, es gebe vergangene und zukünftige Leben. Während sich der Fötus im Schoß der Mutter entwickelt, durchläuft er viele Stadien. Diese Stadien sind in den Sutras anhand von Vergleichen erklärt. So gibt es zum Beispiel eine Zeit, in der der Fötus wie Rahm aussieht, eine andere, in der er geronnener Milch ähnelt, und noch eine dritte, in der er Joghurt gleicht. Er geht stufenweise durch verschiedene Stadien, in denen der Körper immer fester und wohlgeformter wird.

8 Name und Form

Wenn dann der Fötus fleischähnlich wird, entsteht das Glied *Name und Form* in der Kette des abhängigen Entstehens. Name bezieht sich auf das Bewußtsein, und Form bezieht sich auf den Körper in diesem Stadium.

9 Sechs Quellen

Wenn der Fötus sich schließlich durch einige weitere Stadien entwickelt hat und die Sinne gut ausgebildet sind, entsteht das Glied der *Sechs Quellen*.

10 Berührung

Das nächste Glied in der Kette des abhängigen Entstehens ist das Glied der *Berührung*. Berührung entsteht, wenn das Kind im Schoß der Mutter Körperempfindungen zu erfahren beginnt. Wenn es zum Beispiel mit dem Schoß der Mutter in Kontakt kommt, erfährt es die Empfindung von Berührung.

11 Empfindung

Als Folge dieser Empfindungen entstehen die drei Arten von Gefühl: angenehm, unangenehm und neutral. Das ist das Glied der *Empfindung*. Wenn das Kind im Mutterleib unangenehme Empfindungen erfährt, bewegt es sich und versucht sie zu vermeiden. Das ist allen, die das Heranwachsen eines Kindes im Mutterleib erlebt haben, ganz offensichtlich.

12 Altern und Tod

Das zwölfte Glied ist *Altern und Tod.* Altern und Tod sind zwar im gleichen Glied zusammengefaßt, aber tatsächlich sind es zwei getrennte Prozesse. Der Prozeß des Alterns beginnt im zweiten Augenblick, nachdem das Bewußtsein in die vereinigten Zellen der Eltern im Schoß der Mutter eingetreten ist. Er setzt sich fort durch alle Entwicklungsstadien des Fötus, die Geburt des Kindes, das Heranwachsen der Person und ihr Fortschreiten durch das Leben bis zur Zeit des Todes. Nach dem Tod tritt das Wesen wieder in den Bardozustand ein, wird geboren, stirbt, und der Prozeß geht weiter. Auf diese Weise setzt sich der Kreislauf der Wiedergeburt endlos fort, getrieben durch die Kraft des Karma und der Verblendungen. Das ist die Bedeutung des *bedingten Daseins,* das wir durchlaufen. Es bedeutet, immer wieder durch diese zwölf Glieder des abhängigen Entstehens zu kreisen. Bedingtes Dasein ist also nicht ein Ort, eine große Stadt oder eine Welt. Es ist genau dieser Kreislauf.

Auf diese Weise kreist ein Wesen, das als Mensch geboren ist, durch die zwölf Glieder. Aber der Vorgang ist derselbe für jemanden, der infolge unheilsamen Karmas als Tier wiedergeboren wird. Sowohl Tod als auch Bardo-Existenz sind ähnlich, und der einzige Unterschied entsteht, wenn das Bardo-Wesen sich dem Punkt nähert, wo es einen neuen Körper annimmt. Zu diesem Zeitpunkt sieht das Bardo-Wesen zwei Tiere in sexueller Vereinigung. Getrieben durch die Kraft seines Karma tritt es in die Vereinigung der Zellen des männlichen und des weiblichen Tieres ein und wird so als Tier wiedergeboren. Wenn wir immer wieder über diese zwölf Glieder des abhängigen Entstehens nachdenken, werden sie nicht so kompliziert scheinen. Wie ich schon erklärt habe, ist Unwissenheit die Ursache bedingten Daseins. Jedes Wesen erzeugt den Kreislauf. Wir werden immer wieder geboren, getrieben durch die Kraft von Karma und Verblendungen. Es ist wie ein Wasserrad. Das Wasser steigt auf, fällt hinunter, steigt, fällt, immer wieder, ohne jede Wahl. Manchmal können wir eine glückliche Geburt erlangen, andere Male werden wir in einem unglücklichen Zustand geboren. Wir werden auf dem Rad hinauf- und hinuntergetragen, endlos kreisend. Und so wie das Rad die Antriebskraft der Strömung braucht, um das Wasser hinaufzutragen, und keine Kraft braucht, damit das Wasser hinunterfällt, erfordert es auch von uns Anstrengung und die Ansammlung bestimmter Ursachen, um eine glückliche Wiedergeburt zu erlangen, während andererseits eine unglückliche Wiedergeburt keinerlei Anstrengung erfordert. Es ist ganz einfach.

Wir können das im Hinblick auf unsere Dharma-Anwendung leicht sehen. Ein heilsames Leben zu führen und zu meditieren erfordert große Anstrengung. Es ist wirklich nicht so leicht, wie unheilsame Handlungen auszuführen. Unser Geist fließt in Richtung unheilsamer Handlungen wie bergab fließendes Wasser, mühelos und ohne Unterricht zu brauchen. Es erfordert wenig Anstrengung von uns, einen bösen Gedanken zu denken. Den Geist jedoch zu beherrschen und ihn vor Gedanken, die anderen schaden, zu schützen erfordert von uns mehr Achtsamkeit und Willensanstrengung. Aber obwohl es große Entschlossenheit braucht, um ein heilsames Leben zu führen, ist es sehr wichtig, lohnend und von außerordentlichem Nutzen, sowohl für uns selbst als auch für die anderen.

Die Reihenfolge der zwölf Glieder des abhängigen Entstehens, die ich gegeben habe, entspricht der Reihenfolge, in der dieser Prozeß im Leben eines Menschen abläuft. In vielen Schriften ist diese Reihenfolge anders. Einige der Glieder, die hier zuerst aufgeführt werden, können in einer anderen Erklärung später kommen. Sollten Sie diesen Unterschied in anderen Texten sehen, dann sollten Sie das nicht als Fehler auffassen. Jede Reihenfolge hat einen bestimmten Grund. Außerdem habe ich die Reihenfolge der zwölf Glieder über zwei aufeinanderfolgende Leben erklärt; es ist auch möglich, daß ein Zyklus der zwölf Glieder sich über drei Leben erstreckt. Zum Beispiel entstehen Unwissenheit, Ansammlung und Bewußtsein im ersten Leben,

Verlangen, Greifen und Sein im zweiten, und Geburt, Name und Form und die anderen werden im dritten Leben erfahren.

Wenn es zu schwierig für Sie ist, darüber nachzudenken, wie sich dieser Prozeß über drei Leben erstreckt, dann genügt es, wenn Sie verstehen, wie er in zwei Leben abläuft. Säen wir zum Beispiel viele Samen in ein Feld und unter ihnen ein Weizenkorn, dann muß nicht unbedingt der Weizensamen als erster keimen. Da viele Samen da sind, ist es durchaus möglich, daß eine andere Pflanze zuerst wächst. Auf die gleiche Weise sind auf unserem Bewußtseinsstrom zahlreiche Eindrücke, die von vielen verschiedenen Handlungen herrühren. In einem Jahr, einem Monat oder sogar an einem Tag erzeugen wir unzählige unterschiedliche karmische Handlungen, und es gibt keine Sicherheit, welche von ihnen die stärkste ist und zuerst zur Reifung kommt. Jemand mag zum Beispiel die karmische Ursache angesammelt haben, als Kuh wiedergeboren zu werden, und das hat auf dem Bewußtseinsstrom einen Eindruck hinterlassen. Aber es kann im Bewußtsein auch ein anderer starker Eindruck sein, der eine Geburt als menschliches Wesen erzeugen wird. Wenn das der Fall ist, wird der stärkere der beiden Eindrücke seine Wirkung zuerst erzeugen. Der andere bleibt in einem latenten Zustand und wird später reifen. Es besteht ein Unterschied gegenüber dem Beispiel mit den Pflanzen, die auf dem Feld wachsen, insofern, als zwei Pflanzen gleichzeitig wachsen können, während zwei karmische Wirkungen nicht gleichzeitig reifen können. Man kann nicht gleichzeitig zweimal Geburt nehmen.

Es ist klar, daß wir in der Vergangenheit unzählige Arten von Karma angesammelt haben, die jetzt in unserem Bewußtseinsstrom gespeichert sind, und auch, daß wir sowohl jetzt als auch in der Zukunft weiterhin karmische Eindrücke ansammeln werden. Wir müssen daher zwei Methoden anwenden: eine, um die früher angesammelten unheilsamen karmischen Eindrücke zu beseitigen, und eine andere, um das Erzeugen neuer zu verhindern. Wenn zum

Beispiel im Dach unseres Hauses ein Loch ist, müssen zwei Dinge getan werden: es muß uns gelingen, die Sachen im Haus zu trocknen, und wir müssen das Loch zustopfen. In unserem Fall müssen wir das Loch im Dach flicken und aufhören, weitere unheilsame Handlungen anzusammeln. Niemand anderer wird dies für uns tun. Die Methode, die wir anwenden müssen, um sowohl die Hindernisse zu beseitigen, die wir in der Vergangenheit angesammelt haben, als auch jedes weitere Ansammeln zu verhindern, ist die Anwendung von Dharma. Dafür müssen wir einige Vorbereitungen treffen.

Den Geist hüten

Eines der ärgsten Hindernisse für unsere Anwendung ist, unsere Sinne ungezügelt laufen zu lassen, den Geist überallhin wandern zu lassen. Das wird dadurch erleichtert, daß man die *Tore* der Sinne immer weit offen läßt. Wenn wir zum Beispiel unser Schauen nicht kontrollieren, sondern den Augen erlauben, überallhin zu wandern, unserer geringsten Laune zu folgen, werden wir natürlich viele verschiedene Objekte wahrnehmen. Als Folge des Reizes unseres Sehbewußtseins reagiert der Geist auf diese Objekte und erzeugt eine ganze Menge geistiger Störungen. Das gleiche gilt für unser Hörbewußtsein. Wenn wir allem, was wir hören, zuhören, werden wir ununterbrochen von einer Vielzahl verschiedener Geräusche abgelenkt werden. Das gilt ebenso für Geruch, Geschmack und körperliche Empfindungen. Solange wir unseren Sinnen volle Freiheit lassen, werden wir immer ihr Sklave sein, und unsere Anwendung von Dharma wird keinen Gewinn bringen. Ob wir Dharma anwenden oder nicht, wenn wir unseren Geist nicht unter Kontrolle bringen, werden wir nichts erreichen.

Deshalb habe ich Ihnen am Beginn gesagt, daß es sehr gut wäre, wenn Sie vermeiden könnten, während des Kurses Bücher zu lesen, die nichts mit der Anwendung von Dharma zu tun haben, über nicht verwandte Themen zu sprechen, umherzufahren und sich mit anderen unnötigen Tätigkeiten zu beschäftigen. Manche Dinge führen zum Beispiel zwangsläufig zum Entstehen von Anhaftung in unserem Geist, andere zum Entstehen von Haß. Wenn wir überflüssige Tätigkeiten vermeiden, werden wir ganz von selbst die Möglichkeit für das Auftreten solcher Verblendungen verringern. Wenn wir dagegen die Angelegenheiten der ganzen Welt zu unseren eigenen machen, wird dies ein großes Hindernis sein, um Festigkeit in unserer Anwendung von Dharma zustande zu bringen. Mit unnötigen Tätigkeiten verschwenden wir auch eine Unmenge Zeit. So ist es sehr wichtig, daß wir die Tore unserer Sinne schließen und kontrollieren. Es ist der beste Weg, um in unserer Anwendung schnellen Fortschritt zu machen und die Energie, die wir zur Verfügung haben, zu konzentrieren und zu benützen. Das ist auch einer der Gründe, warum wir beim Meditieren die Augen gegen den Schoß richten. Wenn wir mit weit geöffneten Augen geradeaus schauten, würden wir viele verschiedene Dinge sehen, und der Geist würde zwangsläufig durch manche von ihnen abgelenkt werden. Es ist, als würden wir auf der Spitze eines Berges stehen, umgeben von fünf jähen Abgründen. Wohin wir uns auch drehen, besteht Gefahr hinunterzufallen; und wenn ein Kind auf diesem Berg steht, nimmt die Gefahr beträchtlich zu. Auf die gleiche Weise steht das Kind unseres Geistes am Rand des Abgrunds der fünf Sinne; wenn wir nicht aufpassen, stürzt es hinunter. Daher müssen wir zu unserem eigenen Wohl eine große Anstrengung machen, um unseren Geist zu beherrschen.

Diese Methode ist *eine* Art, die Tore der Sinne zu schließen und zu hüten. Es gibt auch noch eine andere Methode, die wir benützen können, um den Geist zu beschützen. Wenn wir zum Beispiel mit einer Person in Berührung kommen, für die wir Haß empfinden, sollten wir unserem Geist nicht sofort erlauben zu reagieren. Vielmehr sollten wir versuchen zu beobachten, wie der Haß sich zeigt, aber ihm nicht erlauben, uns zu beeinflussen. Wir sollten uns die schädlichen Eigenschaften des Hasses ins Gedächtnis rufen, und daß die Folgen sowohl für uns selbst als auch für andere unangenehm sein werden. Auch wenn wir zufällig jemanden klatschen hören, was wieder Verblendungen entstehen lassen kann, sollten wir den Geist beobachten und ihm nicht erlauben, unter den Einfluß der Verblendungen zu geraten. Man sollte für sich selbst denken, „ob das, was ich höre, wahr ist oder nicht, es geht mich nichts an, und wenn ich mich in ein solches Geschwätz hineinziehen lasse, wird es mir selbst und anderen nur Probleme bereiten. Deshalb wird mein Geist sich nicht hineinziehen lassen." Dharma ist wirklich die beste Methode, um Verblendungen zu beseitigen. Aber in manchen Menschen kann das Dharma auch genau diese Verblendungen entstehen lassen. Denkt man zum Beispiel, man wisse eine ganze Menge über Dharma, man sei ein großer Philosoph oder eine sehr fortgeschrittene Person, dann kann das Stolz verursachen. Wenn solche Eitelkeit entsteht, müssen wir sofort den Geist umzulenken suchen, indem wir über die nachteiligen Wirkungen des Gefühls von Stolz nachdenken und ein Gefühl von Bescheidenheit allen gegenüber entwickeln.

Wir sollten unser möglichstes tun, um den Geist von den Dingen abzuwenden, die zum Entstehen von Verblendungen führen, und uns nicht erlauben, von ihnen beherrscht zu werden. Wenn wir unsere Sinne auf diese Weise kontrollieren, dann wird alles, was wir tun, nützlich, lohnend und erfolgreich werden, und unsere Dharma-Anwendung wird Fortschritt machen. Fortschritt im Dharma entsteht nur, indem man sich anstrengt und bemüht, den Geist zu schulen und umzuwandeln. Aber das bedeutet nicht, daß das Ziel unserer Anwendung von Dharma ist, vor anderen zu prahlen. Das Ziel ist die Umwandlung des eigenen Geistes und nicht Angeberei. Ich erwähne diese verschiedenen Punkte, weil sie im Lauf unseres täglichen Lebens sehr nützlich sein werden.

Ein weiterer für die Entwicklung unserer Anwendung von Meditation sehr hilfreicher Faktor ist, die richtige Menge zu essen. Wenn wir zum Beispiel zu wenig essen, schaden wir unserer Gesundheit und schwächen den Körper. Wenn wir körperlich schwach sind, läßt auch die Kraft unseres Geistes nach, und wir werden nicht fähig sein, richtig zu meditieren, und wir werden zu viel Schlaf benötigen. Wenn wir dagegen zu viel essen und unsere Mägen zu voll werden, dann verursacht das körperliche und geistige Schwere während unserer Meditation. Wir müssen also die richtige Menge essen, weder zu wenig noch zu viel.

Schlaf ist ein weiterer Schlüsselfaktor in der Anwendung von Meditation. Man sollte versuchen, nicht zu früh am Abend schlafen zu gehen. Statt dessen sollte man wach bleiben und meditieren oder studieren. Auch am Morgen sollte man nicht zu lang schlafen, sondern so früh wie möglich aufwachen, sich waschen und anfangen zu meditieren. Der Geist ist am frühen Morgen besonders klar. Wenn wir die richtige Menge Schlaf bekommen, ist das unserer körperlichen Gesundheit sehr zuträglich und auch gut, um den Geist zu erfrischen. Wie ich schon gesagt habe, wenn wir beim Einschlafen über verschiedene Aspekte des Dharma nachdenken, werden wir friedlich einschlafen und vielleicht unsere Überlegungen während des Traumzustandes fortsetzen. Können wir ein solches Leben führen, benützen wir Tag und Nacht für die Anwendung von Dharma, dann ziehen wir aus unseren Möglichkeiten wirklich Nutzen. Wenn wir nur die Zeit, die wir in Meditation verbringen, als Anwendung von Dharma betrachten und während des Tages entgegengesetzt handeln, werden wir nie einen Fortschritt machen. Wir müssen uns merken, daß unser Ziel ist, die Hindernisse, die wir in der Vergangenheit angesammelt haben, auszumerzen und ganz aufzuhören, weitere unheilsame Handlungen anzusammeln.

Reinigung

Ich werde jetzt erklären, wie früher angesammelte unheilsame karmische Eindrücke bereinigt werden können. Zuerst müssen wir uns alle falschen Handlungen, die wir in der Vergangenheit ausgeführt haben, ins Gedächtnis rufen. Dann müssen wir aufrichtige Reue darüber erzeugen, daß wir sie begangen haben. Ohne die Kraft ehrlicher Reue ist es schwierig, die Eindrücke zu bereinigen, die solche Handlungen auf dem Geistesstrom hinterlassen haben. Wenn wir zum Beispiel besonders schmutzige Kleidungsstücke waschen, weichen wir sie ein oder zwei Stunden lang ein, und dann, wenn der Schmutz sich etwas gelöst hat, reiben wir sie gründlich, um sie wirklich sauber zu bekommen. Auf die gleiche Weise müssen wir, wenn wir unheilsame Handlungen bereinigen möchten, sie uns zuerst ins Gedächtnis rufen und dann dieses Gefühl der Reue erzeugen; das bewirkt, daß der Eindruck leichter zu bereinigen ist. Man sollte nicht mit einem starken Gefühl der Reue allein zufrieden sein, sondern sollte auch einen festen Entschluß fassen, nie mehr eine solche Handlung zu begehen. Wenn wir auf der Grundlage dieser beiden Faktoren Meditation über Liebe und Erbarmen anwenden oder verschiedene Arten von Reinigungsmethoden ausführen, wird die Kraft dieser Gegenmittel die Eindrücke wirkungsvoll bereinigen.

Wir müssen versuchen, unsere Anwendung des Dharma so weit auszudehnen, daß wir alle Wesen einbeziehen und ein Gefühl des Gleichmuts entwickeln. Es ist zum Beispiel nicht richtig, ein Tier zu töten und andere zu füttern. Das ist eine recht dürftige Art, Wesen von Nutzen zu sein. Wenn wir Dharma anwenden, müssen wir einen aufrichtigen Geist entwickeln. Wir müssen begreifen, daß ebenso wie uns an unserem Leben liegt, anderen Wesen an ihrem Leben liegt. Führen wir heilsame Handlungen aus, dann ist es auch sehr wichtig, daß wir das heilsame Potential besonders für die Bereinigung der unheilsamen Handlungen widmen, deren zahllose Eindrücke in unserem Geist vorhanden sind. Auf diese Weise wird die Kraft unserer heilsamen Handlungen entgegenwirken und helfen, die Kraft schlechten Verhaltens zu beseitigen. Es gibt viele andere Reinigungsmethoden, und wenn es die Zeit erlaubt, werde ich später darüber sprechen. Diese Reinigungsanwendungen sind nicht dazu bestimmt, ein oder zwei Tage oder vielleicht eine Woche oder gar einen Monat lang ausgeführt zu werden, sondern sie müssen das ganze Leben lang fortgesetzt werden. Denn wir haben eine ungeheure

Anzahl unheilsamer Handlungen angesammelt, und wenn wir hoffen, sie zu tilgen, müssen wir uns dieser Aufgabe fortwährend widmen.

Wenn wir angefangen haben, durch die Kraft der Gegenmittel unsere unheilsamen karmischen Eindrücke zu bereinigen, werden sie beginnen abzunehmen, und Zeichen der Reinigung werden in unserem Geist erscheinen. Manche werden in Träumen auftreten. Nachdem man Reinigungsmethoden angewendet hat, ist es möglich, daß man zum Beispiel oft träumt, man trinke Milch, man sehe den Mond oder die Sonne aufgehen, man wasche sich, man ziehe saubere Kleider an oder treffe seinen geistigen Meister. Oder man kann träumen, daß giftige Schlangen, Skorpione oder andere widerliche Dinge aus dem Körper ausgestoßen werden. War die Anwendung von Reinigungsmethoden erfolgreich, dann werden solche Träume immer wieder vorkommen, solche Zeichen werden während langer Zeit ununterbrochen und sehr deutlich auftreten.

Es ist sehr wichtig für uns, die wahre Natur bedingten Daseins zu erkennen. Kurz gesagt, bedingtes Dasein entspricht den ersten zwei aus den Vier Edlen Wahrheiten: der Wahrheit des Leids und der Wahrheit des Ursprungs des Leids. Diese beiden Wahrheiten wiederholen sich endlos, und ihre Wiederholung wird *bedingtes Dasein* genannt. Wie ich früher erklärt habe, ist bedingtes Dasein nicht ein Ort wie die Erde. Wäre die Erde bedingtes Dasein, dann könnten wir leicht in ein Raumschiff klettern, zum Mond entwischen und uns so aus bedingtem Dasein befreien. Aber es ist nicht so.

Von den Vier Edlen Wahrheiten sind die Wahrheit des Leids und die Wahrheit der Ursache bisher erklärt worden. Die dritte Wahrheit ist die der Beseitigung. Allgemein gesprochen ist die Wahrheit der Beseitigung die stufenweise Beseitigung der ersten und zweiten Wahrheit, der Wahrheit des Leids und der Ursache des Leids. Diese Beseitigung wird in fortschreitenden Stufen erreicht, weil die unheilsamen Kräfte der Verblendungen stufenweise beseitigt werden. Sie können nicht alle gleichzeitig beseitigt werden, wie man ein Licht einschaltet und die Dunkelheit verbannt. Vielmehr werden sie nach und nach überwunden, und so wird ihre Beseitigung stufenweise ausgeführt. Die stufenweise fortschreitende Art und Weise, in der diese Verblendungen zu einem Ende gebracht werden, ist in meinem Buch *„The Graduated Path to Liberation"* erklärt. Dieser Vorgang ist ähnlich wie das Reinigen eines schmutzigen Tuches, aus dem der Schmutz stufenweise ausgewaschen wird. Zuerst wird der schmutzigste Teil des Tuches gereinigt, dann werden die leichteren Flecken fortschreitend einer nach dem anderen weggewaschen. Es ist unmöglich, alle Flecken auf einmal loszuwerden. Weitere Erklärungen darüber werden später in den Unterweisungen folgen, aber ich möchte auch vorschlagen, daß Sie dieses kleine Buch durchlesen.

Die Bedeutung der zwölf Glieder des Abhängigen Entstehens und ihre Funktion sind erklärt worden. Nun werde ich die Symbolik des Bildes vom Lebensrad erklären, das diese zwölf Glieder veranschaulicht. Obwohl Sie dieses Bild vielleicht oft in Büchern und auf Thangkas sehen, ist es nicht leicht, seine wirkliche Bedeutung zu verstehen.

Das Lebensrad

In der Mitte des Bildes sind drei Tiere: ein Hahn, eine Schlange und ein Schwein. Der Hahn symbolisiert Anhaftung, die Schlange Haß und das Schwein Unwissenheit. Der Grund dafür ist, daß Schweine im allgemeinen für dumm gehalten werden, Hähne für wollüstig und Schlangen für haßerfüllt. Da diese Bilder eine besondere Bedeutung haben, sollten wir sie nicht einfach wie ein Kunstwerk betrachten. Wenn wir die Bedeutung erfassen, dann werden sie zu einer Hilfe in unserer Dharma-Anwendung. Auf diesem Bild hier sind die Tiere in einem Kreis dargestellt, und auf manchen Bildern sind sie so dargestellt, daß die Schlange und der Hahn aus dem Mund des Schweins hervorkommen. Das bedeutet, daß alle Verblendungen aus Unwissenheit entstehen.

Rund um den inneren Kreis ist ein weiterer Kreis, dessen eine Hälfte weiß, die andere schwarz ist. In der weißen Hälfte sehen wir Menschen aufsteigen, in der schwarzen Hälfte sehen wir sie hinunterfallen. Der weiße und der schwarze Weg symbolisieren heilsames und unheilsames Karma, das zu glücklichen beziehungsweise unglücklichen Wiedergeburten führt. Wenn wir das sehen, müssen wir uns daran erinnern, daß das Ansammeln heilsamer Handlungen zu glücklichem Dasein führt, während das Ansammeln unheilsamer Handlungen nur Leid erzeugt. Es sollte uns überdies daran erinnern, daß wir darauf bedacht sein müssen, unheilsame Handlungen aufzugeben und heilsame zu fördern.

Entlang dem Rand des Rades sehen wir zwölf Bilder, die die zwölf Glieder des Abhängigen Entstehens symbolisieren. Es gibt verschiedene Arten, das Lebensrad zu malen, je nach der Reihenfolge, in der die zwölf Glieder angeordnet werden. Aber entsprechend dieser Erklärung ist das erste durch einen *blinden Mann* dargestellt, der *Unwissenheit* symbolisiert. Und zwar deshalb, weil jemand, der blind ist, kein visuelles Unterscheidungsvermögen hat. Er kann nicht sehen, was gut und schlecht ist, was schön und häßlich ist. Auf die gleiche Weise hindert uns Unwissenheit daran, die tieferen Punkte des Dharma wie die Existenz früherer und späterer Leben zu erkennen, das Gesetz von Ursache und Wirkung oder subtile Dinge wie die letztliche Natur der Phänomene. Unser Weisheitsauge ist durch Unwissenheit vollkommen verschlossen. Wenn wir den blinden Mann auf dem Bild anschauen, sollten wir daher erkennen, daß er unsere eigene Unwissenheit verkörpert.

Das zweite Bild zeigt einen *Töpfer*. Sein Herstellen der Töpfe symbolisiert *Ansammlung* oder *karmische Erzeugung*. Ansammlung ist wie ein Töpfer, der viele verschiedene Arten von Töpfen erzeugt, verschiedene Formen und Größen, sowohl gute als auch schlechte. Auf die gleiche Weise ruft das Erzeugen verschiedener Arten von Karma entsprechende Früchte hervor, sowohl gute als auch schlechte. Wenn

Das Lebensrad

wir das Bild des Töpfers sehen, sollte es uns an das Erzeugen von Karma, Ansammlung, erinnern.

Das dritte Bild zeigt einen *Affen,* der in den Zweigen eines Baumes spielt und *überall umherhüpft.* Das symbolisiert das dritte Glied, *Bewußtsein.* Bewußtsein ähnelt insofern einem Affen, als es von Objekt zu Objekt springt, nie lange an einem Ort bleibt, genauso wie ein Affe im Baum von Ast zu Ast springt. Außerdem symbolisiert das Bild das Bewußtsein, das von Leben zu Leben und von Bereich zu Bereich geht; das gleicht einem Affen, der von Baum zu Baum hüpft. Obwohl unser Bewußtsein jetzt in diesem Leben existiert, ist es nicht fest oder beständig und wird zu einer anderen Form der Existenz weitergehen. Das ist es, was das Bild des Affen im Baum zu vermitteln beabsichtigt.

Das vierte Bild zeigt eine *Person, die Alkohol trinkt,* was *Verlangen* symbolisiert. Denn wenn eine Person am Trinken hängt, wird sie, je mehr sie trinkt, um so mehr weitertrinken wollen, und anscheinend ist sie nie befriedigt. Entsteht Verlangen in unserem Geist, dann wird es auf die gleiche Weise für uns schwierig, uns vom Objekt unseres Verlangens loszulösen. Je mehr wir uns daran erfreuen und Kontakt mit ihm haben, um so stärker wächst dieses Verlangen in uns. So sollten wir, wenn wir dieses Bild sehen, erkennen, daß es Verlangen darstellt und daß starkes Verlangen genauso wie Alkohol nur Schwierigkeiten bringen wird.

Das fünfte Bild zeigt einen *Affen, der Früchte von einem Baum pflückt.* Das symbolisiert unser *Greifen.* Hier bewegt sich der Affe nicht von Ast zu Ast, sondern sitzt an einem Ort und pflückt Früchte. Das stellt eine Art Verlangen dar, das stärker ist als das vorhergehende. Es zeigt, wie der karmische Eindruck, wenn das Glied des Greifens entsteht, viel näher an der Erfüllung ist. So wie der Affe nach der Frucht greift, nährt auch dieses heftige Verlangen den karmischen Eindruck im Geist.

Das sechste Bild zeigt eine *schwangere Frau,* die das Glied des *Seins* symbolisiert. Sie ist im Begriff zu gebären. Das zeigt, daß der karmische Eindruck den Punkt erreicht hat, wo alle notwendigen Bedingungen zur Hervorbringung einer Frucht vorhanden sind. Alles ist jetzt bereit, und die Geburt steht bevor.

Das siebte Bild zeigt die *Geburt eines Kindes.* Dies symbolisiert das Glied der *Geburt,* von Bewußtsein, das im Schoß der Mutter geboren wird. So wie ein Kind, wenn es auf die Welt kommt, einen neuen Ort betritt, verläßt auch das Bewußtsein zum Zeitpunkt des Gliedes der Geburt den Bardo-Körper und tritt in die Vereinigung der elterlichen Zellen ein.

Das achte Bild zeigt *ein Boot,* das *Name und Form* symbolisiert. So wie ein Boot Personen und Waren von einem Ufer zum anderen bringt, so ist auch in den frühesten Phasen des Lebens der Körper wie ein Fahrzeug für das Bewußtsein; es trägt das Bewußtsein von den Ufern eines Lebens zu denen eines anderen.

Das neunte Bild zeigt *ein Gebäude,* es symbolisiert die *Sechs Quellen.* Das Gebäude ist neu und noch nicht bewohnt. Dies weist darauf hin, daß sich zwar die sechs Sinnesorgane im Körper gebildet haben, die Samen der sechs Arten von Sinnesbewußtsein, aber noch nicht in ihnen enthalten sind. So wie das Gebäude schließlich Bewohner haben wird, werden die sechs Sinnesorgane schließlich die Grundlage für die sechs Arten von Sinnesbewußtsein bilden.

Das zehnte Bild zeigt *einen Mann und eine Frau in Umarmung.* Es symbolisiert das Glied der *Berührung.* Sie umarmen sich zwar, sind aber nicht in sexueller Vereinigung. In diesem Stadium der Entwicklung des Fötus ist körperliche Berührung vorhanden, aber es entsteht daraus noch keine Empfindung.

Das elfte Bild zeigt *eine Person, der ein Pfeil ins Auge geschossen worden ist.* Wenn jemand auf diese Weise ins Auge getroffen wurde, entsteht unerträglicher Schmerz, eine äußerst grobe Empfindung. So symbolisiert dieses Bild das Glied der *Empfindung.* Nachdem das Kind mit einem Objekt in Berührung gekommen ist, beginnt es im Mutterleib entsprechende Empfindungen zu erleben. Wenn zum

Beispiel die Mutter eine kalte Flüssigkeit trinkt, erfährt das Kind eine Empfindung von Kälte. Wenn sie heißen Tee trinkt, erfährt das Kind den Schmerz und das Unbehagen von Hitze.

Das letzte Bild zeigt *eine gehende Person mit einem Umhang und einer Leiche.* Dies symbolisiert *Altern und Tod.* Das ist das letzte der zwölf Bilder, und von hier an beginnt der Kreislauf von neuem. Es gibt keine andere Möglichkeit, bedingtes Dasein zu durchlaufen. Wir können jetzt sehen, daß diese Bilder nicht einfach als Kunst betrachtet werden sollten, sondern für denjenigen, der versteht, was sie symbolisieren, eine tiefe Bedeutung enthalten. Diese Art von Kunst ist wirklich interessant. Wenn wir sie richtig verstehen, kann sie uns geistige Führung vermitteln. Wie ich schon sagte, spiegelt diese Folge der zwölf Glieder die Art und Weise, wie der Prozeß in unseren Leben entsteht.

Das ganze Rad des Lebens wird in den Fängen eines furchterregenden Ungeheuers gehalten, das Unbeständigkeit und Tod symbolisiert. Wo immer wir im Kreis bedingten Daseins geboren werden mögen, wir können dem Tod nicht entrinnen. In der oberen linken Ecke des Bildes ist ein Mond. Dieser Mond veranschaulicht die Tatsache, daß es für uns, wenn wir uns in der Anwendung von Dharma anstrengen, möglich ist, den Zustand des Nirvana zu erlangen, der friedvoll und kühl ist, frei von der Hitze des Leids und die wirkliche Beendigung allen Elends. In der rechten oberen Ecke ist eine Darstellung des Buddha, der mit der Hand auf den Mond zeigt. Dies symbolisiert seine Art, den richtigen Weg zu zeigen, den Weg des Dharma, der aus allem Leid zum Frieden der Befreiung führt. Wenn wir dieses Bild nun anschauen, wird es eine neue Bedeutung für uns haben. Auch diese Erklärung mag helfen, Ihr Verständnis der zwölf Glieder abhängigen Entstehens klarer zu machen.

Wahre Befreiung

Im Zusammenhang mit der Erklärung der zwölf Glieder des Abhängigen Entstehens ist es nötig, Ihnen eine kurze Erklärung über die Bedeutung wahrer Befreiung, der Beseitigung von Leid zu geben. Sonst könnte man denken, es sei ein Ort wie der Mond. *Beseitigung* bedeutet hier aufhören oder beenden. Was bedeutet *beenden*? Es bedeutet, daß die Verblendungen und ihre Erzeugung vollständig zu einem Ende gebracht werden. Es heißt wahre Befreiung, weil man dadurch, daß man nach und nach die aufeinanderfolgenden Stufen der Beseitigung erlangt, immer größeren Frieden und größeres Glück erlangt. Dieser Frieden des Geistes und dieses Glück sind nicht von der gleichen Natur wie Glück und Frieden innerhalb des bedingten Daseins; sie unterscheiden sich dadurch, daß sie nicht degenerieren.

Diese Beseitigung des Leids und seiner Ursachen und die daraus entstehende Befreiung sind unser Ziel. Um diese Ziele zu erreichen, müssen wir zuerst Entsagung entwikkeln. Was ist Entsagung? Entsagung entsteht, wenn ein klares Verständnis bedingten Daseins gewonnen worden ist, der Art und Weise, wie wir immer wieder in vollständiger Gefangenschaft durch diese zwölf Glieder kreisen. Durch wiederholtes Nachdenken über die Natur bedingten Daseins entwickelt der Meditierende schließlich eine aufrichtige Abneigung und einen Widerwillen gegen diesen ständig wiederkehrenden Kreislauf. Er sieht ganz klar, was es bedeutet, in dieser sklavischen Weise Leben um Leben zu durchlaufen. Indem er das sieht, verschwindet jeder Wunsch, in bedingtem Dasein zu bleiben. Wenn zum Beispiel ein Gefangener, der in einer Zelle eingesperrt ist, die Unannehmlichkeit seiner Lage erkennt, wird er auch beginnen, starke Abneigung gegen das Gefangensein zu entwickeln, und daher sein möglichstes tun, um herauszukommen. Sieht er die Nachteile seines Mangels an Freiheit wirklich, dann werden seine Gedanken fortwährend damit beschäftigt sein, Pläne für seine Befreiung zu schmieden. Wenn der Gefangene seine Lage dagegen als angenehm empfindet, wird dieser Wunsch nach Freiheit nie entstehen. Auf genau dieselbe Weise, wie ein Verständnis der Natur der Gefangenschaft im Geist des Gefangenen entsteht, erwacht auch eine Erkenntnis des Elends bedingten Daseins im Geist des Meditierenden. Wenn das nicht geschieht, wird kein Wunsch nach Befreiung entstehen. Durch wiederholtes Nachdenken über bedingtes Dasein wird diese Entschlossenheit im Geist des Meditierenden immer fester, bis er schließlich von ganzem Herzen wünscht, sich aus bedingtem Dasein zu befreien.

Wenn wir hoffen, das Ziel unserer Anwendung zu erreichen, und zufriedenstellende Ergebnisse wünschen, müssen wir diese feste Grundlage der Entsagung entwickeln. Sämtliche Anstrengungen, die ein Gefangener unternimmt, um dem Gefängnis zu entkommen, beruhen auf seinem Wunsch, frei zu sein. Wenn wir unsere eigene Situation genau untersuchen, werden wir sehen, daß wir Gefangene in bedingtem Dasein sind. Wir sind gebunden durch die Fesseln von Begierde, Haß und Unwissenheit und haben keine Freiheit. Obwohl Sträflinge nur vorübergehend in einem Gefängnis sind, werden wir für immer Gefangene in bedingtem Dasein bleiben, wenn wir uns nicht anstrengen. Indem wir über solche Beispiele nachdenken, können wir Alltagssituationen für unsere Anwendung von Dharma benutzen.

Um Befreiung von bedingtem Dasein zu erlangen, müssen wir uns am Anfang unserer Anwendung auf heilsame unreine Handlungen stützen und damit die Ursachen erzeugen, die schließlich zur Befreiung führen werden. Das ist nötig, weil wir gegenwärtig nicht fähig sind, reine Handlungen auszuführen; dies ist erst nach Erreichen des Zustandes eines Arya möglich. Da wir am Anfang unsere Verblendungen nicht vollständig beseitigen können, müssen wir uns anstrengen, sie nach und nach zu drosseln. Wenn zum Beispiel Haß im Begriff ist, im Geist aufzukommen, müssen wir uns augenblicklich die unangenehmen Züge eines solchen Geisteszustandes ins Gedächtnis rufen und

Geduld als Gegenmittel anwenden. Indem sich auf diese Weise die Kraft der Geduld entwickelt und stärker wird, beginnt sie, den Haß zu bezwingen und zu überwältigen. Durch wiederholtes Anwenden der Kraft von Geduld wird die Verblendung des Hasses schließlich schwächer und leichter zu überwinden. Haß wird dann immer weniger oft entstehen. Nachdem wir während langer Zeit beständig Geduld geübt haben, wird es uns gelingen, Haß bei seinem Auftauchen im Geist sofort zu bezwingen und ihn gänzlich am Entstehen zu hindern. Obwohl unreine heilsame Handlungen wie die Anwendung von Geduld stärkere Erscheinungen von Haß beschwichtigen können, sind sie doch nicht fähig, ihn vollständig zu beseitigen. Aber sie sind dennoch sehr wichtig für unsere Anwendung.

Auf dieselbe Weise müssen wir auch, wenn Begierde auftritt, unverzüglich ein Gegenmittel anwenden, zum Beispiel Entsagung. Durch Nachdenken über die widrigen Eigenschaften von Begierde, über die Art und Weise, wie sie ihr Objekt verfälscht, werden wir fähig sein, sie zu überwinden. Hier ist wichtig zu verstehen, daß es nicht bedeutet, wir sollten allen materiellen Besitz aufgeben, wenn wir von Entsagung sprechen. Es geht um eine Veränderung, die in unserem Geist stattfindet, eine Veränderung in unseren grundlegenden Einstellungen. Entsagung wird durch den Lotus symbolisiert, denn der Lotus wächst aus dem Schlamm eines Sumpfes, bleibt aber rein. Auf die gleiche Weise können wir uns durch die Kraft der Entsagung von Verblendungen freihalten, obwohl wir innerhalb des bedingten Daseins leben müssen. Deshalb wird Buddha oft auf einem Lotus sitzend dargestellt. Es symbolisiert seine Entsagung von bedingtem Dasein.

Die Natur des Geistes

Nun möchte ich wieder über die Natur des Geistes sprechen. Um Meditationen wie geistige Ruhe (Skt. *Samatha*) anzuwenden, ist es äußerst wichtig, zuerst die Natur des Geistes zu kennen. Ein solches Verständnis können wir nur erlangen, indem wir in unseren eigenen Geist schauen. Der Geist ist formlos, farblos, nicht berührbar und von der Natur von Klarheit und Erkennen. Dies mag zwar wie eine Wiederholung aussehen, aber es ist ein sehr wichtiger Punkt. Ich habe das Beispiel von einem klaren Stück Glas gegeben. Wenn ein gelbes oder rotes Licht durch dieses Glas gesehen wird, ändert es die Farbe. Wenn kein Licht hindurchscheint, bleibt es klar. Ähnlich wird der Geist, wenn er mit verschiedenen Objekten in Berührung kommt, von diesen Objekten umgewandelt. Und ähnlich bleibt er klar, wenn er keinen Kontakt mit Objekten hat. Beobachten wir zum Beispiel unseren Geist und stellen wir uns vor, daß uns irgend etwas Positives oder Nützliches widerfährt, dann bemerken wir, daß ein angenehmes Glücksgefühl entsteht. Wenn wir daran denken, daß wir eine Gehaltserhöhung bekommen, unsere Prüfungen bestehen oder wenn wir an ein anderes erfreuliches Ereignis denken, entsteht unverzüglich dieses freudige Gefühl in uns. Dabei ist die Freude in unserem Geist leer von Form, Farbe oder einem anderen berührbaren Merkmal. Sie ist einer der Geistesfaktoren, die gemeinsam mit dem eigenen Geist existieren, und in diesem Fall durchdringt dieser Geistesfaktor den Geist mit der Empfindung von Freude.

Die einundfünfzig Geistesfaktoren, die ich beschrieben habe, sind von der gleichen Natur wie der Hauptgeist, insofern als sie formlos, farblos und nicht berührbar sind. Um ein anderes Beispiel zu geben: Wenn wir uns an ein Mißgeschick wie ein familiäres Problem oder den Verlust eines Arbeitsplatzes erinnern, stellen wir fest, daß als Folge dieser Erfahrung ein unangenehmes Gefühl entsteht. Beobachten wir diesen Vorgang, können wir sehen, wie der Geist ein Gefühl enthält und selbst doch klar und erkennend bleibt, frei von Form, Farbe und Berührbarkeit. Über diese verschiedenen Empfindungen und ihre Art, im Geist aufzutreten, nachzudenken, wird uns helfen, die Natur des Bewußtseins klarer wahrzunehmen. So wie das Glas rot oder gelb zu sein scheint, je nach dem Licht, das hinter ihm leuchtet, so scheint auch unser Geist gestört oder zufrieden zu sein, je nach den Geistesfaktoren, die in ihm auftreten. Das Glas selbst bleibt klar, und die grundlegende Natur des Geistes ist auch klar und hell.

Um die klare und erkennende Natur des Geistes wahrzunehmen, müssen wir ihn mit einem kleinen Teil des Denkbewußtseins beobachten. Das ist zuerst nicht einfach, weil sowohl das Objekt, das wahrzunehmen ist, als auch dasjenige, das es wahrnimmt, Teile unseres Geistes sind. Beide sind von der Natur des Geistes und unberührbar, formlos und farblos. Da beide immateriell sind, ist es am Anfang schwierig, sie klar zu erkennen. Wenn wir uns auf den Geist konzentrieren, haben wir vielleicht das Gefühl, es sei kein Objekt da, das wir wahrnehmen können. Tatsächlich ist da ein Objekt, doch weil es subtil, formlos, farblos und unberührbar ist, fällt es dementsprechend schwerer, es gleich zu erfassen. Wenn wir uns zum Beispiel geistig auf leeren Raum konzentrieren, kommt uns nichts wirklich in den Sinn, weil da kein fest scheinendes Objekt mit einer Farbe, einer Form oder irgendeiner anderen Eigenschaft ist, die wir leicht erkennen können. Da ist nur die Abwesenheit jeglichen hindernden Kontakts. Konzentration auf die Natur des Geistes läßt sich ein wenig damit vergleichen, insofern als ein leicht wahrnehmbares Objekt fehlt. Obwohl ich dies Ihnen allen erkläre, liegt es an jedem einzelnen zu entscheiden, ob er eine Meditation, die den Geist als Objekt benützt, anwenden will oder nicht. Wenn es zu schwierig ist, wäre es besser, sich auf etwas anderes zu konzentrieren wie zum Beispiel auf den roten Punkt am Nabel oder den weißen Punkt am Scheitel des Kopfes. Es besteht keine Verpflichtung, über den Geist zu meditieren.

Entwickeln geistiger Ruhe

Ich will nun die Stufen in der Entwicklung von Konzentration erklären. Diese Stufen werden von einer einfachen Zeichnung veranschaulicht, auf der ein *Elefant* den *Geist* symbolisiert, der versucht, sich auf das Meditationsobjekt zu konzentrieren. Es gibt andere Zeichnungen, die dieser ähnlich sind, mit einem Ochsen an Stelle des Elefanten. Wenn Sie diese sehen, sollten Sie nicht denken, daß sie einander widersprechen, denn jede hat ihre eigene Bedeutung. Es gibt drei Gründe, warum der Elefant als Symbol gewählt wurde.

Wenn ein Elefant wild und ungezähmt ist, kann er große Verwüstung und viel Schaden an Leben und Besitz anrichten, viel mehr als jedes andere Tier. Aber wenn ein Elefant gut abgerichtet ist, kann er seinem Meister von großem Nutzen und ein sehr gehorsames Tier sein. Das kann auf den Geist bezogen werden. So wie ein Elefant große Zerstörung anrichten kann, wenn er wild und ungezähmt ist, kann auch der Geist, wenn er ungezähmt und durch Verblendungen hingerissen ist, jetzt und in der Zukunft große Zerstörungen anrichten, sowohl für einen selbst als auch für andere. Das ist selbstverständlich, wenn wir an einen Krieg zwischen zwei Nationen denken, der große Zerstörung von Leben und Besitz verursacht und Leid für alle Beteiligten. Die Hauptursache eines solchen Konflikts ist Mangel an Kontrolle über den Geist. Wenn der Geist durch die Kraft von Verblendungen wahnsinnig geworden ist, begehen Leute unverantwortliche Handlungen. Aber so, wie der Elefant ein starker, fähiger und gehorsamer Arbeiter für seinen Meister wird, wenn er gut abgerichtet ist, kann auch der Geist sehr nützlich sein, wenn er gut geschult und unter Kontrolle gebracht worden ist. Indem wir den Geist entwickeln, können wir Frieden und Glück sowohl für uns selbst als auch für andere erlangen. Ein geschulter Geist mit gutem Charakter und richtigem Verhalten wird auch starke heilsame Handlungen hervorbringen, so wie ein Elefant große Fußstapfen hinterläßt. Auf diese

Weise wird der Elefant zu einem bedeutungsvollen Symbol des Geistes. Wenn wir dieses Bild betrachten, sollten wir also verstehen, daß es bestimmte Eigenschaften des Geistes darstellt, und uns an die Notwendigkeit erinnern, den Geist zu schulen und zu kontrollieren.

Auf diesen Bildern sind auch fünf verschiedene Objekte dargestellt: ein Spiegel, ein Satz Zimbeln, einige Früchte, eine Schneckenmuschel voll Duftwasser und ein Stück Tuch. Diese fünf Dinge entsprechen den fünf Sinnesobjekten.

- Der Spiegel symbolisiert *Form*,
- die Zimbeln *Klang*,
- die Schneckenmuschel voll Duftwasser den *Geruch*,
- die Früchte den *Geschmack* und
- das Stück Tuch symbolisiert den *Tastsinn*.

Das sind die fünf Objekte, die unseren Geist in der Meditation erregen. Sie veranlassen uns auch, viel Zeit zu vergeuden. Wenn wir zum Beispiel etwas Attraktives sehen, sind wir davon fasziniert und vergessen, wie schnell die Zeit vergeht. Andere verbringen ihre Zeit, indem sie angenehmen und schönen Klängen lauschen und von ihnen ganz gefesselt sind. Auf die gleiche Weise lassen uns Objekte des Geruchs, des Geschmacks und des Tastsinns eine gewaltige Menge unserer Zeit verschwenden. Wir alle wissen, wieviel Zeit wir nur mit dem Essen eines Mahls verbringen können. Wir setzen uns hin, beginnen eine Mahlzeit, und ehe man sich dessen versieht, sind schon ein, zwei Stunden vergangen. Wir gleichen Motten, die vom Licht einer Kerze angezogen werden, weil sie denken, es sei angenehm. Sie fliegen immer wieder darauf zu und verbrennen schließlich in der Flamme. Auf dieselbe Weise werden wir zu angenehmen Dingen hingezogen und begehen eine große Zahl unheilsamer Handlungen, um sie zu erlangen.

Auch die Art, in der Rehe zu angenehmen Klängen hingezogen werden, kann als Beispiel für die Anziehung dienen, die Sinnesobjekte auf uns haben. Rehe können von einem Klang ganz gefangen sein, bleiben stehen und lauschen gespannt. Wenn sie in diesem Zustand sind, ist es

Samatha
Die Stufen zur Entwicklung geistiger Ruhe

für einen Jäger leicht, sie zu töten. Wir sind auch manchmal wie gebannt durch angenehme Klänge von Musik und Rede und verschwenden viele Stunden auf diese Weise. Eines Tages wird jedoch, ohne daß wir es merken, der Tod zuschlagen. Wie Sie wissen, werden Fliegen von bestimmten Gerüchen angezogen, so daß sie leicht in Fallen mit Duftködern gefangen werden können. Auch wir werden durch angenehme Düfte abgelenkt. Fische, die in den Flüssen und im Ozean leben, scheinen eine besondere Begierde nach Nahrung zu haben. Wenn Fischer ihre Haken mit einem schmackhaften Köder versehen, beißt der Fisch auf den Haken, schluckt ihn und ist gefangen. Auf dieselbe Weise sind wir zu Dingen, die gut schmecken, hingezogen; und um unser Begehren zu befriedigen, folgen wir vielen Arten unheilsamer Handlungen, ganz zu schweigen von der Nebenwirkung, daß wir durch zu vieles Essen Fett ansetzen und unattraktive Körper entwickeln.

Wenn wir durch die fünf Sinnesobjekte erregt und abgelenkt sind, verschwenden wir unsere Zeit und schließlich unser Leben und sammeln eine große Menge unheilsamen Karmas an, das Ursache für zukünftiges Leid ist. Diese Ablenkungen sind auch ein großes Hindernis für unsere geistige Entwicklung und halten uns von unserem Ziel ab. Das gilt besonders für die Anwendung von Meditation, für die Begierde nach Sinnesobjekten äußerst schädlich ist. Wenn ich sage, daß wir an diesen Dingen nicht hängen sollten, bedeutet das wieder nicht, daß wir unseren ganzen materiellen Besitz wegwerfen und uns in die Berge zurückziehen sollten. Vielmehr bedeutet es, daß wir unseren Geist kontrollieren müssen und ihm nicht erlauben dürfen, von solchen Dingen beherrscht zu werden.

Auf dieser Zeichnung folgt dem Elefanten ein *Mann,* der *den Meditierenden* symbolisiert. In der einen Hand hält er ein *Seil,* das *Erinnerung* bedeutet. Auf die gleiche Weise wie wir ein widerspenstiges Tier mit einem Seil an einen Pfosten binden, müssen wir unseren widerspenstigen Geist am Meditationsobjekt anbinden, damit wir es nicht verlieren. Wenn wir uns zum Beispiel auf einen der Punkte, die ich erklärt habe, konzentrieren, müssen wir unseren Geist sozusagen daran festmachen. Wandert unser Geist, dann müssen wir ihn sofort zu diesem Punkt zurückbringen, indem wir die Kraft der Erinnerung einsetzen und ihn wieder daran festbinden. Immer wenn wir das Objekt der Konzentration verlieren, müssen wir den Geist zu ihm zurückbringen. Ganz gleich, auf welches Objekt wir uns konzentrieren, jedes muß mit dem Seil der Erinnerung gehalten werden. Wie ein Hund angekettet werden muß, damit er nicht verloren geht oder anderen schadet, müssen auch wir sofort die Kette der Erinnerung anlegen und den Geist an das Meditationsobjekt binden, wenn wir unsere Konzentration verlieren. Die Kraft der Erinnerung ist deshalb der wichtigste Faktor, der auf dieser Stufe unserer Meditation arbeitet.

In der anderen Hand hält der Mann einen *Stachelstock*. Dieser Stachelstock bedeutet *Wachsamkeit*. Elefantentreiber haben immer so einen Stachelstock bei sich, um den Elefanten auf dem richtigen Weg entlangzutreiben. Wenn der Elefant nach rechts oder links davonzieht, sticht ihn der Treiber mit dem Stock ins Ohr, um ihn auf den richtigen Weg zurückzubringen. Auf die gleiche Weise müssen wir mit der Kraft der Wachsamkeit unseren Geist zum Meditationsobjekt lenken und dürfen ihm nicht erlauben, hin- und herzuwandern. Die Kraft der Erinnerung hält den Geist auf das Objekt gerichtet, und die Kraft der Wachsamkeit hindert den Geist am Wandern und bringt ihn, wenn er es tut, zum richtigen Objekt zurück. Diese beiden, die Kraft der Erinnerung und die Kraft der Wachsamkeit, sind für eine erfolgreiche Meditation unerläßlich. Sie müssen durch eigene geistige Anstrengung entwickelt und angewendet werden. Kein Außenstehender kann vorbeikommen und sie uns beschaffen. Diese beiden Fähigkeiten sind nicht nur für die Meditation wesentlich, sondern auch für unsere alltäglichen Belange. Wenn jemand kein gutes Gedächtnis hat, wird er im Lauf des Tages viele Dinge vergessen, die er tun sollte, und ohne Wachsamkeit wird er nicht imstande sein, seine Arbeit richtig zu machen. Wachsamkeit ist eine Fähigkeit, die unterscheidet und beurteilt, die Resultate früherer Handlungen untersucht und die entscheidet, ob die gegenwärtigen Handlungen in einer gegebenen Situation korrekt sind. Sie befähigt eine Person, sich ihrer Handlungen vollständig bewußt zu bleiben. Fehlen uns Erinnerung und Wachsamkeit, dann beginnen unsere Handlungen denen eines Geisteskranken zu gleichen, und wir werden nichts zustande bringen. *Weil* diese beiden Geistesfaktoren nicht funktionieren, wird eine Person geistig gestört, und ihre Handlungen werden unbeholfen und sinnlos. Wenn wir eine geistig gestörte Person sehen, sollten wir uns bewußt sein, daß dieser Zustand der Person durch Fehlfunktion von Erinnerung und Wachsamkeit zustande kommt.

Auf verschiedenen Stufen entlang des Pfades sind *Flammen* zu sehen. Diese Flammen symbolisieren *die Energie und die Anstrengung*, die wir für eine erfolgreiche Meditation aufbringen müssen. Am Anfang unserer Anwendung sind diese Flammen sehr groß, aber dann werden sie allmählich kleiner. Das zeigt, daß wir zuerst eine große Anstrengung machen müssen. Diese wird immer weniger nötig, wenn sich unsere Meditation entwickelt, und schließlich wird die Konzentration spontan und benötigt wenig bewußte Anstrengung.

Einige Zeichnungen zeigen einen *Affen, der auf einem Baum am Wegrand sitzt und Früchte ißt.* Wenn wir meditieren, ist es für uns schädlich, über Dinge und Tätigkeiten nachzudenken, die nichts mit unserer gegenwärtigen Meditation zu tun haben. Das gilt sowohl für heilsame als auch unheilsame Gedanken. Selbst das Erzeugen von Liebe und Erbarmen stellt ein Hindernis dar, wenn wir gerade beim Entwickeln von Konzentration sind. Im allgemeinen sind heilsame Handlungen und Gedanken selbstverständlich wichtig. Wir müssen sie fördern und entwickeln. Aber während wir uns auf ein bestimmtes Objekt konzentrieren und versuchen, geistige Ruhe zu entwickeln, dürfen wir unserem Geist nicht erlauben wegzuwandern. Zu andern Zeiten, außerhalb der Meditationssitzung, in der wir punktförmige Konzentration üben, sollten wir natürlich andere Eigenschaften wie Entsagung, Liebe, Erbarmen und so weiter entwickeln. *Unpassende geistige Tätigkeit* wird durch den Affen symbolisiert, der auf der Seite des Weges Früchte ißt. Außerhalb unserer Meditationssitzung sollten wir unsere Zeit mit heilsamen Handlungen verbringen, wie dies durch die Früchte symbolisiert ist.

Wenn wir in der Gruppe meditieren, müssen wir gewisse Regeln einhalten, und es kann nötig sein, ziemlich lange in der Meditationshaltung sitzenzubleiben. Aber wenn wir allein meditieren, sollten unsere Sitzungen am Anfang sehr kurz sein. Wir können zum Beispiel eine Stunde in fünf oder sechs getrennte kurze Meditationsabschnitte einteilen, mit kleinen Pausen dazwischen. Das bedeutet nicht eine vollständige Unterbrechung, während der man vom Meditationskissen aufsteht und sich mit anderen Dingen beschäftigt. Es bedeutet vielmehr, daß man kurz ausruht, sich entspannt und sich dann vorbereitet, wieder zu beginnen. Wenn wir gleich von Anfang an versuchen, lange zu meditieren, wird der Geist natürlich müde. Eine solche Ermüdung führt nur zu Schwere und Mangel an geistiger Klarheit und wird ein Hindernis für weitere Meditationssitzungen sein. Wenn wir mit einer Meditation müde und unzufrieden aufhören, werden wir uns, sobald es Zeit ist, uns wieder auf unser Meditationskissen zu setzen, zwangsläufig müde fühlen und nur ungern meditieren. Daher müssen wir am Anfang in kurzen Sitzungen meditieren und kleine Pausen einlegen, bevor der Geist erschöpft und festgefahren ist. Wenn wir aufhören, während der Geist noch kraftvoll und positiv ist, wird es uns beim nächsten Mal leichtfallen, wieder mit dem Meditieren zu beginnen. Es ist wie beim Besuch eines guten Theaterstücks. Gehen wir mitten in einer interessanten Szene weg, dann werden wir den starken Wunsch verspüren, zurückzukommen und den Rest zu sehen. Ist das Stück jedoch zu lang und schauen wir zu, bis uns langweilig ist, wird jeder Wunsch wiederzukommen vergehen. Selbst wenn Sie in einer Gruppe meditieren, ist es möglich, eine lange Sitzung in viele kurze

Abschnitte zu zerlegen. Man muß nicht aufstehen und umhergehen, sondern kann innehalten, ruhig sitzen, sich entspannen und dann weitermachen. Wenn wir allein meditieren und der Geist müde oder unklar wird, sollten wir die Meditationssitzung unterbrechen und hinausgehen, tief atmen, in die Ferne schauen oder das Gesicht mit kaltem Wasser bespritzen.

Auf der Zeichnung ist die *Farbe des Elefanten schwarz* oder dunkelgrau. Wenn man meditiert, gibt es zwei Haupthindernisse, Sinken und Erregung. Die dunkle Farbe des Elefanten symbolisiert *Sinken*. Da ist auch ein *kleiner schwarzer Affe,* der den Elefanten führt. Dieser Affe symbolisiert *Erregung*. Sinken ist ein unklarer, schlaffer Zustand des Geistes. Die dunkle, schwere Farbe des Elefanten zeigt diese Störung. Erregung ist eine Form von Anhaftung, durch die unser Geist zu begehrenswerten Dingen wie den fünf Sinnesobjekten hingezogen wird. Wir sind nicht fähig, den Geist zu beherrschen; er scheint von selbst in Richtung dieser Objekte gezogen zu werden. Das ist Erregung. Sinken hat zwei Unterteilungen, die ich im weiteren Verlauf erklären werde.

Die neun Stufen

Ich werde nun erklären, wie geistige Ruhe durch Meditation zu entwickeln ist. Es gibt neun Stufen in der Entwicklung geistiger Ruhe. Obwohl wir diese Art der Meditation *geistige Ruhe* nennen, wird der eigentliche Zustand erst erreicht, wenn alle Stufen vollendet worden sind. Diese neun Stufen heißen: Anfängliches Richten, fortlaufendes Richten, belegtes Richten, nahes Richten, Zähmen, Beruhigen, volles Beruhigen, Punktförmigkeit, ebenes Setzen.

1 Stufe des anfänglichen Richtens

Wir werden mit der Erklärung der *Stufe des anfänglichen Richtens* beginnen. Für das Entwickeln konzentrativer Meditation wählen wir ein bestimmtes Objekt, auf das wir unseren Geist punktförmig richten. Zu Beginn ist es unmöglich, den Geist auch nur für einige Augenblicke auf diesem

Objekt zu halten. Sobald wir erkennen, daß der Geist wandert, muß er augenblicklich wieder auf dasselbe Objekt zurückgebracht werden. Innerhalb einer Stunde müssen wir den Geist vielleicht Hunderte Male zurückbringen. Trotzdem müssen wir diese anfängliche Anstrengung machen. Wenn wir abgelenkt sind, scheint es, als ob das Meditationsobjekt unseren Geist verlassen würde, aber in Wirklichkeit ist das nicht der Fall. Das Objekt geht nirgendwohin; es ist unser Geist, der wandert. Auf der Stufe anfänglichen Richtens ist von den beiden Haupthindernissen die Erregung das störendste. Auf dieser Stufe spüren wir auch oft eine Art körperlicher und geistiger Schwere. Aber diese Schwere ist nicht wirklich Sinken. Sie ist viel gröber als Sinken. Sie wird Dumpfheit oder, wörtlicher, *geistiger Nebel* genannt. Es ist eine sehr grobe Form des Sinkens, und wenn sie andauert, führt sie schließlich zu Schlaf.

Auf dieser Stufe entsteht Erregung sehr oft. Um ihr entgegenzuwirken, müssen wir die Kraft der Erinnerung entwickeln. Sobald der Geist sein Objekt vergißt, müssen wir das sofort erkennen und ihn mit dem Seil der Erinnerung an das Objekt binden. Sind wir zum Beispiel auf unserem Weg zur Arbeit und werden durch eine Fernsehsendung in einem Schaufenster abgelenkt, dann werden wir uns nach einiger Zeit wieder an die Arbeit erinnern, die wir auszuführen haben. Und wenn wir bemerken, daß wir abgelenkt worden sind, machen wir uns wieder auf den Weg zur Arbeit. Durch fortgesetzte Anstrengung und durch die Anwendung der Kraft der Erinnerung, die den Geist immer wieder zum Objekt zurückbringt, wird schließlich die Zeitspanne, in der der Geist auf das Objekt konzentriert bleibt, langsam länger werden.

2 Stufe des fortlaufenden Richtens

Wenn wir nach beständiger Anstrengung fähig sind, auf das Objekt konzentriert zu bleiben, und sei es auch nur für fünfzehn Sekunden, haben wir die *Stufe des fortlaufenden Richtens* erreicht. Auf der Stufe des anfänglichen Richtens waren es nur wenige Sekunden. Auf der zweite Stufe sind wir nun imstande, uns für fünfzehn oder zwanzig Sekunden zu konzentrieren, ohne abgelenkt zu werden. Als Folge dieser kurzen Zeitspanne geistiger Fixierung werden wir bereits einen größeren Frieden in unserem Geist erfahren, wenn auch noch in sehr begrenztem Maß.

Auf der Zeichnung sieht man die erste Stufe so dargestellt, daß der Mann dem Elefanten folgt und der Elefant vom Affen geführt wird, und beide sind noch sehr wild. Obwohl der Mann versucht, das Seil und den Stock zu benutzen, ist er dazu noch nicht fähig. Außerdem ist auf dieser Stufe das Feuer recht groß, was die Notwendigkeit großer Anstrengung symbolisiert. In der Darstellung der zweiten Stufe nähert sich der Mann dem Elefanten und bereitet sich darauf vor, seinen Stachelstock zu gebrauchen. Auch fängt die dunkle Farbe sowohl auf dem Kopf des Elefanten als auch dem Kopf des Affen an dahinzuschwinden, was auf das bißchen Geistesfrieden der zweiten Stufe hindeutet. Wie ich schon erwähnt habe, symbolisiert der Affe Erregung. Es gibt zwei Arten von Erregung. Diejenige, bei der der Geist von einem Objekt der Anhaftung abgelenkt wird, ist durch den Affen selbst dargestellt, und die schwarze Farbe des Affen stellt den Geist dar, der von Objekten abgelenkt wird, denen gegenüber man Gleichgültigkeit empfindet. Das ist eine Ablenkung eher allgemeiner Natur.

3 Stufe des belegten Richtens

Mit Ausdauer in der Anwendung der Konzentration wird der Meditierende dann die *Stufe des belegten Richtens* erreichen. Dies wird auf dem Bild dadurch gezeigt, daß der Mann das Seil um den Elefanten geworfen hat, der den Kopf nach ihm umzudrehen beginnt. Das veranschaulicht die Tatsache, daß die Kraft der Erinnerung jetzt angewendet wird. Der Elefant dreht seinen Kopf in die Richtung des Mannes. Das weist darauf hin, daß der Geist des Meditierenden zwar noch durch wandernde Gedanken abgelenkt wird, er sich dieser aber mehr bewußt wird und es ihm besser gelingt, den Geist zum Objekt zurückzubringen. Auf den vorhergehenden Stufen war sich der Meditierende nicht bewußt, daß er abgelenkt wurde, jetzt aber erkennt er sofort, daß sein Geist wandert, und spannt ihn wieder in seine Aufgabe ein. Diese Stufen auf dem Weg zu geistiger Ruhe sind wie Stationen auf einer Reise, durch die wir fahren, bevor wir an unserem Ziel ankommen. Jede ist unserem Ziel etwas näher. Auf der dritten Stufe sieht der Elefant friedlicher aus, und er dreht sich nach dem Mann um. Er wird weißer, was bedeutet, daß der Geist immer kontrollierter wird. Obwohl der Geist noch abgelenkt wird, ist sich der Meditierende dessen bewußt, und er ist fähig, den Geist recht schnell zurückzubringen. Es ist aber auf dieser Stufe noch schwierig für ihn, sich viel länger als eine Minute ohne Ablenkung zu konzentrieren.

Ich bin sicher, Sie werden sich darüber wundern, warum auf dem Rücken des Elefanten ein Hase sitzt. Dieser Hase symbolisiert Sinken, das grobe und das subtile Sinken. Diese beiden Arten des Sinkens sind auf der dritten Stufe erkennbar. Auf dieser Stufe ist es nicht nötig, große Anstrengung aufzubringen, um die Erinnerung aufrechtzuerhalten. Der Geist ist gefügiger und kontrollierter geworden, und wir können daher die Kraft der Erinnerung etwas lockern. Auf den zwei vorhergehenden Stufen führte der Affe den Elefanten an einem Stück Seil. Auf der dritten Stufe geht der Affe zwar noch vor dem Elefanten, aber er führt ihn nicht mehr. Indem unsere Meditation Fortschritte macht, wird die Kraft der Erinnerung immer weniger nötig. Das wird in der Zeichnung auf der vierten Stufe dargestellt, wo das Seil lose um den Hals des Elefanten hängt. Es wird von dem Mann gehalten, aber nicht straff angezogen. Wenn wir auf dieser Stufe beginnen, uns auf das Objekt zu konzentrieren, richtet sich der Geist darauf und verläßt es nie vollständig. Obwohl Ablenkung vorkommen kann, ist sie nie so stark, daß der Meditierende das Objekt ganz verliert.

4 Stufe des nahen Richtens

Das ist dann die vierte Stufe, die *Stufe des nahen Richtens.* An diesem Punkt wird die Kraft der Wachsamkeit nötiger als die Kraft der Erinnerung. Obwohl wir die Kraft der Erinnerung noch brauchen, ist sie nicht mehr so wichtig, und es ist die Kraft der Wachsamkeit, die wir jetzt öfter einsetzen müssen. Die ausgleichende Kraft der Erinnerung wird zwar noch gebraucht, aber so, wie eine Katze ein Feld gespannt nach Zeichen von Mäusen beobachtet, muß jetzt auch die Wachsamkeit den Geist nach einem Zeichen von Ablenkung beobachten. Sie muß sicherstellen, daß der Geist fest auf das Objekt konzentriert bleibt. Denn auf der vierten Stufe besteht große Gefahr, daß Sinken aufkommt. Es ist wie bei jemandem, der einen harten Arbeitstag in einer Fabrik hinter sich hat. Wenn er am Abend heimkommt und sich in einen Lehnstuhl setzt, kann er leicht einschlafen. Ähnlich war auf den Anfangsstufen dieser Meditation ein Teil des Geistes sehr damit beschäftigt, Erregung entgegenzuwirken. Er war sozusagen in einem Kampf. Die Kraft der Erinnerung ist wie der Sieger in diesem Kampf. Nun hat der Geist die Neigung, sich zu entspannen. Als Folge dieser Entspannung tritt leicht Sinken auf.

Grobes Sinken kann erkannt werden, wenn der Geist nicht klar und hell bleibt, obwohl er auf das Objekt gerichtet ist. Es scheint, als sei das Objekt in eine Art Nebel gehüllt. Der Geist ist verschwommen und unklar.

Subtiles Sinken tritt auf, wenn der Geist auf das Objekt konzentriert ist und das Objekt recht deutlich erscheint, aber gleichzeitig ein Mangel an geistiger Energie vorhanden ist. Der Geist ist nicht so präzis und scharf, wie er sein sollte. Aufgrund der vorhandenen Konzentration und der Klarheit des Objekts neigen manche Meditierenden dazu, diesen Zustand mit geistiger Ruhe zu verwechseln. Er wird von einem friedlichen und befriedigten Gefühl begleitet. Aber das ist ein Irrtum. Obwohl Klarheit und Konzentration vorhanden sind, ist diese Stufe noch weit vom Erreichen des Zieles entfernt.

Um die Wichtigkeit der Kraft der Wachsamkeit auf dieser vierten Stufe zu veranschaulichen, ist der Mann auf dem Bild gerade im Begriff, den Stachelstock zu gebrauchen.

5 Stufe des Zähmens

Als Folge der beständigen Anwendung von Wachsamkeit wird das Sinken schließlich immer weniger zum Problem, und der Meditierende erreicht die fünfte Stufe. Jede dieser Stufen ist durch einen Zustand vermehrten geistigen Friedens und Glücks gekennzeichnet. Auf dieser fünften Stufe, der *Stufe des Zähmens,* ist die Erregung ganz machtlos geworden, obwohl sie noch als Potential im geistigen Kontinuum vorhanden ist. Sinken ist auch unter Kontrolle gebracht worden. Das wird auf dem Bild dadurch gezeigt, daß der Affe nun hinter dem Elefanten geht und der größte Teil des Elefanten weiß geworden ist. Auf dieser Stufe ist es für den Meditierenden sehr wichtig, seinen Geist zu stärken, indem er erkennt, daß er sich der Vollendung geistiger Ruhe nähert und daß er sich nun vollständig von den Hindernissen des Sinkens und der Erregung befreit hat.

6 Stufe der Beruhigung

Aufgrund seiner beständigen Anstrengungen erreicht der Meditierende nun die sechste Stufe, die *Stufe der Beruhigung.* Auf dieser Stufe ist der Geist vollständig frei von den zwei Hindernissen. Obwohl sie noch nicht ganz beseitigt sind, stören sie die Konzentration nicht mehr. Die Kraft der Energie ist auf dieser Stufe stark, und die Meditation gelingt ohne Anstrengung. Der Meditierende erfährt keine Schwierigkeit und keine Ermüdung, er meditiert voll Freude und Glück. In der Darstellung der sechsten Stufe geht der Mann vor dem Elefanten und dem Affen. Der Meditierende schenkt ihnen keine Aufmerksamkeit mehr, was zeigt, daß er nun von diesen zwei Hindernissen frei ist. Es ist wie das Einfangen eines wilden Pferdes. Wenn wir es in einen Pferch treiben, ist es zuerst außerordentlich wild und schwer zu bändigen, und wir müssen gut achtgeben, damit wir nicht verletzt werden. Aber durch geduldiges Abrichten wird das Pferd schließlich immer gehorsamer, und früher oder später brauchen wir uns gar nicht mehr darum zu kümmern, ob es uns folgt.

7 Stufe des vollen Beruhigens

Indem die Meditation sich weiterentwickelt und die Konzentration sich verbessert, wird die siebte Stufe erreicht, die *Stufe des vollen Beruhigens.* Das wird auf der Zeichnung dadurch gezeigt, daß weder beim Affen noch beim Elefanten viel dunkle Farbe übriggeblieben ist. Auf dieser Stufe ist sowohl die Klarheit des Objekts als auch die geistige Energie bei der Konzentration sehr stark, und als Folge davon sind Geistesfrieden und Glück viel größer als auf den vorhergehenden Stufen.

8 Stufe der Punktförmigkeit

Durch weitere Fortsetzung der Anwendung erreicht der Meditierende dann die achte Stufe, die *Stufe der Punktförmigkeit.* Hier sind die Hindernisse vollständig beseitigt, und es gibt kein Sinken und keine Erregung mehr. Nun ist der Affe auf der Zeichnung weggelassen, und der Elefant ist vollständig weiß. Wenn sich der Meditierende hinsetzt, um seine Sitzung zu beginnen, muß er nur eine ganz geringe Anstrengung machen, und der Geist meditiert natürlich und spontan. Es ist wie bei jemandem, der vollständig an das Rezitieren von Gebeten gewöhnt ist. Er setzt sich einfach hin und beginnt seine Gebete, und sie fließen natürlich. Es bedarf keiner großen Anstrengung.

9 Stufe des ebenen Setzens

Schließlich wird aufgrund dieser fortgesetzten Anstrengung in der Anwendung die neunte Stufe erreicht, die *Stufe des ebenen Setzens.* Auf der achten Stufe erforderte es am Beginn der Meditationssitzung noch etwas anfängliche Anstrengung. Auf der neunten Stufe ist diese anfängliche Anstrengung nicht mehr nötig. Nur dadurch, daß der Geist zum Objekt gebracht wird, bleibt er darin versenkt. Auf dieser Stufe ist die Person fähig, wochenlang ohne Unterbrechung zu meditieren. Ganz gleich, wie lärmend ihre Umgebung auch sein mag, wenn sie einmal in Meditation versenkt ist, bleibt sie ungestört. Wir dürfen nicht denken, in diesem Zustand sei man wie eine ohnmächtig gewordene Person, deren Geist vollständig leer ist. Im Geist des Meditierenden ist auf dieser Stufe außerordentliche Energie vorhanden, und das Objekt erscheint mit bestechender Klarheit. Der Meditierende erfährt auch einen körperlichen und geistigen Zustand von Frieden und Glück, der jedem vorhergehenden Zustand weit überlegen ist. Es ist ihm sogar möglich, sich von diesem reinen Wohlbehagen zu ernähren, was als die *Nahrung des Samadhi* bezeichnet wird. Und wenn ein Meditierender in einen solchen Zustand versenkt ist, wird sein Körper infolge dieser subtilen Art von Nahrung nicht schwächer, sondern viel kräftiger, stärker und gesünder als zuvor. In Tibet gab es Meditierende, die ihr Haus reinigten und den Boden fegten, bevor sie ihre Meditationssitzung begannen. Wenn sie aus ihrer Versenkung austraten, stellten sie fest, daß viele Tage vergangen waren und das Zimmer voll Staub und Schmutz war.

Die sechs geistigen Kräfte

Die sechs Kehren des Weges, auf dem der Mann auf dem Bild reist, stellen die sechs geistigen Kräfte dar, die für die Entwicklung geistiger Ruhe nötig sind.

1 Kraft des Hörens

Die erste ist die *Kraft des Hörens.* Das bezieht sich auf das Hören von Belehrungen und Anweisungen über das Entwickeln geistiger Ruhe von einem qualifizierten Lehrer. Es ist von größter Wichtigkeit, denn ohne richtige Unterweisungen wird man nicht fähig sein, die Anwendung zu beginnen. Diese Kraft steht in Beziehung zur Stufe des anfänglichen Richtens.

2 Kraft des Nachdenkens

Die zweite Kehre symbolisiert die *Kraft des Nachdenkens.* Das bezieht sich auf tiefes Nachdenken über die Unterweisungen, die der Meditationsmeister gegeben hat. Nachdem wir die Unterweisungen gehört haben, können wir darüber nachdenken, bis sie uns vertraut werden und wir alle Stufen in der Anwendung verstehen. Hat man den Belehrungen zugehört und vielleicht Notizen gemacht, ist es ganz nutzlos, wenn diese dann in einem Notizbuch liegengelassen und nie wieder angeschaut werden. Das ist keine Hilfe für die Entwicklung unserer Meditation. Es ist äußerst wichtig, daß wir gründlich über alle Aspekte jeder dieser Stufen der Entwicklung nachdenken. Wenn wir das nicht richtig tun, ist selbst ein Zimmer voll von Büchern über Dharma-Unterweisungen von keinem Nutzen. Die Kraft des Nachdenkens ist auf den Anfangsstufen der Anwendung sehr wichtig. Sie steht besonders zur zweiten Stufe in Beziehung. Jede dieser sechs Kräfte wird bei der Meditationsstufe aufgeführt, auf der sie am wichtigsten ist.

3 *Kraft der Erinnerung*

Die dritte Kehre symbolisiert die *Kraft der Erinnerung.* Auf der dritten und vierten Stufe brauchen wir eine starke und klare Erinnerung, weil wir an diesem Punkt nur eine gelegentliche geistige Konzentration entwickelt haben. Wenn der Geist abgelenkt ist, müssen wir die Kraft der Erinnerung benützen, um ihn wieder zum Objekt zurückzubringen. Indem wir sofort bemerken, daß der Geist abgelenkt worden ist, bringen wir ihn zurück und binden ihn wieder am Objekt fest. Hier ist die Kraft der Erinnerung an der Arbeit, und sie ist auf diesen zwei Stufen besonders wichtig .

4 *Kraft der Wachsamkeit*

Die vierte Kehre symbolisiert die *Kraft der Wachsamkeit.* Für die Vollendung der fünften und sechsten Stufe der Meditation ist die Kraft der Wachsamkeit von höchster Wichtigkeit. Sie muß den Geist genau beobachten, um die Konzentration aufrechtzuerhalten. Durch Anwendung dieser Kraft erreichen wir die fünfte und die sechste Stufe. Wie ich schon erklärt habe, besteht auf diesen beiden Stufen, obwohl der Geist nicht sehr abgelenkt ist, noch die Gefahr groben und subtilen Sinkens. Diesen wirkt die Kraft der Wachsamkeit entgegen.

5 Kraft des Enthusiasmus

Die fünfte Kehre symbolisiert die *Kraft des Enthusiasmus.* Durch die Anwendung dieser Kraft vollenden wir die siebte und die achte Stufe meditativer Konzentration. Da an diesem Punkt Erregung und Sinken überwunden worden sind, ist nun Freude an der Anwendung der Meditation erforderlich, was unsere Konzentration in sich erfolgreicher machen wird.

6 Kraft vollkommener Vertrautheit

Die sechste Kehre stellt die *Kraft vollkommener Vertrautheit* dar. Diese tritt auf der neunten Stufe auf, wenn wir volle Kontrolle über unseren Geist haben. Auf dem Bild liegt der Elefant nun ruhig neben seinem Bändiger, und das zeigt, daß der Geist jetzt voll gezähmt ist.

Die vier geistigen Tätigkeiten

Eine weitere Reihe von Faktoren, die für die Entwicklung geistiger Ruhe wesentlich sind, sind die vier geistigen Tätigkeiten. Die erste ist angestrengte geistige Tätigkeit. Die zweite ist unterbrochene geistige Tätigkeit. Die dritte ist ununterbrochene geistige Tätigkeit, und die vierte ist spontane geistige Tätigkeit.

Auf der ersten und zweiten Stufe der Meditation ist die erste, die *angestrengte geistige Tätigkeit,* am wichtigsten. Diese vier Faktoren sind auf der Zeichnung nicht dargestellt. Auf der dritten, vierten, fünften und sechsten Stufe der Entwicklung geistiger Ruhe wird die zweite, die *unterbrochene geistige Tätigkeit,* gebraucht. Sie wird unterbrochene geistige Tätigkeit genannt, weil an diesem Punkt die Hindernisse noch auftreten. Diese geistigen Tätigkeiten benötigen an diesem Punkt keine großen Erklärungen. Es genügt zu sagen, daß sie mit verschiedenen Stufen auf dem Weg der Entwicklung geistiger Ruhe verbunden sind. Wenn Sie die Stufen der Entwicklung und jede der entsprechenden geistigen Tätigkeiten klar verstehen, werden Sie die Bedeutung ihres Gebrauchs verstehen. Auf der achten Stufe ist die *ununterbrochene geistige Tätigkeit* wichtig, und auf der neunten Stufe erreichen wir die *spontane geistige Tätigkeit*, wenn wir keinerlei Anstrengung mehr aufbringen müssen.

Das sind also die Stufen der Entwicklung geistiger Ruhe, beginnend mit kurzen Zeitspannen, in denen der Geist auf das Objekt gerichtet wird, und weiter bis zum voll entwikkelten und konzentrierten Geist, der fähig ist, unbegrenzt lange auf sein Objekt gerichtet zu bleiben. Dieser voll entwickelte Zustand der Konzentration, der den Geist und den Körper friedlich und energisch macht, ist ein Resultat der Anwendung, die mit anfänglichem Fixieren beginnt. Damit können wir gleich jetzt beginnen. Selbst wenn die Anfangsstufe sehr schwierig sein mag, wird doch der Geist einen Augenblick oder zwei auf das Objekt gerichtet bleiben, und alle höheren Stufen werden als Resultat der Anstrengung, die am Anfang gemacht wird, folgen. Ohne diese anfängliche Anstrengung ist kein weiterer Fortschritt möglich. Die ganze Anwendung wird im eigenen Geist fortgeführt und ist nicht etwas, das von einer äußeren Quelle erworben werden kann.

Auf der neunten Stufe geistiger Ruhe wird der Geist vollkommen gezähmt, und die Konzentration ist spontan. Daher könnte man denken, dieser Zustand sei das Erlangen geistiger Ruhe, aber das ist nicht der Fall. Sie finden diese Bemerkung vielleicht sehr entmutigend und denken, wenn das noch nicht geistige Ruhe ist, dann ist die ganze Sache wirklich völlig unmöglich. Doch selbst auf der neunten Stufe setzt der Meditierende seine Anwendung weiter fort. An einem bestimmten Punkt erfährt er, während er in Meditation versenkt ist, großes körperliches und geistiges Wohlbehagen, wie er es nie zuvor erlebt hat. Das körperliche Wohlbehagen ist eine Folge des Erlangens vollkommener Kontrolle über den Geist, was die durch den Körper fließenden Energien beeinflußt. Die Kontrolle über den Geist und die daraus entstehende Energie rufen die Empfindung geistigen Wohlbehagens hervor. Die Person fühlt sich so leicht wie eine Feder, was auf der Zeichnung durch den Mann, der am Himmel fliegt, symbolisiert ist. Wenn diese Stufe erreicht ist, gibt es keinerlei Müdigkeit oder andere körperlichen Schwierigkeiten mehr, solange man in Meditation versenkt ist. Geistig erfährt man tiefes Wohlbehagen und eine Klarheit des Geistes und des Objekts, die jede der vorhergehenden Stufen bei weitem übertreffen. Der Geist wird so klar, daß es ist, als könnten wir, wenn wir uns auf irgendein materielles Objekt konzentrieren, jedes einzelne Atom davon sehen. Auch wir müssen uns anstrengen, unsere Konzentration zu entwickeln, bis sie ebenso klar ist. Wenn wir das nicht tun und nur ein wenig Licht oder Farbe als Ergebnis unserer Meditation sehen, was weder beabsichtigt noch nützlich ist, hat sie keinen wirklichen Sinn. Nachdem man den Geist bis zu diesem Grad der Präzision entwickelt hat, ist er nun bereit, für einen höheren Zweck benützt zu werden.

Damit ist die Erklärung aller fortschreitenden Stufen von den ersten Anfängen bis zum Erreichen geistiger Ruhe abgeschlossen. Es ist wichtig zu wissen, daß es auf den Anfangsstufen der Meditation so scheint, als ob wir vielen Hindernissen und Ablenkungen begegneten. Tatsächlich ist das aber nicht der Fall, weil der Geist nicht reger ist als gewöhnlich. Aber wenn wir beginnen, den Geist zu beobachten, fangen wir an, diese Ablenkungen zu erkennen, während uns vorher ihre Existenz nicht bewußt war. Der Unterschied ist, als würde man als einer aus der Menge eine belebte Geschäftsstraße entlanggehen oder auf dem Dach eines hohen Gebäudes stehen und auf dieselbe Straße hinunterschauen. Als wir einer von denen waren, die die Straße entlanggingen, schien nicht viel los zu sein. Aber wenn wir von oben hinunterschauen, sehen wir sehr viele Menschen, Autos, Busse und so weiter in Bewegung. Die Dinge erscheinen viel geschäftiger, als uns vorher bewußt war, nicht, weil die Zahl der Leute und der Autos zugenommen hat, sondern wegen unseres neuen Aussichtspunktes. So ist es auch mit unserer Meditation. Die Ablenkungen, die wir erfahren, sind nichts Neues; wir bemerken sie nur zum ersten Mal. Aber wenn wir die zweite Stufe erreichen, ist es, als hätte ein rotes Licht den Verkehr unserer Ablenkungen gestoppt, und so gibt es gelegentlich Unterbrechungen im Fließen. Die Ablenkungen werden beginnen, in genau derselben Weise zu stoppen und zu starten.

Klarheit und Erkennen

Zusammen mit dieser Beschreibung der Entwicklung geistiger Ruhe möchte ich eine Meditation über die klare und erkennende Natur des Geistes erklären.
(Siehe Gesche Rabten, „*Echoes of Voidness*“, S.113 ff.)

Wie schon erwähnt, ist die Natur des Geistes Klarheit und Erkennen. Der Geist ist frei von Form oder Farbe, er ist nicht berührbar und ändert sich ständig. Manchmal ist er heilsam und manchmal unheilsam. Das ist eine Folge seines Kontakts mit verschiedenen Umständen und Objekten. Wenn er mit einem Objekt in Berührung kommt, wird er durch dieses Objekt umgewandelt. Es ist wichtig zu wissen, daß der Geist, obwohl er leer von Form und Farbe ist, jedes Objekt wahrnehmen kann, und daß seine grundlegende Natur klar und erkennend ist. Wenn wir uns auf den Geist konzentrieren, sollten wir uns auf seinen gegenwärtigen Zustand konzentrieren und nicht über die Vergangenheit oder die Zukunft nachdenken. Denken wir über die Vergangenheit oder die Zukunft nach, dann werden diese Gedanken die grundlegende Natur des Geistes beeinflussen. Wenn wir diesen gegenwärtigen Zustand des Geistes beobachten, wird er als eine Art raumähnlicher Leere erscheinen. In einer Hinsicht ist er wie Raum, nämlich frei von Form. Aber er unterscheidet sich insofern, als er Phänomene erkennen und erfassen kann. Geist ist außerdem unbeständig, Raum nicht. Wenn wir unsere Aufmerksamkeit auf diese klare und erkennende Natur des Geistes gerichtet haben, werden wir in der Lage sein, ihn als Objekt der Meditation zu verwenden. Aber schließlich könnte unsere Konzentration schwinden, und der Geist wird wieder abgelenkt werden. Wenn wir das Objekt unserer Meditation verlieren, in diesem Fall den Geist, sollten wir einen Gedanken entstehen lassen. Als Folge des Entstehens dieses Gedankens werden wir den Geist wieder erkennen können, und nachdem wir ihn so von neuem ausfindig gemacht haben, können wir wieder unsere Aufmerksamkeit auf seine klare und erkennende Natur richten und dem Gedanken erlauben zu verschwinden. Am Anfang werden wir das Objekt unserer Meditation oft verlieren und dieses Gegenmittel wiederholt anwenden müssen.

Wenn wir auf diese Art beharrlich fortfahren, werden wir schließlich die zweite Stufe in der Entwicklung geistiger Ruhe erreichen. Diese klare und erkennende Natur des Geistes wird uns deutlicher werden, indem wir Fortschritt machen. Den Geist auf diese Weise zu beobachten ist fast, wie wenn man ein klares Stück Glas anschaut; wir können andere Objekte durch das Glas sehen, aber das Glas ist unser Hauptkonzentrationspunkt. Den Geist beobachten wir auf ähnliche Weise. Wir können andere Objekte, die in ihm erscheinen, auf ungefähr die gleiche Weise wahrnehmen, wie wir Objekte durch ein klares Stück Glas sehen können. Obwohl dies ein subtiler Punkt ist, konzentrieren wir uns nicht nur auf einen leeren Geist oder die Abwesenheit von Gedanken. Es ist ein Objekt da, das die klare und erkennende Natur des Geistes selbst ist. Da dem, worauf wir uns konzentrieren, jede Berührbarkeit fehlt, kann es uns vorkommen, als sei es ein leerer Geist oder die Abwesenheit von Gedanken, aber das ist ein Fehler, der zu vermeiden ist.

Nachdem wir unsere Konzentration fortgesetzt haben, bis wir die Fähigkeit entwickeln, punktförmige Konzentration für eine kurze Zeitspanne aufrechtzuerhalten, beginnt die Natur des Geistes klarer zu werden. Wenn auf dieser Stufe unserer Anwendung Gedanken auftreten, müssen wir noch immer Methoden anwenden, um sie zu beseitigen. Der Geist kann mit einem großen Ozean verglichen werden. Die gelegentlichen Gedanken, die auftauchen, sind wie Fische, die in das Wasser und aus dem Wasser springen. Eine Methode, diese wandernden Gedanken zu beseitigen, ist, darüber nachzudenken, daß sie für unsere Meditation schädlich sind und unseren Fortschritt hemmen. Das entspricht der dritten und vierten Stufe in der Entwicklung geistiger Ruhe, wo wir die Kraft der Wachsamkeit anwenden, um einen Gedanken zu erkennen und zu stoppen.

In den Schriften wird dafür ein Beispiel gegeben. Es sind zwei Männer, einer ein sehr geschickter Fechter und der andere ein Bogenschütze. Der Bogenschütze schießt ununterbrochen Pfeile auf den Fechter, der dank seiner außerordentlichen Gewandtheit fähig ist, jeden Pfeil abzulenken. Dazu muß er sehr wachsam bleiben. Wenn er auch nur eine Sekunde abgelenkt ist, wird er getroffen. Das Schwert ist wie die Kraft der Erinnerung und Wachsamkeit, die wir beim Meditieren brauchen, um ablenkende Gedanken sofort abzuwehren. Wenn wir diese Kräfte nicht anwenden, wird unsere Meditation keinen Fortschritt machen. Diese Methode kann erst auf der dritten Stufe der Entwicklung angewendet werden und ist auf den ersten beiden Stufen nicht ausführbar.

Es gibt auch eine zweite Methode, um Ablenkungen zu beseitigen, wenn wir uns auf die klare und erkennende Natur des Geistes konzentrieren. Eher als den Gedanken sofort abzuschneiden, schauen wir ihm einfach zu. Das ist ein wenig ähnlich, wie wenn man ein Boot beobachtet, das in Sicht kommt. Wir betrachten es, um zu sehen, woher es kommt, wohin es fährt und wie es weiterzieht. Wenn wir den Gedanken auf diese Weise betrachten und beobachten, wird er sich schließlich wieder zurück in die Natur des Geistes selbst auflösen. Der Grund dafür ist, daß Gedanken aus dem Geist selbst entstehen und nur Faktoren oder Aspekte des Geistes sind. Daher tauchen sie aus dem Geist auf und lösen sich wieder in ihm auf. In den Schriften wird diese Methode durch ein Schiff mitten auf dem Meer veranschaulicht. Auf dem Schiff ist eine Taube, die freigelassen wird. Die Taube wird zuerst vom Schiff wegfliegen. Aber später wird sie, weil sie mitten auf dem Meer nirgendwo landen kann, zum Schiff zurückkehren. Zuerst, wenn der Vogel auffliegt, kann er nicht unter Kontrolle gebracht werden, und so muß man zulassen, daß er wegfliegt. Schließlich muß er jedoch zum Schiff zurückkehren. Auf die gleiche Weise branden unsere Gedanken, wenn wir mit der Anwendung von Meditation beginnen, sehr kräftig hoch. Aber wenn wir sie einfach aufsteigen lassen und beobachten und uns nicht erlauben, in einen inneren Dialog hineingezogen zu werden, werden sie sich schließlich wieder in die Natur des Geistes auflösen. Am Anfang können wir diese Methode benützen, um uns von wandernden Gedanken zu befreien; schließlich werden wir es so weit bringen, daß wir fähig sind, sie sofort abzuschneiden, wenn sie auftreten.

Wenn wir geistige Ruhe bis zu dem Punkt entwickelt haben, an dem unser Geist völlig kontrolliert ist, hat er eine Präzision gewonnen, mit der wir die Leerheit untersuchen können. Dies ist der tiefgründigste Zweck, für den wir unseren konzentrierten Geist benützen können, und alle unsere Vorbereitungen zielen darauf ab. Wenn wir uns erfolgreich konzentrieren können, wird es für uns viel leichter werden, unseren meditierenden Geist auf die Leerheit zu richten. Man könnte denken, wenn der Geist frei von Vorstellungen ist und friedlich in seiner klaren und erkennenden Natur verweilt, sei dies die Erfahrung der Leerheit. Aber das ist keineswegs der Fall. Dieser Zustand von Klarheit und Erkennen ist die konventionelle Natur des Geistes, es ist nicht seine letztliche Natur.

Sechs Gleichnisse für Konzentration

Es gibt sechs Arten der Konzentration auf die konventionelle Natur des Geistes. Die erste erinnert an die Konzentration eines kleinen Kindes, wenn es ein Gemälde anschaut. Ein kleines Kind starrt dabei einfach auf die ganze Leinwand und beachtet nicht alle kleinen Einzelheiten. Auf die gleiche Weise sollten wir einfach die Natur des Geistes als Ganzes beobachten, ohne in große Einzelheiten zu gehen und manche Aspekte als gut, andere als schlecht zu betrachten. Denn wenn wir das tun, werden ablenkende Gedanken aufzutreten beginnen.

Die zweite Methode, die konventionelle Natur des Geistes zu beobachten, wird mit der Ruhe eines Meeres verglichen. Ein Ozean wird nicht aufgerührt, wenn Fische springen oder wir einen Stein hineinwerfen. Auf die gleiche Weise sollte der Geist sich nicht aus der Ruhe bringen lassen, wenn er mit geringfügig störenden Umständen wie Geräuschen und so weiter in Kontakt kommt oder wenn ein wandernder Gedanke auftritt. Wenn wir zum Beispiel meditieren und es an der Tür klopft, wird unser Geist sofort abgelenkt, denn unsere Konzentration ist noch sehr schwach. Wenn wir weiter fortgeschritten sind, werden solche Störungen keine Unruhe mehr in unserem Geist verursachen können.

Eine dritte Methode wird verglichen mit der Sonne, die an einem wolkenlosen Himmel scheint. Wenn keine Wolken am Himmel sind, ist das Sonnenlicht hell und klar. In gleicher Weise sollte unsere geistige Konzentration auch hell und klar sein, nicht von Dumpfheit oder Dunkelheit bewölkt .

Die vierte Methode bezieht sich auf die Art und Weise, wie ein Adler oder ein anderer großer Vogel am Himmel segelt. Dabei schwingen solche Vögel ihre Flügel nicht sehr oft. Eher machen sie zwei oder drei Flügelschläge, gleiten dann große Strecken, machen wieder einige Flügelschläge und gleiten wieder durch den Himmel. Sie sind nicht wie kleine Vögel, die auch für einen kurzen Flug dauernd ihre Flügel schlagen müssen. Wenn wir uns auf die klare und erkennende Natur des Geistes konzentrieren, kann zu gewissen Zeiten unsere geistige Energie ein wenig schlaff werden. Dann müssen wir eine Weile analytisch meditieren, um unsere geistige Energie zu steigern. Wenn dann der Geist wieder klar auf das Objekt gerichtet ist, erlauben wir ihm, sich einfach nur zu konzentrieren. Läßt unsere geistige Energie nach, sollten wir wieder analytisch meditieren und uns dann von neuem ruhig auf das Objekt konzentrieren. Unser Geist sollte nicht wie die Flügel eines Flugzeugs sein, die steif bleiben, sondern sollte wie die Flügel eines großen Vogels sein, der sie ein paarmal schlägt und dann große Strecken segelt.

Die fünfte Methode der Konzentration bezieht sich wieder auf einen Vogel, der am Himmel fliegt. Wenn ein Vogel fliegt, hinterläßt er keinerlei Spur, er gleitet vorüber und hinterläßt keinen Schweif. Auf die gleiche Weise beeinflussen gelegentlich auftretende Ablenkungen unsere Konzentration nicht, wenn sie gut entwickelt ist. Der Gedanke kommt und geht, aber die Konzentration bleibt fest.

Die sechste Methode der Konzentration ist einem Pappelsamen oder einer Daune ähnlich. Wenn sie angeblasen werden, gleiten sie sanft durch den Raum, weil sie so leicht sind. Ähnlich müssen wir uns beim Meditieren auch so konzentrieren, daß unser Geist leicht bleibt und nicht schwer und müde wird.

Erhöhte Einsicht

Durch erfolgreiches Entwickeln geistiger Ruhe haben wir unseren Geist in einen Zustand vollständiger Konzentration gebracht. Er ist jetzt ein Präzisionsinstrument geworden, das wir benützen können, um erhöhte Einsicht (Skt. *Vipassana*) zu entwickeln. Im allgemeinen wird geistige Ruhe als eine Art konzentrativer Meditation betrachtet, erhöhte Einsicht dagegen als eine Art analytischer Meditation. Aber es wäre falsch, anzunehmen, jede Art analytischer Meditation sei erhöhte Einsicht. Wirkliche Vipassana-Meditation ist erst möglich, nachdem Samatha erlangt worden ist. Sie wird ähnlich entwickelt wie geistige Ruhe. Wir haben gesagt, daß die verschiedenen Stufen auf dem Weg zur Entwicklung geistiger Ruhe der Samatha-Meditation zugeordnet werden können, wirkliche geistige Ruhe jedoch erst nach der neunten Stufe erlangt wird. Die vorausgehenden Stufen werden auch Samatha-Meditation genannt, weil sie zur Vollendung geistiger Ruhe führen. Auf dieselbe Weise kann eine bestimmte Art analytischer Meditation, wenn sie zur Entwicklung erhöhter Einsicht führt, als vorbereitende Vipassana-Meditation bezeichnet werden. Aber diese sollte nicht für die wirkliche Vollendung von Vipassana gehalten werden. Ich habe das erklärt, um den Unterschied klarzustellen zwischen den Methoden, die zu Samatha und zu Vipassana führen und dem, was jede Art der Meditation erzielt.

Konzentriert sich eine Person, die Samatha vervollkommnet hat, punktförmig auf ein Objekt, entsteht eine Empfindung großen körperlichen und geistigen Glücks. Wenn der Meditierende dann mit analytischer Meditation beginnt und das körperliche und geistige Glück nachläßt, zeigt dies, daß Vipassana nicht erreicht ist. Der Anwender muß nun punktförmige Konzentration und analytische Meditation abwechselnd ausführen. Wenn durch fortgesetzte Bemühungen ein Punkt erreicht wird, der bei beiden Arten der Meditation ein noch stärkeres Glück von Körper und Geist auftreten läßt, ist Vipassana vollendet. Das Objekt dieser zwei Arten von Meditation kann dasselbe sein; es ist die Vorgangsweise, in der sie sich unterscheiden. Auf den Anfangsstufen der Entwicklung von Vipassana ist es jedoch unbedingt erforderlich, daß das Objekt dasselbe ist wie dasjenige, das beim Entwickeln von Samatha benützt worden ist.

Die Bedeutung des tibetischen Ausdrucks für *erhöhte Einsicht (Lhagtong),* ist höchste oder höhere Sicht. Dies bedeutet nicht, daß wir etwas Besonderes sehen, sondern vielmehr, daß die Art und Weise, wie wir das Objekt unserer Meditation erfahren, derjenigen überlegen ist, die bei der Samatha-Meditation entwickelt worden ist. Das kann durch zwei Bogenschützen veranschaulicht werden. Der eine ist imstande, auf ein Ziel zu schießen, wenn er ruhig steht, aber er kann es nicht, während er sich bewegt; der andere dagegen kann, selbst während er auf einem galoppierenden Pferd reitet, genau auf das Ziel schießen. Vipassana ist das vorzüglichste Werkzeug, um die Wurzel der Unwissenheit zu beseitigen, die die Quelle aller Verblendungen und die Ursache bedingten Daseins ist. Aber Vipassana-Meditation, die nur auf Punkte des Körpers oder auf Gefühle gerichtet ist, wird nicht genügen, um diese Unwissenheit zu beseitigen. Ein Geist, der Vipassana entwickelt hat, kann dazu benützt werden, die letztliche Natur der Wirklichkeit, die Leerheit, zu untersuchen. Durch die Kraft dieser Meditation können alle Arten von Verblendungen und schließlich die Unwissenheit beseitigt werden.

Auf der Zeichnung ist diese oberste Stufe dadurch dargestellt, daß der Meditierende auf dem Elefanten reitet und ein Schwert hochhält. Dieses Schwert symbolisiert die Schneidekraft von Vipassana. Gegenüber dem Mann mit dem Schwert reitet ein anderer Mann auf einem Elefanten. Dieser symbolisiert Samatha. Die Tatsache, daß sie einander gegenüberstehen, zeigt die Notwendigkeit der Verbindung von geistiger Ruhe und erhöhter Einsicht. Der Weg teilt sich in zwei Pfade. Das weist auf die zwei Möglichkeiten hin, wie man die Verbindung von geistiger Ruhe und erhöhter Einsicht benützen kann. Der erste Pfad symbolisiert jemanden, der mit der Erfahrung körperlichen und geistigen Glücks zufrieden ist. Ein solcher Anwender entwickelt Anhaftung an seine Erfahrung und ist damit zufrieden, in diesem beglückenden Zustand versenkt zu bleiben. Dies wird als weltliches Vipassana bezeichnet und gegenüber der zweiten Art als geringer betrachtet. Es vermittelt selbstverständlich großes Glück in diesem Leben und ist auch eine Ursache für Wiedergeburt in den Bereichen der weltlichen Götter. Zwischen unserer Welt und solchen Bereichen ist kein Vergleich im Hinblick auf materiellen Luxus und die Erfahrung von Glück.

Die Wesen in diesen göttlichen Bereichen erfahren zwar unbeschreibliches Glück, aber es ist nicht von beständiger Natur. Man erfährt diese Freude nur, solange man in diesem Bereich lebt. Aber als Folge dieser hohen Wiedergeburt wird die Person ihren ganzen Vorrat an heilsamem Karma aufbrauchen und in einem nachfolgenden Leben in einen niedrigeren Existenzbereich fallen. Es ist ähnlich, wie wenn man Ferien von einer sehr harten Arbeit macht; obwohl es angenehm ist, dauert es nicht ewig. Die Erfahrung von Freude und Glück, die man in einem solchen Fall macht, sind das Resultat der vorübergehend unterdrückten Verblendungen, aber wir sollten mit so einer vorläufigen Lösung nicht zufrieden sein. Es gibt eine weitere Methode, in der wir die Verbindung von geistiger Ruhe und erhöhter Einsicht für die vollständige Befreiung von bedingtem Dasein benützen können, was ein weitaus bedeutenderes Ziel darstellt.

Denken Sie an ein Blatt Papier. Wir können ein Blatt Papier verwenden, um verschüttetes Wasser aufzuwischen oder um eine Schublade auszulegen, oder wir können es verwenden, um einen wichtigen Brief zu schreiben oder um einige bedeutungsvolle Verse aus den Schriften abzuschreiben. Das Papier ist dasselbe, es ist der Gebrauch, den wir davon machen, der unterschiedlich ist. Die überragende Methode, diese beiden Meditationen zu verbinden, besteht darin, den konzentrierten Geist auf das Objekt der Leerheit zu richten. Das befähigt uns, eine klare Erkenntnis der Leerheit zu entwickeln. Zu einer solchen Erkenntnis zu gelangen ist jedoch nicht leicht. Es sind heutzutage viele Bücher über das Thema Leerheit erhältlich. Aber diese Bücher nur zu lesen und ein intellektuelles Verständnis zu gewinnen bedeutet nicht, daß wir die Leerheit erkannt haben. Das kann nur erreicht werden, indem wir uns auf die gesprochenen Unterweisungen eines qualifizierten Lehrers stützen und selbst große Anstrengung aufbringen, diese Unterweisungen durch tiefes Nachdenken und durch Meditation anzuwenden. Dadurch ist es möglich, Leerheit zu erkennen. An diesem Punkt erfordert unsere Meditation wieder zähe Anstrengung, und daher sind auf dem Bild wieder große Flammen gemalt.

In der Nähe des Mannes, der auf der Zeichnung das Schwert hält, können wir zwei schwarze Strahlen sehen. Diese symbolisieren die Kraft der Verblendungen und besonders diejenigen, die Hindernisse für die Befreiung und Hindernisse für die Allwissenheit sind. Die einen binden uns an bedingtes Dasein, und die anderen sind die subtilen Hindernisse für das Entwickeln der vollkommen erleuchteten Weisheit eines Buddha. Das scharfe Schwert der Weisheit, das die Erkenntnis der Leerheit symbolisiert, muß benützt werden, um diese zwei schwarzen Strahlen zu durchschneiden, die diese zwei Hindernisse darstellen. Die Tatsache, daß diese zwei Strahlen aus dem Körper des Meditierenden kommen, weist darauf hin, daß diese Hindernisse in unserem Geist sind und daß sie dort beseitigt werden müssen. So ist es zuerst nötig, Samatha verbunden mit Vipassana zu erreichen. Dann wird es sehr wichtig, diese Verbindung für den richtigen Zweck zu benützen, das Erlangen der Befreiung von bedingtem Dasein.

Auf einigen Darstellungen werden Sie auch zwölf Wolken sehen. Die ersten neun symbolisieren die Hindernisse der Befreiung (Skt. *Kleschа-Avarana*) und die letzten drei die Hindernisse der Allwissenheit (Skt. *Dschana-Avarana*). Diese Wolken sind getrennt dargestellt, um zu zeigen, daß die Hindernisse nicht alle gleichzeitig, sondern nur in stufenweiser Folge beseitigt werden können. Ich habe das schon gesagt, aber ich möchte betonen, wie wichtig es ist, daß Sie versuchen, Samatha und Vipassana in diesem nämlichen Leben zu erreichen, solange Sie die Möglichkeit haben. Jetzt haben wir sowohl die körperliche als auch die geistige Fähigkeit, die nötigen Vorbedingungen können eingerichtet werden, und so haben wir eine großartige Gelegenheit. Wir können nicht sicher sein, daß wir eine solche günstige Gelegenheit wieder haben werden. Wir dürfen nicht vergessen, daß bestimmte Ursachen unbedingte Voraussetzung dafür sind. So wie man Geld braucht, um in einem Geschäft etwas zu kaufen, müssen wir die Ursachen haben, um die guten Eigenschaften eines menschlichen Lebens zu erlangen. Auch sollten wir die Dinge nicht aufschieben, sondern sobald wie möglich beginnen. Wenn wir irgendeine Garantie für ein langes Leben hätten, wären die Dinge vielleicht anders. Aber wir haben keine solche Gewißheit. Wie sehr wir uns auch ein langes und gesundes Leben wünschen, wenn die Ursachen nicht vorhanden sind, wird unser Wunsch vergeblich sein.

Das ist ganz augenscheinlich, wenn wir die Leute rund um uns anschauen. Manche sterben jung, andere werden sehr alt. Was anderen geschieht, wird auch uns geschehen, denn in dieser Hinsicht sind wir alle gleich. Indem die Tage, Monate und Jahre vorbeigehen, nähern wir uns ständig unserem Ende. Die Tage unseres menschlichen Lebens sind wie die Schritte eines Schafes, das zum Schlachthof geführt wird; jeder Schritt bringt es seinem Tod näher. Das hört sich nicht angenehm an, aber so sind die Dinge wirklich. Wir müssen dem ins Angesicht schauen, und wenn der Zeitpunkt des Todes kommt, sollten wir vorbereitet sein. Wie ein Land, das eine gemeinsame Grenze mit einem Feind hat, immer für einen Angriff bereit sein muß, so müssen auch wir Vorbereitungen für unseren Tod treffen. Ist das Land gut vorbereitet, wird es einem Angriff gewachsen sein. Ist es jedoch unvorbereitet, sind die Folgen klar. Wenn wir von jetzt an Dharma anwenden und auf die gleiche Weise jederzeit auf den Tod vorbereitet sind, dann wird es nur unser Vorteil sein, wenn wir lange leben. Wenn dann das Ende kommt, werden wir bereit sein, und es wird nichts geben, worüber wir uns Sorgen machen müssen. Wir werden das Gefühl haben, daß wir unser Leben auf heilsame und sinnvolle Art verbracht haben.

Entsagung und Eintritt in den Weg

Wie ich schon gesagt habe, sollten wir über solche Dinge wie die zwölf Glieder des abhängigen Entstehens nachdenken. Diese zwölf Glieder beschreiben die Art und Weise, wie wir endlos und unfrei im Zyklus der Wiedergeburten kreisen. Als Ergebnis solchen Nachdenkens sollte in uns starke Entsagung entstehen, zusammen mit einem festen Wunsch, uns aus solcher Knechtschaft zu befreien. Ich habe ein paar Beispiele von Nachteilen bedingten Daseins gegeben, aber wenn man tief über die Natur dieser Art des Daseins nachdenkt, wird man viele weitere Qualen finden. Durch die Erkenntnis der wahren Natur bedingten Daseins, seiner vielen Fehler und unerträglichen Aspekte, werden

Entsagung und Streben nach Befreiung wachsen. Natürlich ist es am Anfang für jedermann schwierig, Entsagung oder aufrichtiges Streben nach Befreiung zu erzeugen. Selbst wenn man es eine Zeitlang tut, vergeht es schnell wieder. Aber durch ständige geistige Gewöhnung werden wir beginnen, eine gewisse Festigkeit zu entwickeln. Wenn wir dann wiederholt mit verschiedenen Alltagssituationen konfrontiert sind, werden diese die Wirkung haben, die Kraft unserer Entsagung weiter zu stärken, denn wir werden solche Situationen realistischer zu sehen beginnen. Wir werden sehen, wie frustrierend und sinnlos viele unserer Tätigkeiten sind. Schließlich wird die Entsagung spontan entstehen. Der Vorgang wird ähnlich sein wie bei jemandem, der entweder große Freude oder tiefen Kummer erlebt. Ganz gleich, wie oft sein Geist auch abgelenkt wird, er wird immer wieder zu seiner Freude oder seinem Kummer zurückkehren, ohne jede bewußte eigene Anstrengung. Auf die gleiche Weise wird Entsagung durch Gewöhnung spontan entstehen, als Folge des Zusammentreffens mit besonderen Umständen.

Wenn eine solche Entsagung spontan entsteht, werden wir das Tor zur Befreiung erreicht haben. An diesem Punkt entsteht der *Weg* (Skt. *Marga*) in unserem Geist. Weg ist synonym mit *Fahrzeug* (Skt. *Yana*). Der Weg ist wie ein Fahrzeug, das uns aus der Knechtschaft bedingten Daseins zur Freiheit der Befreiung führen wird. Der Unterschied zwischen Hinayana und Mahayana oder Kleinem und Großem Fahrzeug kann hier erklärt werden. Die geistige Einstellung, die die Verantwortung auf sich nimmt, hauptsächlich für sich selbst Befreiung aus bedingtem Dasein zu erlangen, wird als Weg des Hinayana bezeichnet. Wenn jemand dem Weg des Hinayana folgt, ist das natürlich immer noch von großem Nutzen für andere Wesen. Aber sein Hauptanliegen ist doch, Befreiung für sich selbst zu erlangen. Eine Person hingegen, die sich nur um das Wohlergehen anderer kümmert und ihren eigenen Wunsch nach dem Frieden und Glück der Befreiung außer acht läßt, um die Wünsche aller Wesen zu erfüllen, ist ein Anwender des Mahayana.

Selbst von einem weltlichen Gesichtspunkt aus wird eine Person, die ihr eigenes Interesse immer voranstellt, als recht engstirnig betrachtet. Dagegen gilt jemand, der sich für sein Land oder eine Gesellschaft im allgemeinen aufopfert, als lobenswert und großzügig. Aber so sehr eine solche Person auch geachtet werden mag, ihre Auffassung ist dennoch recht beschränkt und nützt letzten Endes nur wenigen. Ein Bodhisattva dagegen, eine Person, die wirklich auf dem Weg des Mahayana ist, kümmert sich nicht nur um das Wohlergehen einer kleinen Zahl von Menschen. Eine solche Person setzt ihre ganze Kraft für den Nutzen aller Wesen ohne Ausnahme ein. Aus dieser Erörterung sollte klar sein, daß der erwähnte Weg nicht eine Straße ist, auf der wir gehen, sondern eine Einstellung des Geistes. Er ist eine geistige Einstellung, die wir in uns erzeugen, fördern und entwickeln müssen. Es ist wichtig, Hinayana und Mahayana auf diese Weise zu verstehen. Sonst könnte man irrtümlich annehmen, der eine Weg sei höher oder dem anderen überlegen. Oder wir könnten denken, ein Mönch, der gelbe Roben trägt, sei von der Hinayana-Schule, während ein Mönch mit roten oder schwarzen Roben von der Mahayana-Tradition sei. Dieser Schluß ist falsch. Der Unterschied liegt einzig in der geistigen Einstellung der Person. Die Farbe der Kleidung ist von keiner Bedeutung.

Dieser Unterschied in der geistigen Einstellung ist gleich beim Eintritt in den Weg deutlich. Sowohl ein Anwender des Hinayana als auch des Mahayana wird Entsagung von bedingtem Dasein entwickelt haben und dementsprechend sehr bestrebt sein, Befreiung zu erlangen. Sie werden bedingtes Dasein realistisch gesehen haben und statt Anhaftung daran entschiedene Abneigung dagegen entwickelt haben. Sie sind der Leiden bedingten Daseins überdrüssig und sehnen sich danach, einen Zustand von Frieden und Glück zu erreichen. Welchem Weg jeder von ihnen folgen wird, hängt davon ab, ob ihr Wunsch, Befreiung zu erlangen, hauptsächlich auf sie selbst gerichtet ist oder ob er darüber hinausgeht und alle Wesen umfaßt. Der künftige Anwender des Mahayana sieht, wie er selbst hilflos in bedingtem Dasein kreist und daß dies auf andere ebenso zutrifft. „Genauso wie ich Leid nicht mag und davon frei sein möchte, möchten auch alle anderen Wesen davon frei sein." Obwohl der Anwender des Hinayana sich hauptsächlich um die eigene Befreiung kümmert, bedeutet das nicht, daß er anderen nicht nützt. Durch die Kraft seiner Meditation und seiner Fähigkeiten wird er Millionen anderer Wesen nützen.

Sowohl Hinayana- als auch Mahayana-Fahrzeug werden in fünf Wege unterteilt, die verschiedenen meditativen Erkenntnissen entsprechen. In beiden Fällen erreicht der Anwender, nachdem er die Kraft der Entsagung entwickelt hat, den ersten der fünf Wege, den Weg der Ansammlung. Durch fortgesetzte Bemühung und Entwicklung der Meditation erreicht er die nächste Stufe, den Weg der Vorbereitung. Durch weitere Anstrengung und Anwendung wird die dritte Stufe, der Weg des Sehens, erlangt. Beim Erreichen des Weges des Sehens werden zum erstenmal Verblendungen, grobe Hindernisse zur Befreiung, beseitigt.

In anderen Worten, es ist nicht so, wie wenn man Schmerzen vorübergehend mit einem Schmerzmittel lindert, sondern es ist ähnlich, wie wenn man mit einer Operation die Ursache der Schmerzen gänzlich entfernt. Hier werden Verblendungen in ihrer gröbsten Form nicht nur unterdrückt, sondern vollständig beseitigt. Gleichzeitig verwirklicht der Meditierende die Wahrheit der Beseitigung und die erste Stufe des Arya. Zu diesem Zeitpunkt wird der Geisteszustand des Meditierenden, der in Meditation über Leerheit versenkt ist, in die Wahrheit des Weges umgewandelt, die vierte der Vier Edlen Wahrheiten. Vergessen Sie bitte nicht, daß wir hier im besonderen vom Hinayana-Weg sprechen. Der Meditierende hat durch die Kraft seiner Vipassana-Meditation, die auf die Leerheit gerichtet ist, eine direkte Wahrnehmung der Leerheit erreicht und dadurch die gröbsten Verblendungen vollständig aus seinem Geist entfernt.

Einführung in die Leerheit

Hier ist eine kurze Erklärung über die Leerheit nötig, sonst fragen Sie sich vielleicht, worauf der Meditierende seinen Geist richtet. Aber die Leerheit ist ein sehr tiefgründiges Thema, und sie klar und ausführlich zu erklären ist schwierig. Dennoch werde ich es in groben Umrissen erläutern, damit Sie sich einen Begriff davon machen können. Allgemein ist die letztliche Natur jedes existierenden Phänomens, sowohl der Wesen als auch der Nicht-Wesen, Leerheit. Das gilt für alle Phänomene und ist etwas, das erkannt werden kann. Wenn ich sage, Leerheit ist die Grundlage aller existierenden Dinge, bedeutet das nicht, daß es ähnlich ist, wie ein Tisch, der eine Tasse trägt – dann wäre es nicht schwer zu verstehen. Vielmehr ist Leerheit die letztliche Natur jedes existierenden Phänomens oder die letztliche Art und Weise, in der alle Phänomene existieren. Als allererstes ist es wichtig, die Leerheit des Selbst oder die *Identitätslosigkeit* des Selbst zu erkennen. Das habe ich kurz erklärt, als ich über die Unwissenheit sprach, und wenn Sie diese Erklärung verstehen, wird sie Ihnen jetzt nützen. Eine Untersuchung der Leerheit birgt viele Gefahren, und dementsprechend müssen wir sehr vorsichtig sein, wenn wir eine solche Meditation beginnen.

Wie ich schon erklärt habe, greifen wir stark nach einem konkret erscheinenden Selbst, wenn wir mit Umständen großer Freude oder Furcht in Berührung kommen. Es scheint, als sei das Selbst sowohl vom Körper als auch vom Geist getrennt und zeige sich ganz deutlich. Wenn zum Beispiel zwei Leute streiten und voller Wut kämpfen, ist zu diesem Zeitpunkt in beiden eine sehr starke Auffassung von einem Selbst vorhanden. Sie denken: „Er hat *mir* dies angetan, er hat *mir* jenes angetan," was eine starke und grobe Auffassung eines „Ichs" enthält. Wenn ein starkes Erfassen des Selbst entsteht, müssen wir in uns hineinschauen und zu finden versuchen, was es ist, das so klar und deutlich unser Selbst zu sein scheint. Wir müssen versuchen herauszufinden, ob es die Haut ist, das Fleisch, die Knochen, die Muskeln oder irgendein anderer Teil unseres Körpers. Wenn wir sorgfältig suchen, werden wir viele Dinge finden, die *nicht* das Selbst sind: Knochen, Fleisch, Haut, Haare, um ein paar zu nennen. Aber wir werden nichts finden, auf das wir zeigen und von dem wir sagen können: „Das ist das Selbst, das bin ich." Wenn Sie das versuchen, wird es sehr klar werden. Georges zum Beispiel, unser Übersetzer, kann in jedem seiner zehn Finger nach sich selbst suchen. Aber wenn seine Finger sein Selbst wären, sein Ich, dann würde daraus folgen, daß er zehn verschiedene Selbst hat. Und gleicherweise müßte es, wenn wir andere Teile seines Körpers für sein Selbst hielten, eine entsprechende Anzahl von Selbst geben. So können wir leicht sehen, daß keiner der Teile seines Körpers sein Selbst ist.

Nun denken vielleicht manche von Ihnen, wenn auch der Körper nicht das Selbst ist, dann ist vielleicht der Geist das Selbst. Es gibt viele Philosophien, die behaupten, das Bewußtsein oder der Geist sei das Selbst. Aber wenn wir tatsächlich den Geist durchsuchen, wie wir es mit dem Körper getan haben, werden ähnliche Probleme auftreten, weil unser Geist kein Klotz ist, sondern vielmehr eine Ansammlung von vielen verschiedenen Bestandteilen wie den einundfünfzig Geistesfaktoren. Außerdem gibt es viele Geistesfaktoren, die beseitigt werden können und sollten, und andere Faktoren, die entwickelt werden können. So hätten wir dann eine Menge verschiedener, sich widersprechender Selbst. Wenn wir den Geist für das Selbst halten, müßten wir auch akzeptieren, daß das Selbst nicht gesehen werden kann und weder Form und noch Farbe hat, weil der Geist nicht gesehen werden kann und weder Form noch Farbe hat. Wir können aus unserer eigenen Erfahrung sehen, daß unsere Existenz von der Wechselwirkung zwischen unserem Körper und Geist abhängt. Aber wenn wir beide getrennt untersuchen und sie in ihre Bestandteile zerlegen, finden wir nichts, was wir das Selbst nennen können. Wenden wir diese Art analytischer Meditation nicht an und sprechen wir dennoch anmaßend über Leerheit, die letztliche Natur der Dinge, dann wird alles, was wir sagen, sinnlos sein.

Wenn wir unsere geistigen und körperlichen Aggregate untersucht und zerlegt haben und noch immer nichts finden, das wir als Selbst bezeichnen können, entsteht vielleicht die falsche Auffassung, daß wir gar nicht existieren. Denken wir aber, wir seien vollständig nicht-existent, dann wäre das ein Fallen in das Extrem des Nihilismus, und das ist ein großer Irrtum. Wir existieren, aber wir sind uns unserer tatsächlichen oder letztlichen Art des Existierens nicht bewußt und nicht fähig, diese zu erkennen. Wenn wir nicht existieren, wer macht dann die Auffassung „ich existiere nicht" geltend? Weil wir existieren, ist eine solche Auffassung möglich. Wenn wir auf solche Weise nach einem Selbst suchen und nicht imstande sind, irgend etwas zu finden, sind wir in einer sonderbaren Lage. Eine solche Untersuchung wird uns jedoch beweisen, daß unsere frühere Auffassung von einem starken, wirklich existenten Selbst nur eine falsche Auffassung auf der Grundlage von Unwissenheit ist. Obwohl wir durch solche vorbereitenden Untersuchungen nicht zu einem Verständnis unserer wirklichen Art des Bestehens gelangen werden, helfen solche Meditationen dennoch, diese vorgefaßte Vorstellung eines fest existierenden Selbst zu überwinden. So genügt es nicht, ein rein intellektuelles Verständnis der Leerheit durch Bücher zu gewinnen. Vielmehr müssen wir selbst diese Methode der Untersuchung anwenden und in uns selbst suchen, um eine direkte Wahrnehmung der Leerheit zu erlangen.

Es sind zum Beispiel viele Leute aus Europa und Amerika in Dharamsala zu mir gekommen und haben geradeheraus gesagt: „Ich verstehe die Leerheit." Dann frage ich sie: „Wie heißen Sie?" Sie sagen, sie heißen soundso, und ich sage: „Wie sind Sie nach Indien gekommen?" „Oh, ich bin mit dem Bus oder dem Flugzeug gekommen." Dann frage ich sie: „Wenn Sie also mit dem Flugzeug gekommen und hier in Dharamsala angelangt sind, wer ist die Person, die Sie ihr Selbst nennen?" Und sie sind nicht fähig zu antworten und schweigen. Diese Art intellektuellen Verständnisses von Leerheit ist also durchaus nicht das, was gemeint ist, wenn wir vom Erkennen der Leerheit sprechen. Durchsuchen wir tatsächlich unseren Körper und unseren Geist nach dem Selbst, dann finden wir es nicht, und gleichzeitig finden wir doch keine andere Erklärung dafür, wie das Selbst existiert, und so fühlen wir uns auf unbekanntem Gebiet verloren. Wir empfinden eine Art von Leersein, und unsere gewöhnliche, sehr grobe Auffassung eines Selbst auf der Grundlage von Unwissenheit löst sich vorübergehend auf. Dies ist nur der Anfang, es hat aber trotzdem eine tiefe Wirkung auf unsere Auffassung des Selbst, weil es uns hilft, die Oberflächlichkeit unseres gewöhnlichen starken Greifens nach einem Selbst zu sehen. Es wird auch helfen, starke Anhaftung und Haß gegenüber anderen zu bezwingen. Eine Person, die voller Sorgen, niedergedrückt und gebeugt von Leid ist, gründet dieses ganze Elend auf die feste Ansicht, „ich leide, ich habe diese Schwierigkeit", und so weiter. Wenn so jemand nachforscht und das Selbst, das leidet, zu finden versucht, und nichts bleibt als dessen Verneinung, wird ihm dies helfen zu sehen, daß es keinen Sinn hat, sich mit sorgenvollen und niedergedrückten Stimmungen zu identifizieren. Das Abschwächen dieser festen Auffassung eines Selbst sollte so helfen, Sorgen, Leid, Haß und Anhaftung zu überwinden. Aber wir müssen dennoch vorsichtig sein, wenn wir diese Verneinung erleben, damit wir nicht anfangen zu denken, wir existierten gar nicht. Eine solche Ansicht ist ein großer Irrtum. Wenn Sie fragen: „Was ist diese Verneinung, die wir erfahren?", lautet die Antwort: „Es ist die Verneinung einer sehr groben Auffassung des Selbst, die eine Projektion unserer groben Verblendung der Unwissenheit ist." Aber da man fähig ist, diese Verneinung zu erkennen, beweist dies, daß das Selbst auf eine konventionelle Art existiert. Vergessen Sie bitte nicht, daß dies eine sehr grobe und keine genaue Erklärung der Natur der Leerheit ist.

Der Hinayana-Arhat

Ein Meditierender, der auf dem Hinayana-Weg des Sehens ist und ständig über Leerheit meditiert, erreicht den *Weg des Gewöhnens.* Der Hinayana-Weg des Gewöhnens hat neun Unterteilungen. Zuerst wird er in klein, mittel und groß unterteilt. Diese werden dann jeweils in drei weitere unterteilt, wie Anfänglich-Groß, Fortgeschritten-Groß, Vollendet-Groß. So gibt es neun Stufen oder Unterteilungen. Indem der Meditierende durch diese Stufen fortschreitet, beseitigt er die gröberen Arten der Verblendungen. Das ist wieder wie das Auswaschen von Flecken aus einem schmutzigen Tuch. Sie werden nicht alle gleichzeitig beseitigt, sondern müssen durch Einweichen und stufenweises Auswaschen entfernt werden. Wenn wir uns von dem wirklichen Schmutz, unseren inneren geistigen Verblendungen, mit dem Wasser der Meditation über Leerheit reinigen, wird auf die gleiche Weise auch unser Geist stufenweise gereinigt. In dem Augenblick, in dem die neun Stufen verwirklicht und die entsprechenden neun Ebenen der Hindernisse zur Befreiung vollständig beseitigt worden sind, wird der Meditierende ein Hinayana-Arhat und erreicht den *Weg des Nicht-mehr-Lernens.* Diese große Beseitigung und die damit verbundenen Kräfte von Frieden und Glück sind unvergleichlich größer als diejenigen, die die erfolgreiche Samatha-Meditation begleiten, weil hier die Verblendungen nicht nur unterdrückt sind; sie sind vollständig beseitigt. Im Tibetischen wird das Sanskritwort *Arhat* als *Dra Tschompa* übersetzt. Dra Tschompa bedeutet Feind-Zerstörer. Der *Feind* bezieht sich hier auf die Verblendungen, die an diesem Punkt vollkommen zerstört sind. Der Arhat hat einen Zustand großen Friedens erreicht, was durch den Mond symbolisiert wird, der eine kühlende Wirkung auf den Geist hat, wenn er am klaren Nachthimmel scheint. Im Geist des Arhat sind jetzt die brennenden Verblendungen vollständig beseitigt, sein Geist ist kühl und ruhig geworden, er ist frei von bedingtem Dasein und hat Befreiung erlangt, den Zustand des Nirvana.

Da das Wort Nirvana populär geworden ist, haben wir vielleicht falsche Vorstellungen darüber. Das bißchen Frieden und Glück zum Beispiel, das das Erlangen von Samatha kennzeichnet, kann mit dem Nirvana nicht verglichen werden. Der Arhat beginnt seine Verblendungen abzulegen, wenn er in den Weg des Sehens eintritt. Während er durch die verschiedenen Stufen der Beseitigung hindurchgeht, beseitigt er stufenweise die neun Ebenen der Hindernisse zur Befreiung. Sobald er die neunte dieser Ebenen hinter sich gelassen und beseitigt hat, erlangt er die letztliche Beseitigung oder Befreiung. Erst dann kann gesagt werden, daß er Nirvana erreicht hat.

Wenn der Anwender Nirvana erlangt, erfährt er nicht nur großes körperliches und geistiges Glück, auch seine Kräfte werden unermeßlich. Dadurch wird er in außerordentlicher Weise fähig, anderen zu helfen. Er kann zum Beispiel in hundert unterschiedlichen Formen erscheinen und gleichzeitig an vielen Orten Unterweisungen geben. Seine Unterweisungen sind nicht auf die Fähigkeit der Rede beschränkt; er kann auch durch die Handlungen seines Körpers und durch seine geistigen Kräfte andere lehren. Er ist fähig, Hunderte von Jahren ununterbrochen in tiefer, meditativer Versenkung zu verweilen. Wenn wir die Bedeutung von Bezeichnungen wie *Schravaka* und *Pratyeka-Buddha* nicht klar verstehen und denken, daß sie sich auf bloße Anwender des Hinayana beziehen, die nicht fähig sind, anderen zu nützen, machen wir einen großen Fehler. Ihre Fähigkeit, anderen zu nützen, ist völlig jenseits unserer Vorstellung. Wenn ein Wesen die Arhatschaft erlangt, wird es eine wirkliche Zuflucht für andere. Denn ein solches Wesen ist durch alle Stufen hindurchgegangen und hat alle Hindernisse zur Befreiung beseitigt. Obwohl der Arhat diese hohe Stufe erlangt hat und jetzt frei ist von allen Ursachen, die eine Wiedergeburt innerhalb bedingten Daseins zur Folge hätten, hat er den letztlichen Zustand der Buddhaschaft doch noch nicht erreicht. Buddhaschaft kann nur erlangt werden, indem man in den Weg des Bodhisattva eintritt und ihm bis zum Gipfel folgt. In den Weg des Bodhisattva kann man von vielen Stufen aus eintreten. Eine Person kann ihre Anwendung auf dem Bodhisattva-Weg beginnen, oder sie kann den Zustand des Hinayana-Arhat erlangen und dann mit den Anwendungen eines Bodhisattva beginnen. Solche Anwendungen sind es, als deren Resultat ein Wesen schließlich Buddhaschaft erreichen wird.

Wenn ein Wesen die Hinayana-Arhatschaft erlangt hat und dann zu bestimmen sucht, ob es nun das letztliche Ziel erreicht hat oder nicht, wird es feststellen, daß der Zustand seiner Entwicklung noch begrenzt ist. Dann beschließt es, seine Anwendung fortzusetzen, bis es die volle Erleuchtung eines Buddha erlangt. In anderen Fällen bleiben Arhats in tiefe Meditation über die Leerheit versenkt, bis sie von den Buddhas aus ihrer Versenkung geweckt werden. Es werden ihnen dann die folgenden Stufen gezeigt, durch die sie hindurchgehen müssen, um volle Buddhaschaft zu erlangen.

Der Mahayana-Weg

Ich möchte nun über den Mahayana- oder Bodhisattva-Weg sprechen. Dieser Weg beginnt ebenfalls mit der Entwicklung von Entsagung gegenüber bedingtem Dasein. Genauso wie der Hinayana-Anwender darüber meditiert, wie er hilflos durch bedingtes Dasein kreist, und einen festen Entschluß faßt, sich zu befreien, gelangt auch der Mahayana-Anwender durch die gleichen Überlegungen zu demselben Ergebnis. Auch er erkennt die Natur bedingten Daseins, sieht, wie man darin getrieben durch die Kraft von Karma und Verblendungen, zwangsläufig ohne Ende leidet, und versteht die Notwendigkeit, eine wirkliche Entschlossenheit zu entwickeln, sich aus solchem Zwang zu befreien. Hat er seine eigene mißliche Lage erkannt, dann wendet er diese Erkenntnis auf alle Wesen an. So wie er selbst durch bedingtes Dasein kreist, erfahren auch alle anderen Wesen dasselbe Elend: *das Leid der Schmerzen, das Leid der Veränderung und das umfassende Leid.* Wenn der Meditierende gesehen hat, daß alle Wesen in der gleichen Lage sind, entwickelt er Entsagung und den Wunsch, sich aus bedingtem Dasein zu befreien, nicht nur um seiner selbst willen, sondern zum Wohl aller Wesen.

Ich habe schon darauf verwiesen, als ich das Beispiel von jemandem gab, der nur an sein eigenes Wohl denkt, und von jemandem, der sich um das Wohl vieler Menschen kümmert. Der eine veranschaulicht den Anwender des Hinayana-Weges, der andere ist das Beispiel eines Mahayana-Anwenders. Selbst aus weltlicher Sicht fällt es uns leicht, zu unterscheiden zwischen jemandem, der hauptsächlich mit sich selbst beschäftigt ist, und jemandem, der sich um das Wohl anderer kümmert. Diesen betrachten wir als weitherzigere und großzügigere Person. Der Anwender des Mahayana-Weges, der Bodhisattva, ist derjenige, der bereit ist, auf sein eigenes Wohlergehen und Glück zum Wohle anderer vollständig zu verzichten. Er widmet sich dem Erreichen eines Zustandes, in dem er fähig sein wird, das Leid aller Wesen zu entwurzeln. Wir alle wissen die noblen, großzügigen und heilsamen Eigenschaften eines solchen Geistes zu schätzen.

Gleichmut

Wer den Weg des Bodhisattva gehen will, beginnt zuerst, Gleichmut zu entwickeln. Er erkennt, daß sein Leid nicht aus einer Quelle außerhalb seiner selbst stammt, sondern die Folge seiner eigenen Verblendungen ist; daß es in Wirklichkeit das Resultat der eigenen falschen geistigen Einstellung ist. Diese falsche Sichtweise, die das Produkt von Unwissenheit ist, sieht das Selbst als unabhängig und selbständig. Aus dieser Unwissenheit entsteht die ichbezogene Einstellung, in der eine starke Anhaftung an das Selbst vorhanden ist. Und diese starke Anhaftung läßt unzählige Wünsche entstehen – „*ich* brauche dies, *ich* wünsche das, *ich* möchte glücklich sein, *ich* will nicht leiden", und so weiter. Um diese Wünsche zu erfüllen, geben wir uns dann unheilsamem körperlichem, sprachlichem und geistigem Verhalten hin, und säen damit die karmischen Samen für zukünftiges Leid. Wenn wir zum Beispiel zu unserem eigenen Nutzen töten, lügen, betrügen oder stehlen, häufen wir unheilsames körperliches, sprachliches und geistiges Karma an, das in der Form von Leid und Elend zur Reifung kommt. So wie diese Auffassung starker Anhaftung an das eigene Selbst, entsteht eine ähnliche Auffassung gegenüber der eigenen Familie, den Freunden, Verwandten oder anderen Leuten, von denen man glaubt, sie nützen dem eigenen Selbst. Und als Folge der Anhaftung an diese größere Gruppe von Wesen führen wir dann weitere unheilsame Handlungen aus, die noch mehr Probleme und Sorgen für uns selbst und andere schaffen. Natürlich ist es möglich, unserer Familie, unseren Freunden und Verwandten aus reinen und positiven Gründen des Erbarmens und der Sorge zu helfen. Aber im allgemeinen ist unser Verhalten denen gegenüber, die uns am liebsten sind, selbstsüchtig und negativ motiviert. Aufgrund unserer starken Anhaftung an sie finden wir es gerechtfertigt, gewisse Handlungen auszuführen. Die gleiche Einstellung kann auf die eigene Gemeinschaft ausgedehnt werden, auf die Gegend oder sogar auf das eigene Land, immer mit ähnlichen Resultaten.

Einer zweiten Gruppe von Wesen gegenüber empfinden wir starke Abneigung oder Haß. Dieses Gefühl ist wieder die Folge von Eigenliebe und dann von Vergelten auf feindselige Weise, wann immer dieses Bild des Selbst von anderen bedroht oder herabgesetzt wird. Wir betrachten solche Leute als unausstehlich und versuchen sie von uns fernzuhalten. Als Folge dieser Einstellung sammeln wir wieder unheilsame geistige Eindrücke an, die aus unseren negativen Gedanken über solche Leute entstehen. Außerdem häufen wir, wenn wir sie beschimpfen, unheilsames Karma durch die Rede an, und wenn wir ihnen körperlich schaden, häufen wir unheilsames Karma durch den Körper an. Diese Handlungen prägen auf unserem Bewußtseinsstrom sofort ihre Eindrücke, die dann die Ursache unseres zukünftigen Elends werden. Viele Arten von Problemen können aus dieser Einstellung entstehen, angefangen vom Kampf zwischen zwei Tieren bis hin zu einem Weltkrieg. Darauf näher einzugehen ist nicht nötig, denn wenn Sie beobachten, was rund um uns geschieht, können Sie leicht erkennen, daß diese Einstellungen unseren Geist sehr beherrschen.

Einer dritten Gruppe von Wesen gegenüber haben wir eine völlig gleichgültige Einstellung. Wir machen uns über sie gar keine Gedanken – ob sie unglücklich sind oder leiden, berührt uns nicht im geringsten. Infolge dieser Gleichgültigkeit anderen gegenüber können wir unzählige unheilsame Handlungen ansammeln, indem wir zum Beispiel Tiere töten, weil wir denken, sie seien einfach empfindungslose Wesen und es schade nicht. Jäger haben gewöhnlich keine starke Anhaftung oder Abneigung gegenüber ihrer Beute; zu ihrem eigenen Vergnügen zerstören sie rücksichtslos das Leben anderer. Aber wenn man tief darüber nachdenkt und überlegt, wie fest man an seinem eigenen Leben hängt, weil man es als sehr kostbar betrachtet, sollte man verstehen, daß auf genau dieselbe Weise jedes Wesen, jedes Tier oder jeder Mensch genau dieselbe Art von Anhaftung, genau die gleiche Ansicht über sein eigenes Leben teilt. Es ist offensichtlich, daß wir infolge dieser dritten falschen geistigen Einstellung zahlreiche unheilsame körperliche, sprachliche und geistige Handlungen ausführen. Da diese drei Einstellungen alle falsch und unheilsam sind, sind es ihre Resultate ebenso – sie alle werden uns nichts als Unglück bringen. Obwohl wir kein Leid erfahren möchten, wird es unvermeidlich als Resultat dieser Art von Handlung folgen. Deshalb sollte unsere erste und wichtigste Aufgabe sein, diese falschen Einstellungen zu beseitigen. Wenn wir sie beseitigen, werden wir gleichzeitig ihre Fähigkeit, Leid für uns zu erzeugen, automatisch beseitigen.

Der Mahayana-Anwender erkennt, wie falsche Einstellungen Leid erzeugen und daß daher in ihm selbst und in anderen diese Einstellungen geändert werden müssen, um das Leid zu beenden. Aber um die Fähigkeit zu entwickeln, anderen zu helfen, muß er zuerst seine eigene geistige Auffassung ändern. Es ist ähnlich wie bei einer Person, die den Wunsch hat, für das Wohl anderer zu arbeiten, die aber zuerst die Eignung erlangen und daher eine Schule oder Universität besuchen muß, um die Ausbildung zu erhalten, die sie befähigt, es zu tun. Einfach den Wunsch zu haben, anderen zu helfen, ist nicht genug; man muß dazu auch fähig sein. Der Anwender beginnt diese Umwandlung, indem er die Gründe dafür sucht, warum er eine bestimmte Einstellung anderen Wesen gegenüber hat – warum er Anhaftung gegenüber einer Gruppe empfindet und Abneigung gegenüber einer anderen, was die Ursache dieser falschen Einstellung ist. Er wird schließlich sehen, daß seine Anhaftung an die erste Gruppe aus dem Gefühl heraus entsteht, daß diese Gruppe von Wesen ihm persönlich irgendwie geholfen oder genützt hat.

Wenn Sie diese Art analytischer Meditation anwenden, werden Sie beginnen, ähnliche Gründe für Ihre Anhaftung an eine bestimmte Gruppe von Wesen zu finden. Dann müssen Sie überlegen, ob es einen guten Grund für eine so starke Anhaftung gibt. Schließlich werden Sie sehen, daß eine solche Auffassung engherzig ist und auf einem sehr beschränkten Gesichtskreis beruht. Solche Überlegungen werden besonders erfolgreich sein, wenn sie im Zusammenhang mit der Wiedergeburt ausgeführt werden, denn nicht nur in diesem Leben haben wir mit diesen Wesen eine Beziehung gehabt, wir haben auch enge Beziehungen zu dieser Gruppe von Wesen in zahllosen früheren Leben gehabt. Obwohl Menschen, die wir mögen, in diesem Leben vielleicht freundlich erscheinen, ist es sehr gut möglich, daß wir in früheren Leben sehr unangenehme Beziehungen zu ihnen hatten; daß unser bester Freund in diesem Leben vielleicht unser schlimmster Feind in früheren Leben war. Vielleicht sorgen Sie sich, daß so zu denken Ihre Liebe zu jemandem verringern wird. Aber in Wirklichkeit wird es eher Reine Liebe zu den anderen fördern, als die Zuneigung zu ihnen zu mindern. Die Korrektur der eigenen Einstellung wird helfen, die starke, irregeleitete Anhaftung, die als Resultat der Unwissenheit entsteht, zu überwinden. In Anbetracht der Tatsache, daß solche Menschen nicht immer unsere Freunde waren, sondern uns zeitweise viel Leid verursachten, werden wir unvermeidlich die Anhaftung verringern, die wir ihnen gegenüber empfinden.

Wir sollten dann über die zweite Gruppe von Menschen nachdenken, denen gegenüber wir starke Abneigung, Verachtung oder Widerwillen empfinden – Menschen, deren Tod uns sogar freuen würde. Wir müssen die Gründe dieser besonders starken Abneigung herausfinden. Wenn wir untersuchen, werden wir entdecken, daß wir Abneigung gegen diese Menschen entwickelt haben, weil sie uns selbst, unseren Freunden oder unseren Verwandten geschadet haben. Wir werden keinen anderen Grund für unsere Abneigung finden. Bei weiterem Nachdenken werden wir schließlich erkennen, daß es ein großer Fehler ist, eine

Gruppe von Menschen aus einem so engstirnigen Grund nicht zu mögen, der den langen Zeitraum nicht berücksichtigt, in dem wir zu ihnen Beziehungen hatten. In früheren Leben sind sie unsere engsten Freunde gewesen, unsere Berater, denen wir am meisten vertrauten, und jetzt Feindschaft und Abneigung für sie zu empfinden ist unsinnig. Unser Leben ist so kurz, und solche völlig falsche Einstellungen auf der Grundlage eines so beschränkten Standpunkts zu entwickeln ist eine äußerst kleinmütige Haltung. Zu manchen Zeiten haben wir uns auf genau diese Menschen stützen müssen, die wir jetzt als unsere Feinde betrachten. In Wirklichkeit sind wir ihnen großen Dank schuldig. Die positiven Beziehungen, die wir zu ihnen in der Vergangenheit hatten, nicht zu beachten und alle unsere Gedanken über sie auf den unbedeutenden Schaden oder die Probleme zu gründen, die sie uns in diesem Leben verursacht haben, ist nicht logisch. Stellen Sie sich zum Beispiel vor, daß wir einen engen Freund haben, der viele Jahre lang gut zu uns war, der uns aber eines Tages grob beleidigt. Ihm zu vergelten, indem wir ihm schaden oder ihn töten, ohne seine frühere Güte zu berücksichtigen, wäre ein großer Fehler.

Indem wir so überlegen und viele Schlußfolgerungen ausführen, werden wir schließlich erkennen, daß unsere Abneigung gegen eine besondere Gruppe von Menschen falsch ist. Und wenn wir das erkannt haben, werden wir fähig sein, diese falsche Einstellung zu überwinden und eher ein Gefühl des Gleichmuts gegenüber solchen Menschen zu entwickeln. Sowohl jemand, der uns lieb, als auch jemand, der uns verhaßt ist, war in der Vergangenheit gleich freundlich und gleich schädlich für uns. Aber im Hinblick auf die Hilfe, die sie uns haben zukommen lassen, sind wir ihnen großen Dank schuldig. Es ist wie jemand, der uns heute ein Geschenk gibt und morgen unfreundlich zu uns ist, und jemand anderer, der heute unfreundlich zu uns ist und uns morgen ein Geschenk gibt. Gegenüber beiden müssen wir dasselbe empfinden, weil sich ihre Handlungen aufheben. Wir sollten keinen Unterschied zwischen ihnen machen. Die Vergangenheit nicht zu berücksichtigen kann zum Entstehen einer sehr engstirnigen Einstellung führen. Durch solche Überlegungen und das Entwikkeln von Gleichmut gegenüber solchen Menschen werden wir auch ruhiger und glücklicher werden. Es wird ähnlich sein wie das Ausbessern einer holprigen Straße. Sie wird nicht mehr holprig oder mühsam sein, sondern eben, es wird angenehm sein darauf zu reisen. So ist das Betrachten unserer täglichen Erfahrungen vom Standpunkt des Dharma aus immer richtig, ehrlich, logisch und vernünftig, während die Beurteilung unserer Umstände von einem weltlichen Standpunkt aus sehr engstirnig und manchmal zwar richtig, oft aber auch ganz falsch sein kann. Wenn diese falschen Einstellungen verändert werden, wird unser Geist beginnen, sich in einen feinen und heilsamen Geist umzuwandeln, und unsere Handlungen des Körpers und der Rede werden auch umgewandelt werden. Und weil wir alle heilsame Menschen werden möchten, müssen wir diese Methoden anwenden.

Als nächstes müssen wir die dritte unrichtige Einstellung betrachten, diejenige, die wir den meisten Menschen gegenüber haben. Wir kümmern uns nicht um ihr Wohlergehen und sind ihrem Leid gegenüber gleichgültig. Sie bedeuten uns nicht mehr als Kieselsteine auf der Straße, und wir ignorieren sie vollständig. Denken wir einmal über die Ursache dieser falschen Einstellung nach, dann entdekken wir, daß solche Menschen uns nichts bedeuten, weil sie uns weder geholfen noch geschadet haben. Wenn wir das als Grund erkannt haben, sollten wir überlegen, daß wir, auch wenn wir in diesem kurzen Leben vielleicht keinen Kontakt mit diesen Menschen gehabt haben, in zahllosen früheren Leben viele bedeutungsvolle Beziehungen zu ihnen hatten und zu manchen Zeiten unser Wohlergehen vollständig von ihnen abhing. Wenn wir diese Güte, die sie uns in der Vergangenheit erwiesen haben, nicht beachten und nur diese kurze Existenz als Grundlage für unsere Einstellungen betrachten, machen wir einen großen Fehler. Sogar in diesem Leben könnte eine geringfügige Veränderung der Umstände leicht dazu führen, daß diese Menschen unsere engsten Freunde werden. Das ist offensichtlich, wenn wir einfach den Zustand der Welt um uns herum beobachten. Zwei Menschen, die sich gestern noch nicht kannten, können heute die besten Freunde werden.

Wir sollten nicht nur die Vergangenheit in Betracht ziehen, sondern auch erkennen, daß wir in der Zukunft, bis wir den Zustand der Erleuchtung erlangen, in unzähligen Beziehungen mit diesen drei Gruppen von Personen verbunden sein werden. Oft werden wir ganz von ihrer Hilfe und Güte abhängig sein. Selbst in diesem Leben ist es leicht möglich, daß wir vielen Menschen begegnen, die uns jetzt gleichgültig sind, die später jedoch gute und vertraute Freunde werden. So sollten wir solche Menschen jetzt nicht einfach nicht beachten, sondern Gefühle der Wertschätzung für jedermann entwickeln – Gefühle von Liebe und Sorge für alle drei Gruppen von Menschen. An diesem Punkt könnte jemand fragen: „Natürlich kann ich mich mit Menschen anfreunden, die mir jetzt gleichgültig sind, und Beziehungen zu ihnen könnten sich in der Zukunft entwickeln, aber wie ist es mit Tieren? Was ist mit Kühen und Hunden?" Da müssen wir uns daran erinnern, daß diese Wesen, obwohl sie jetzt Tiere sind, es nicht immer sein werden, ebenso wie wir nicht ausnahmslos menschliche Wesen sein werden. In der Zukunft werden wir genauso bedeutungsvolle Beziehungen zu Wesen haben, die jetzt vielleicht Tiere sind. Deshalb sollten wir sie jetzt nicht vernachlässigen. Wenn wir so überlegen, beginnen wir zu erkennen, daß es nur eine Vorstellung von Zeit ist, auf die wir diese falschen Einstellungen gründen und die unsere Beziehungen mehr oder weniger wichtig erscheinen läßt. Tatsächlich hat jedes dieser Wesen uns in gleicher Weise geholfen und geschadet. Indem wir Gleichmut in unserem Geist entwickeln und uns eine solche Einstellung gegenüber allen Wesen zu eigen machen, werden die Extreme von Anhaftung, Haß und Gleichgültigkeit eingeebnet. Dies ist also eine Methode, die wir anwenden können, um unsere falschen Einstellungen umzuwandeln.

Gleichmut auf der Grundlage von Leerheit

Ich werde jetzt eine Methode erklären, die uns erlaubt, allen Wesen gegenüber ausgeglichene Auffassungen zu entwickeln. Sie beruht auf einem Verständnis der Leerheit. Wenn wir Haß für jemanden empfinden, den wir als Feind betrachten, erfassen wir die Existenz dieser Person so, als ob sie aus sich selbst in einer sehr wahren und lebhaften Weise existierte. Aber wenn man genau untersucht, wird man schließlich erkennen, daß die Existenz dieses Feindes in Wirklichkeit nur eine geistige Projektion ist. Auf die Grundlage der Aggregate des anderen projiziert der eigene Geist die Existenz eines wahren Feindes. Aber wenn wir nach der tatsächlichen Art des Existierens der betreffenden Person forschen und die einzelnen Bestandteile ihres Körpers untersuchen, stellen wir fest, daß wir nicht imstande sind, irgend etwas zu finden, was wir eine tatsächlich existierende Grundlage für die Bezeichnung *Feind* nennen können. Weder in den Gefühlen noch im Geist der Person ist irgend etwas innewohnend vorhanden, das unserer Untersuchung standhält und sich als die wirkliche Grundlage für die Benennung Feind entpuppt.

Wenn wir diese Art von Verständnis entwickeln, wird es die zuvor feste Auffassung, die einen wahr existierenden Feind wahrnimmt, abschwächen. Denn wenn weder der Körper der Person noch ihre Rede noch ihr Geist noch irgend etwas außerhalb davon der Feind ist, entdecken wir, daß die Existenz des Objektes unserer Abneigung nicht mehr so konkret vorhanden zu sein scheint.

Wir können diese Art der Überlegung auch auf ein Objekt starker Anhaftung anwenden, zum Beispiel auf jemanden, mit dem wir uns eng verbunden fühlen. Wenn wir nicht untersuchen, scheint es uns, als existiere die Person unabhängig von ihrer eigenen Seite. Aber tatsächlich stützt sich eine solche Vorstellung nur auf die Erscheinung des Körpers, der Rede und anderer augenfälliger Merkmale der Person. Auf Grund bestimmter Ursachen und Umstände werden wir dazu verleitet, die Vorstellung eines Freundes zu projizieren, der unabhängig von der eigenen Seite zu existieren scheint. Aber außer diesen Ursachen und Umständen, diesen zusammensetzenden Faktoren, die diesen konventionell existierenden Freund bilden, gibt es tatsächlich keinen wahr existierenden Freund. Indem wir dieselbe Überlegung wie zuvor benützen, um herauszufinden, ob unser Freund als Körper, als Rede, als Geist oder als sonst etwas wahr existiert oder nicht, stellen wir fest, daß das nicht der Fall ist. Wenn wir dieses Nichtvorhandensein eines wahr existierender Freundes entdecken, wird unsere starke Anhaftung beginnen, sich aufzulösen. Durchsuchen wir den Körper unseres Freundes von Kopf bis Fuß, dann werden wir nichts finden, von dem wir sagen könnten, das ist mein Freund. Ähnlich finden wir keinen Teil seines Geistes, den wir unseren Freund nennen könnten. Wenn wir eine solche Analyse ausführen können, wird die feste Ansicht, die wir in der Vergangenheit vertreten haben, anfangen nachzulassen, und als Folge davon wird unsere Anhaftung auch beginnen, schwächer zu werden. Wir können die gleiche Art von Überlegung auf die dritte Gruppe von Wesen anwenden, die uns gleichgültig sind. Wieder gibt es keine wahr existierenden Personen, denen gegenüber wir so gleichgültig sind.

Wir müssen unsere starke Anhaftung, unseren Haß oder unsere Gleichgültigkeit gegenüber diesen drei Arten von Wesen durch die Anwendung einer oder aller dieser Methoden folgerichtigen Nachdenkens überwinden. Es wird uns das Verständnis ermöglichen, daß unsere falschen Ansichten über diese drei Arten von Menschen unbegründet sind. Darüber nur ein- oder zweimal zu meditieren genügt nicht. Durch ständiges Wiederholen dieser Überlegungen müssen wir den Geist an ein solches Verständnis gewöhnen, um dadurch die falschen Auffassungen aus unserem Geist zu verbannen. Schließlich werden wir fähig sein, sie zu überwinden und vollständig zu beseitigen. Das Entwikkeln von Gleichmut gegenüber allen ist ähnlich wie die Vorbereitung des Fundaments für ein Haus. Es ist die Grundlage für jeden weiteren Schritt in der Anwendung des Mahayana. Obwohl wir vielleicht sagen, wir hätten Erbarmen für alle, wird es ohne Gleichmut kein reines Erbarmen sein. Unsere Liebe, unsere Sorge und unser Erbarmen für andere müssen sich auf alle Wesen gleicherweise ausdehnen, und das ist nur möglich, wenn Gleichmut entwikkelt ist. Das Entwickeln einer ausgeglichenen Geisteseinstellung wird ganz natürlich zu größerem geistigem Frieden führen, indem wir uns von den Extremen des Hasses oder der Anhaftung befreien. Ein solcher ausgeglichener Geist ist nötig als Grundlage für die weitere Entwicklung.

Es gibt verschiedene Arten von Gleichmut. Eine Art von Gleichmut ist eine Gleichgültigkeit sowohl gegenüber angenehmen als auch unangenehmen Empfindungen, eine andere Art ist Freiheit von Anhaftung und Haß. Die vorangehende Erklärung bezieht sich auf die zweite Art. Wir müssen diese Unterscheidung beachten, damit wir nicht einfache Gleichgültigkeit gegenüber Empfindungen mit diesem umfassenden Gleichmut verwechseln, der nicht mehr unter dem Einfluß von Anhaftung und Haß steht.

Anderen nützen

Obwohl das Entwickeln von Gleichmut den erregten Geist beruhigt und einen friedlichen und harmonischen Zustand hervorruft, müssen wir nun zur nächsten Stufe der Anwendung weitergehen und erkennen, daß ein solcher Geisteszustand trotz seiner angenehmen Eigenschaften in Wirklichkeit nicht fähig ist, anderen viel zu helfen. Indem wir das erkennen, sollten wir den Entschluß fassen, einen Geisteszustand zu erzeugen, der anderen direkt nützt. Eine solche geistige Einstellung ist viel tiefer und stärker als eine Einstellung des Gleichmuts. Die bestmögliche Hilfe, die man anderen geben kann, besteht darin, sie zu unterstützen, damit sie ihr Leid zu Ende bringen und das Glück finden, das sie suchen. Wir müssen eine Einstellung entwikkeln, die die Verantwortung übernimmt, diese Aufgabe zu vollbringen. Wir müssen die Verantwortung auf uns nehmen, das Leid der anderen zu beenden und ihren Wunsch nach Glück zu erfüllen. Das ist nicht nur ein schöner Traum, sondern es beruht auf einer folgerichtigen Überlegung. Genauso wie wir selbst nicht leiden möchten, will auch sonst kein Wesen Leid erfahren. Daher ist jeder Grund, den wir haben, unser eigenes Unglücklichsein zu beenden, in gleicher Weise auch für andere gültig. Wenn wir zum Beispiel unter großem Hunger oder Durst leiden und uns jemand hilft, sind wir sehr dankbar. Genauso wie wir solche Güte schätzen, tun es auch alle anderen Wesen, wenn wir ihnen zu bleibendem Glück verhelfen. Wenn Sie und ein Freund am Verhungern wären und Sie etwas zu essen fänden, würden Sie es selbstverständlich mit ihm teilen, weil Sie beide hungrig sind. So zu handeln ist aus weltlicher Sicht anständig, und natürlich richtig aus der Sicht des Dharma.

Wir können auch andere Gründe auf diese Situation anwenden. Ich habe schon darüber gesprochen, wie wir den drei Arten von Leid unterworfen sind: dem Leid der Schmerzen, dem Leid der Veränderung und dem umfassenden Leid. Obwohl wir Leid nicht wünschen, erzeugen wir ständig die Ursachen dafür, so daß unsere Wünsche und unsere Handlungen einander widersprechen. Das gilt auch für andere Lebewesen. Sie unterliegen ebenso den drei Arten von Leid, und wie wir erzeugen sie ständig die Ursachen für zukünftiges Leid. So leuchtet es ein, daß wir so wie wir uns um die eigene Befreiung bemühen, uns auch bemühen sollten, alle anderen zu befreien. Das gleiche gilt für Glück. Wir sehnen uns nach Glück, aber es fehlt uns die Ursache für echtes und bleibendes Glück. So haben wir alle denselben Wunsch, und es fehlt uns allen dieselbe Ursache. Da es keinen wirklichen Unterschied zwischen uns gibt, sollten wir genauso besorgt um das Wohl anderer sein, wie wir es um unser eigenes sind.

Diese Anwendungen sind nicht leicht, weil sie eine vollständige Umwandlung unserer üblichen Einstellung des Selbstschätzens erfordern. Wenn wir mit dem Versuch beginnen, eine solche Veränderung unseres Geistes herbeizuführen, werden viele Zweifel entstehen. Diese Schwierigkeiten und Zweifel sind die Folge des tief in uns verwurzelten Selbstschätzens, das hartnäckig am Selbst als etwas außerordentlich Wichtigem hängt. Das Selbstschätzen verursacht einen zwingenden Wunsch nach Vergnügen und Glück und um diese Sehnsucht zu erfüllen, schrecken die Leute vor nichts zurück und verstricken sich in zahllose Handlungen. Und ebenso schrecken wir vor nichts zurück, um dieses Selbst vor jeglichem Schaden zu beschützen, um alles zu vermeiden, was uns Unbehagen verursacht – während es uns verhältnismäßig wenig berührt, wenn solche Unannehmlichkeiten im Leben anderer vorkommen. Diese tief verwurzelte Einstellung des Selbstschätzens ist die Ursache vieler Verblendungen und Probleme für uns selbst und für andere.

Hat man ein grundlegendes Verständnis des Dharma, dann kann man mit Hilfe dieser wenigen Begründungen beginnen, im eigenen Geist große Veränderungen hervorzurufen. Ist man jedoch mit Dharma-Unterweisungen nicht vertraut, dann mögen diese Auffassungen schwer zu begreifen sein. So kann zum Beispiel der Gedanke entstehen, daß es wirklich nicht nötig ist, sich um das Leid anderer zu kümmern, weil es uns nicht unmittelbar betrifft. Wenden wir diese Begründung an, dann folgt daraus auch, daß es keinen Grund für unsere Hand gibt, unserem Fuß zu Hilfe zu kommen, wenn wir ihn verletzen. Obwohl der Fuß verletzt worden ist und schmerzt, geht es der Hand gut. Warum also sollte sie irgend etwas tun? Aber selbst dieses Beispiel wirft vielleicht weitere Zweifel auf. Man könnte entgegnen, es sei nur natürlich für die Hand, dem Fuß seine Verletzung zu erleichtern, weil sie beide Teile desselben Organismus sind. Das Wohlbefinden des einen Körperteils beeinflußt direkt das des anderen, und daher ist es folgerichtig, daß die Hand dem Fuß helfen sollte. Dieselbe Überlegung kann auch auf andere Wesen angewendet werden. Obwohl es uns nicht direkt betrifft, wenn wir anderen helfen, ihr Leid zu beenden und ihr ersehntes Glück zu erlangen, ist es doch indirekt eine Ursache für unser Glück. Diese heilsame Handlung, anderen zu helfen, wird zweifellos eine Frucht reifen lassen, die nur derjenige, der die Ursache erzeugt hat, erfahren wird. Wir müssen diese Punkte untersuchen und analysieren, indem wir darüber meditieren. Und Meditation ist nicht etwas, das nur auszuführen ist, wenn wir mit gekreuzten Beinen sitzen. Wir können sie bei allen unseren Handlungen anwenden, ob wir sitzen, stehen oder liegen.

Eine andere Befürchtung ist vielleicht, daß wir zwar anderen nützen können, indem wir ihnen helfen, daß wir aber die Frucht lange Zeit nicht erfahren werden, während die Hand dem Fuß unverzüglich hilft. Und so seien die beiden Situationen ganz verschieden. Aber diesen Unterschied hinsichtlich der Zeit zu machen ist ein Irrtum. Sonst wäre es für einen jungen Arbeiter auch falsch, Geld für seinen Ruhestand zu sparen, weil zwischen Jugend und Alter eine lange Zeitspanne liegt. Wir können sehen, daß diese Befürchtung etwas widerspricht, das für uns alle selbstverständlich und wichtig ist. Ein weiterer Zweifel mag sein, daß es zwar Sinn hat, jetzt zu arbeiten, um für Wohlergehen im Alter zu sorgen, weil *wir* diejenigen sind, die älter werden, während andere ganz getrennt von uns sind. Wenn dieser Gedanke auftritt, denken Sie daran, wie wir oft hart arbeiten, um unserer Familie, unseren Verwandten und Freunden zu helfen, und dabei das Gefühl haben, daß das vollkommen normal ist, obwohl sie nicht *wir* sind. Würden wir aber unserem vorigen Argument folgen, wäre das ein Irrtum, weil sie verschieden von uns sind. Indem wir diese Art analytischer Überlegung anwenden, können wir viele Zweifel klären. Wenn Zweifel auftreten, müssen wir die Kraft logischer Überlegung benützen, um sie zu zerstreuen. Sind sie hartnäckig, sollten wir weitere Begründungen suchen, um die ursprüngliche zu untermauern. Das ist die richtige Art und Weise, analytische Meditation anzuwenden.

Ein weiterer Gedanke, der hinsichtlich unserer Beziehung zu anderen auftreten kann, ist, daß wir uns vielleicht verpflichtet fühlen, unserer Familie, unseren Verwandten und Freunden zu helfen, obwohl wir körperlich verschieden sind, weil menschliche Wesen, die durch Unwissenheit getäuscht sind, das Greifen nach einem innewohnenden „*Ich*" und „*Mein*" für richtig halten und deshalb denken, diese Leute seien *meine* Familie und *meine* Freunde, gleichsam wie ein Besitz dieses „Ichs". Aber diese verblendete, aus Unwissenheit entstandene Ansicht als Grundlage für eine weitere falsche Auffassung zu benutzen, ist offensichtlich ein Fehler. Es ist falsch, sich auf eine irrige Ansicht als geeignetes Argument zu verlassen.

Wenn wir von dem Vorteil, den wir Menschen Tieren gegenüber haben, richtigen Gebrauch machen, von unserer Fähigkeit zu denken und zu überlegen, werden wir ein Verständnis der Dinge entwickeln, das fest und richtig ist und nicht leicht durch die Meinungen anderer ins Schwanken gebracht werden kann. Selbst wenn uns jemand sagt, unsere Auffassung sei falsch, wird dies unsere Überzeugung nicht beeinträchtigen, weil sie auf fehlerfreien Begründungen beruht. Sind unsere Annahmen nicht auf folgerichtigen Überlegungen aufgebaut und begnügen wir uns mit blindem Glauben, dann wird jemand, der uns eine andere Auffassung überzeugend nahebringt, unsere Meinung leicht ändern. Unsere Auffassungen werden unstabil sein, wenn sie nicht gut begründet sind. Das trifft nicht nur auf Dharma zu, sondern auch auf weltliche Dinge des täglichen Lebens. Sind unsere Ansichten durch gültige Begründungen untermauert, dann werden sie, was auch geschieht, immer stabil bleiben.

Selbst wenn wir ein großes Potential an Weisheit besitzen, wird es unentwickelt bleiben, wenn wir nicht auf diese Weise untersuchen, analysieren und nachdenken. Benützen wir es nie, dann wird es sich nie entfalten. So ist es wichtig, unser Weisheitspotential zu gebrauchen und es zu entwickeln. Hier ist wesentlich, daß alle anderen Wesen genauso wie wir selbst ständig nach Möglichkeiten suchen, von ihrem Leid freizukommen. Da wir immer emsig nach persönlichem Glück suchen, müssen wir uns auch bemühen, anderen zu helfen, ebenfalls Glück zu erlangen. Jemand, der nur an sein eigenes Wohlergehen denkt und sich nicht um andere kümmert, ist ein trauriger Fall, sowohl aus der Sicht des Dharma als auch aus weltlicher Sicht. Wenn wir tief nachdenken, sehen wir, daß alle Qualitäten der Buddhas aus ihrem Schätzen der anderen entstehen. Nun stimmen Sie vielleicht zu, daß dies auf die Buddhas und die Bodhisattvas zutrifft, finden es jedoch für unser eigenes gegenwärtiges Glück belanglos. Aber selbst die Tatsache, daß wir diese kostbare menschliche Geburt erlangt haben, ist ein Resultat des Wertschätzens anderer. Mit dieser Einstellung haben wir ethisches Verhalten angewendet, und als Folge dieser heilsamen Handlung haben wir ein menschliches Leben erlangt. Nicht nur das ist das Ergebnis dieser Einstellung des Wertschätzens der anderen, sondern auch viele andere Eigenschaften wie zum Beispiel ein attraktiver Körper und Wohlstand, alles Dinge, die wir für nützlich und erstrebenswert halten. Wenn wir dies gründlich untersuchen, werden wir sehen, daß es wahr ist.

Man mag denken, der eigene Besitz sei das Resultat persönlicher Anstrengung. Aber da viele von Ihnen etwas über das Gesetz von Ursache und Wirkung wissen, haben Sie sicher verstanden, daß alle unsere Anstrengungen in diesem Leben nur *Umstände* für die Befriedigung unserer Bedürfnisse schaffen. Natürlich stimmt es, daß diese Anstrengungen nötig sind, aber sie sind nicht die *Hauptursachen* für den materiellen Wohlstand, an dem wir uns jetzt erfreuen. In einer Familie können zum Beispiel zwei Söhne sein, die sich bei der gleichen Arbeit in gleicher Weise anstrengen, und obwohl der eine höchst erfolgreich ist, schafft der andere einfach nichts. Sie können sagen, der eine habe Glück und der andere Pech, aber dieses sogenannte *Glück* hat eine Ursache. Wir können vielleicht sehen, daß der erfolglose Bruder auch in günstigen Umständen erfolglos bleibt, wenn die Ursachen für Erfolg fehlen, ganz gleich, wie sehr er sich auch bemüht.

Wenn Sie gründlich untersuchen, werden Sie feststellen, daß die Ursachen aller guten menschlichen Eigenschaften, angefangen von Ihren eigenen bis hin zu den vollkommenen Qualitäten eines Buddha, das Resultat des Schätzens anderer sind. Jemand, der diese Einstellung des Wertschätzens anderer beständig anwendet, wird als Sohn aller Buddhas und Bodhisattvas und als Vater und Beschützer aller Wesen betrachtet. Einen großen Anwender von Meditation, der seinen Geist in dieser Einstellung schult, haben alle gern – selbst Vögel und andere Tiere werden keine Angst haben, sich ihm zu nähern. Das ist ein Resultat seines *Erleuchtungsgeistes* (Skt. *Bodhitschitta*), seines Wunsches, zum Wohle aller Wesen Buddhaschaft zu erlangen. Aber allein die Tatsache, daß eine solche Geisteseinstellung von anderen geachtet wird, ist kein genügender Grund, sie zu entwickeln. Der entscheidende Grund ist vielmehr, daß diese Einstellung eine unermeßliche Anhäufung von heilsamem Karma entstehen läßt, daß dadurch alle schädlichen Handlungen unseres Geistes überwunden werden und wir unserem Ziel der Buddhaschaft immer näher kommen.

Im täglichen Leben können wir sehen, daß jemand, der sich der Hilfe für andere widmet, selbst nicht sehr viel zu leiden scheint und gewöhnlich glücklich und ruhig ist. Obwohl er manchmal körperlichen oder geistigen Schmerz erfahren mag, macht er sich keine Sorgen um sich selbst, weil er voll mit dem Wohlergehen anderer beschäftigt ist. Der Geist, in dem diese Einstellung herrscht, wird die kleinen Leiden des Lebens leicht überwinden. Dagegen ist jemand, der dauernd nur an sich und seine eigenen Wünsche denkt, schon beim geringsten widrigen Umstand beunruhigt und aus der Fassung gebracht. Er wird dafür sorgen, daß jeder weiß, wie schlecht es ihm geht. Neben seinem körperlichen Leid fügt er sich noch zusätzlich geistiges Leid zu. Wir können das deutlich sehen, wenn wir die Menschen rund um uns beobachten.

Wie ich erwähnt habe, gibt es zwei Arten von Meditation: konzentrative Meditation und analytische Meditation. Wenn wir in der Meditation verschiedene logische Überlegungen und die Kraft der Analyse und Untersuchung benützen, wenden wir analytische Meditation an. Wir sollten nicht denken, es genüge, in Meditationshaltung zu sitzen, um sich als Anwender von Meditation zu betrachten, oder daß man unbedingt meditiert, wenn man in dieser Haltung sitzt. Wenn Sie diese Überlegungen benützen und über die Punkte nachdenken, die ich hier erklärt habe, meditieren Sie, selbst wenn Sie im Bett liegen. Andererseits tun wir nichts, wenn wir Tag und Nacht in der richtigen Haltung, aber mit einem leeren Geist sitzen. Meditation ist eine Methode, den Geist zu benützen und ihn dadurch auch zu entwickeln. Sie ist besonders nützlich, um den Erleuchtungsgeist zu entwickeln, den Geist, der Erleuchtung anstrebt, um alle Wesen von den Leiden des bedingten Daseins zu befreien. Das war der Zweck meiner Erklärungen über die vielen Betrachtungsweisen, die Sie in der Meditation anwenden sollten.

Noch ein weiterer Grund, für das Wohl anderer tätig zu sein, ist, daß wir eine sehr enge Beziehung zu allen Wesen haben. Wir sind tatsächlich auf sehr positive Art mit ihnen verbunden und waren es bei vielen Gelegenheiten. Wenn wir zum Beispiel hören, daß jemand, der uns in der Vergangenheit sehr viel geholfen hat, Schwierigkeiten erfährt, erinnern wir uns an seine Güte und helfen ihm schnell. Das ist sehr gut. Wie ich schon beim Entwickeln von Gleichmut gegenüber allen Lebewesen erklärt habe, hatten die Menschen, die jetzt keine Beziehung zu uns zu haben scheinen, tatsächlich in zahlreichen früheren Leben sehr bedeutungsvolle Verbindungen mit uns, und wir haben viel von ihnen profitiert. Jemand, der nicht an Wiedergeburt glaubt, an frühere und spätere Leben, wird es schwierig finden, diese Auffassung zu akzeptieren. Aber durch Überlegen und Meditieren wird das Verständnis dafür wachsen. Wenn zum Beispiel jemand, der sehr krank oder schwach ist, zusammen mit zwei Begleitern eine lange Reise zu machen hat, wird er sich vollständig auf diese zwei Begleiter verlassen müssen. Wenn ihm Schwierigkeiten begegnen, sind die beiden Freunde seine einzige Hoffnung. Ganz gleich, wie die Umstände sein mögen, er muß sich auf sie stützen. Genauso sind alle Lebewesen wie unsere Begleiter auf der langen Reise durch das bedingte Dasein; wir sind vollständig auf sie angewiesen.

Man mag einwenden, daß sie uns zwar geholfen, aber auch geschadet haben und daß unsere Beziehung zu ihnen in dieser Hinsicht annähernd ausgeglichen ist. Aber damit haben wir wieder nicht recht. Der Schaden, den andere Wesen uns in der Vergangenheit zugefügt haben, kann niemals das unermeßliche Ausmaß an Gutem aufwiegen, das sie uns haben angedeihen lassen. Außerdem waren wir in der Vergangenheit während unserer wiederholten Wiedergeburten in bedingtem Dasein vollständig von anderen abhängig. Bis wir Befreiung erlangen, werden wir auch in der Zukunft ganz von ihnen und ihrer Güte abhängen. Diese Punkte werden für diejenigen unter Ihnen hilfreich sein, die Meditation anwenden möchten und schon etwas Erfahrung haben. Sonst mögen sie ziemlich ungewohnt scheinen. Wenn zum Beispiel der Geist einer Person von Sorgen aufgewühlt ist, wird alles, was wir sagen, ihre Angst nur verstärken. Wenn wir dagegen eine Person, deren Geist ruhig und gesammelt ist, beschimpfen, wird sie sich nicht aufregen. So werden diese Auffassungen wirkliche Veränderungen in den eigenen Ansichten bewirken, wenn man diese Art von Meditation bereits anwendet, aber wenn jemand mit solchen Gedanken nicht vertraut ist, scheinen sie vielleicht nur fremd und schwer verständlich. Und doch können diese Überlegungen auch zu einem Mittel werden, um die eigene geistige Einstellung zu verändern und umzuwandeln, wenn man Dharma gut anwendet.

Nicht nur in der Vergangenheit haben wir von anderen Wesen profitiert und werden es auch in der Zukunft unweigerlich tun, sondern auch jetzt erfahren wir die Auswirkungen ihrer Güte. Das ist die Wahrheit, obwohl wir gern denken, wir seien unabhängig, stünden auf unseren eigenen zwei Füßen und unser Wohlstand sei ausschließlich ein Resultat unserer eigenen Bemühungen. Wir glauben vielleicht, alles, was wir essen, was wir tragen und wo wir leben, sei ein Resultat unserer eigenen Anstrengung. Aber wenn wir gründlich darüber nachdenken, werden wir erkennen, daß wir in jedem Augenblick unseres Lebens von der Güte anderer abhängen. Zum Beispiel sind die Kleider, die wir tragen, das Ergebnis der Anstrengungen anderer. Wenn wir Wolle tragen, sind es die Haare eines Schafes. Alles, was wir haben, ist das Resultat eines langen Prozesses, der die Anstrengung vieler Wesen erfordert. Viele Hände und Körper, viel geistige und körperliche Mühe sind beteiligt, und am Ende ernten wir die Früchte dieser Anstrengungen. Hier könnten wir denken, es haben zwar viele Wesen an diesem Prozeß mitgewirkt, aber wir haben für das, was wir erhalten haben bezahlt, und für unser Geld haben wir gearbeitet und es als Bezahlung für unsere große körperliche und geistige Anstrengung erworben. Aber dieser ganze Prozeß – arbeiten zu können und einen Arbeitsplatz zu haben – hängt von anderen ab. Ohne die anderen würde diese Gelegenheit nicht existieren. So stellen wir fest, daß unsere Fähigkeit zu überleben in Wirklichkeit von den Anstrengungen einer großen Zahl von Wesen abhängt, ohne die unsere Existenz unmöglich ist.

Ein Anwender des Großen Fahrzeugs kann in allen Aspekten des eigenen Lebens erkennen, wie sehr er von anderen abhängig ist. Wenn wir nur an die Kleider denken, die wir tragen, sehen wir, daß zahllose Wesen an deren Herstellung beteiligt waren. Wenn wir daran denken, was wir essen, ist offensichtlich, wie sehr wir von anderen abhängen. In einem einzigen Frühstück mit Tee, Milch, Zucker, Brot, Butter, Marmelade und Eiern – in dieser kleinen Mahlzeit steckt die Arbeit zahlreicher Wesen. Wenn wir tief darüber nachdenken, werden wir es schwierig finden, dies alles für selbstverständlich zu halten, wie wir es gewöhnlich tun. Wir haben zum Beispiel kein besonderes Recht auf die Milch, die wir zum Frühstück verwenden. Die Kälber würden sie normalerweise trinken, und trotzdem nehmen wir uns das Recht heraus, ihre Milch zu verwenden. Wenn wir darüber nachdenken, können wir leicht sehen, daß andere unsertwegen auf vieles verzichten.

Unsere Abhängigkeit von anderen

Wenn ein Anwender des Mahayana auf diese Weise nachdenkt, wird er sich der großen Güte der Lebewesen bewußt und zögert daher nicht, sich selbst, sein eigenes Wohlergehen und Glück aufzugeben, um anderen zu helfen. Auf Grund dieser Überlegungen sehen wir, wie angebracht es ist, Dankbarkeit und Wertschätzung für die Erbauer unserer Häuser, Autos und so weiter zu empfinden.

Obwohl wir bei gründlichem Nachdenken erkennen, daß unsere Nahrung, Kleidung und Wohnung das Ergebnis der Anstrengungen vieler anderer sind, kann ein weiterer Zweifel aufkommen: wir könnten denken, es sei nicht wirklich der *Güte* derer zu verdanken, die für unser Wohl arbeiten, sondern sie hätten vielmehr gearbeitet und etwas hergestellt, um ihren Lebensunterhalt zu verdienen. Aber ganz gleich, was ihr Beweggrund gewesen sein mag, wir sind es, die die Früchte ihrer Arbeit ernten. Gewöhnlich sind wir dankbar für die Dinge, die uns nützen, und alle Annehmlichkeiten unseres bequemen Lebens verdanken wir der Arbeit anderer. Wenn wir so meditieren, stellen wir fest, daß wir nicht selbständig und unabhängig sind. Vielmehr sind wir in allem vollständig von anderen abhängig – angefangen von dem Haus, in dem wir leben, der Nahrung, die wir essen, und der Kleidung, die wir tragen, bis hin zu dem Stuhl, auf dem wir sitzen. Alles ist das Ergebnis der Arbeit anderer. Das sollte man nicht so aufnehmen, wie man eine Geschichte anhört. Wenn wir über diese Punkte meditieren, werden wir feststellen, daß es sich tatsächlich so verhält. Wir werden sehen, daß jeder Gegenstand, den wir kaufen, und auch das Geld, mit dem wir dafür bezahlen, von anderen abhängt.

Wenn wir über diese Zusammenhänge nicht gründlich nachdenken, halten wir das alles vielleicht für Unsinn. Aber wenn wir ernsthaft darüber nachdenken, werden sie zu den Ursachen, die uns befähigen, den Erleuchtungsgeist zu erzeugen und die geistige Einstellung des Bodhisattva zu entwickeln. Dieses Leben mit allen seinen wunderbaren Eigenschaften, unserer Fähigkeit zu sehen, zu hören, zu schmekken, zu denken, zu studieren und zu meditieren, ist das Resultat der Güte unserer Eltern. Als wir geboren wurden, waren wir schwach und hilflos. Hätte man uns allein gelassen, wären wir heute nicht hier. Doch auf Grund der Güte unserer Mutter sind wir es. Unser Leben und alle unsere jetzigen Fähigkeiten sind direkt oder indirekt Resultate der Fürsorge unserer Mutter. Sobald wir darüber nachdenken, sehen wir deutlich, daß wir schon bald nach der Geburt gestorben wären, hätte sie sich nicht um uns gekümmert. Dank der Fürsorge und Güte unserer Eltern und dem Aufwand, den sie unserer Erziehung zukommen ließen, konnten wir zu dem werden, was wir jetzt sind. Wir sollten das nicht vergessen und darüber nachdenken.

Manche Leute halten dem entgegen, daß das, was eine Mutter für ihr Kind tut, nicht wirklich aus Güte geschehe, sondern es sei ihre Pflicht. Selbst wenn es ihre Pflicht ist – wir wären gestorben, wenn sie es vorgezogen hätte, ihre Pflicht nicht zu erfüllen. Aber sie oder jemand anderer hat diese Verantwortung samt allen damit verbundenen Mühen, auf sich genommen, und so sind wir jetzt hier. Folgen wir diesen Überlegungen, dann wird immer deutlicher, daß unser Leben von der Güte unzähliger Lebewesen abhängt. Wenn wir auf diese Weise nachdenken und meditieren, es uns zur Gewohnheit machen und unseren Geist schulen, werden wir unsere frühere engstirnige Ansicht, die sich nur um uns selbst und eine sehr kleine Gruppe von Freunden oder Verwandten gekümmert hat, umwandeln und erweitern.

Diese Art von Meditation kann jederzeit angewendet werden: im Sitzen, beim Gehen oder selbst beim Picknick auf einem Berggipfel. Eine solche Einstellung ist heilsam und bewundernswert. Wenn wir sie entwickeln, wird sie uns vor vielen unheilsamen Handlungen gegenüber anderen Lebewesen bewahren, zum Beispiel davor, Tiere zu töten, die wir gewöhnlich als Gegenstände betrachten. Haben wir diese Einstellung entwickelt, dann wird es uns schwerfallen, ein Tier zu töten, denn wenn wir im Begriff sind, es zu tun, werden wir uns an die Güte erinnern, die es uns in früheren Leben erwiesen hat, und diese Erinnerung wird uns beschützen und davon abhalten. Sie wird uns nicht nur hindern, anderen Schaden zuzufügen, sondern wenn uns diese Güte ständig bewußt ist, wird auch der Wunsch, sie zu vergelten, spontan in uns entstehen.

So können wir sehen, daß wir von Lebewesen abhängig sind, nicht nur, solange wir in bedingtem Dasein kreisen, sondern auch hinsichtlich unserer Entwicklung auf dem Weg zur Befreiung. Eine der Hauptvoraussetzungen für die ersten Stufen der Entwicklung auf dem Weg ist ein menschliches Leben. Das Erlangen eines solchen Lebens hängt von der Anwendung reiner Ethik ab. Diese Anwendung hat andere als Objekt und hängt von anderen Wesen ab, die uns ermöglichen, die karmischen Ursachen anzusammeln, die eine kostbare menschliche Wiedergeburt zur Folge haben. Ohne diese Grundlage, die uns andere Wesen verschaffen, wäre es schwierig, diese Grundvoraussetzungen zu erlangen. Auch die angenehme Erscheinung und die körperlichen Merkmale einer menschlichen Form sind das Resultat der Anwendung von Geduld andern gegenüber. Wir sind hier wieder auf andere angewiesen, um diese Eigenschaften zu erwerben.

Noch wichtiger ist, daß alle Stufen des Weges, wie das Entwickeln von Gleichmut, von anderen Wesen abhängen. Indem wir andere als Mittelpunkt unserer Anwendung benützen, sind wir in der Lage, heilsame Eigenschaften zu entwickeln. Wenn zum Beispiel eine arme Person von einem Freund einen Sack Korn erhält und von einem anderen ein Stück Land, schuldet sie beiden gleichermaßen Dank. Sowohl das Korn als auch das Land ist für sie nötig und nützlich. Wenn sie nur Korn und kein Land hat, in das sie das Korn säen kann, ist es nutzlos. Und wenn sie Land ohne Korn hat, ist das Land nutzlos. Auf die gleiche Weise ist bei der Anwendung von Dharma die Methode, die wir benützen, von Buddha gelehrt worden, aber das Objekt unserer Schulung und Anwendung sind Lebewesen. Wir können sehen, daß von jedem Gesichtspunkt aus die Güte der Wesen unermeßlich ist. Erkennen wir, daß es so ist, dann sehen wir auch ein, daß es eine falsche und ichbezogene Einstellung ist, sich einzig um das eigene Glück zu kümmern. Wenn Bodhisattvas andere leiden sehen, zögern sie daher nicht, alles aufzuopfern, ihren Besitz, selbst ihren Körper oder ihr Leben, um diesen Wesen zu helfen. Wir können in den Geschichten von Buddhas früheren Leben viele Beispiele von Bodhisattvas lesen, die bereitwillig ihre Körper und ihr Leben für andere aufgegeben haben.

Da wir Anfänger sind, sind diese Punkte für uns schwer zu fassen und noch schwerer anzuwenden. Aber dennoch ist es nicht unmöglich, sie auszuführen, wenn wir uns mit ihnen vertraut machen und sie regelmäßig anwenden. Tag für Tag und Monat für Monat werden wir allmählich Fortschritt machen. Indem sich die Kraft des Geistes entwikkelt, werden körperliche und sprachliche Handlungen von selbst umgewandelt und ebenfalls entwickelt. Körper und Rede sind wie die Diener des Geistes und funktionieren so, wie der Geist sie lenkt. Sie haben keine eigene Macht oder Freiheit. Das können wir sehen, wenn wir beobachten, wie sich das Entstehen von Haß in unserem Geist sowohl in unseren sprachlichen als auch körperlichen Handlungen zeigt. Und wenn Erbarmen entsteht, findet es ebenfalls durch Körper und Rede Ausdruck. Es ist offensichtlich, daß der Geist und diese Geistesfaktoren in uns selbst existieren und nicht außerhalb von uns, wie Dinge in einem Schaufenster. Wir müssen diese Veränderungen in unserem Geist zustande bringen. Jetzt ist es Zeit für uns, zu beginnen und uns zu bemühen, unseren Geist umzuwandeln, weil wir jetzt Kraft und Energie aus einer guten körperlichen und geistigen Gesundheit haben. Nutzen wir diese Gelegenheit jetzt nicht, dann wird es zu spät sein, wenn unsere körperlichen und geistigen Fähigkeiten nachlassen. Wir müssen handeln wie ein vernünftiger Geschäftsmann, der seine Waren verkauft, solange sie in gutem Zustand sind und der Preis hoch ist. Wenn er statt dessen an ihnen hängt, bis sie alt und wertlos sind, wird es zu spät sein, um Gewinn zu erzielen. Wir müssen in gleicher Weise handeln, solange wir die Möglichkeit haben.

Wie ich erklärt habe, ist alles Leid, das wir erfahren, das Resultat einer falschen geistigen Einstellung. Diese falsche Einstellung kann nur mit Hilfe des Geistes korrigiert und umgewandelt werden, indem man sich einer Methode bedient, die die Fehler und falschen Ansichten im Geist selbst beseitigt. Auch wenn wir die gesamte in diesem Zeitalter der Maschinenwunder zur Verfügung stehende Technologie zu benützen versuchten, wäre sie nie in der Lage, uns von falschen Ansichten zu befreien. Das können Sie alle selbst erkennen, wenn Sie über diese Punkte nachdenken.

Selbstschätzen

Wir können jetzt verstehen, daß wir die Verantwortung haben, den Wesen, die uns so viel Güte erwiesen haben, diese zu vergelten. Wenn wir unseren Geist einmal entwickelt und in unserer Meditation Fortschritt gemacht haben, werden wir diese Anwendungen nicht sehr schwierig finden. Jetzt, wo wir gerade beginnen und unser Geist ungezähmt ist, finden wir es sicher mühsam, solchen Anwendungen zu folgen. Die Schwierigkeit, diese Dinge anzuwenden, ist jedoch auch die Folge einer bestimmten Verblendung. Gegenwärtig hängen wir fest an der Einstellung des Selbstschätzens, die dem Selbst die größte Wichtigkeit beimißt, und wegen dieser falschen Einstellung, die eine tief verwurzelte, gewohnheitsmäßige Neigung unseres Geistes ist, finden wir es mühsam, den Schwerpunkt unserer Aufmerksamkeit von uns selbst weg auf andere zu verlegen. Die Einstellung des Selbstschätzens ist die Hauptursache aller Leiden, sei es das Leid von einzelnen, Gruppen oder Nationen.

Aus der Sicht der Mahayana-Anwendung ist sie daher unser Haupthindernis. Aber auch aus weltlicher Sicht wird eine Person, die sich selbst als wichtig betrachtet, von anderen für eigennützig gehalten, während jemand, der sein eigenes Wohlergehen für andere zurückstellt, sehr geachtet wird.

Die Einstellung des Selbstschätzens teilt die Objekte ein in diejenigen, die ich haben möchte, und diejenigen, die ich nicht haben möchte, und entwickelt dann eine Vorliebe für die erste Gruppe. Um sich diese begehrten Dinge zu verschaffen, führt man als nächstes zahllose unheilsame Handlungen aus. Und um Dinge oder Situationen zu vermeiden, die einem zuwider sind, begeht man weitere unheilsame Handlungen. Alle unheilsamen Handlungen von Körper, Rede und Geist wurzeln daher in diesem Selbstschätzen. Diese Einstellung ist so tief eingeprägt, daß man jedes Mittel gebraucht, das nötig ist um etwas Begehrenswertes zu bekommen, und jedes Mittel anwendet, um Unerwünschtes zu vermeiden. Wenn uns zum Beispiel jemand kritisiert und beschimpft, regt uns das auf, und wir reagieren sofort mit dem Versuch, uns der Situation zu entziehen. Doch wenn wir zufällig hören, wie jemand eine andere Person kritisiert, wollen wir mehr hören und ertappen uns bei der Frage: „Oh, erzähl mir darüber, was ist geschehen?" Eine solche Einstellung ist falsch und beruht einzig auf Selbstschätzen. Genauso wie wir keine unfreundlichen Worte über uns hören möchten, wollen auch andere Leute es nicht, und daher ist es am besten, still zu sein. Nicht nur wir wollen nicht angeschwärzt werden, niemand will es.

Wenn wir Geschäftsleute beobachten, sehen wir, daß sie alle gern große Gewinne machen, und selten findet man einen, der bereit ist, einen guten Markt mit einem Konkurrenten zu teilen. Die Folge einer solchen Einstellung ist, daß wir für uns zwar nur Glück und ein angenehmes Leben wünschen, aber das Gegenteil erfahren, nämlich Leid. Wie ich schon erwähnt habe, reagieren nicht nur Menschen, sondern sogar Tiere auf eine Person mit großer Eigenliebe. Jemand, der sehr ichbezogen ist und sehr an seiner Nahrung hängt, wird auftauchende Mäuse, Hunde oder Katzen durch Schreien oder Werfen von Steinen verjagen. Obwohl die Tiere nicht sprechen können, werden sie seine negative Einstellung spüren und sich von ihm fernhalten.

Vielleicht klingen diese Dinge eigenartig oder sogar lächerlich, aber was ich hier erkläre sind die falschen Eigenschaften des Selbstschätzens. Kurz, diese Einstellung ist das erste und größte Hindernis der Entwicklung auf dem Weg des Mahayana. Sie ist wie ein Seil, das uns sicher an Leid bindet. Wir mögen uns wohl wünschen, berühmt und gelobt zu werden, aber die Einstellung des Selbstschätzens ist der Hagelsturm, der die Blumen unseres Ruhmes und Lobes zerstört. Wenn eine Person sich selbst überaus schätzt und ichbezogen ist, lobt sie niemand, und alles, was sie bekommt, ist ein schlechter Ruf. Eine solche Einstellung ist auch die Hauptursache für das Degenerieren des heilsamen Potentials, das wir ansammeln. Denn starkes Selbstschätzen führt zu Stolz, und dieser wiederum zum Geringschätzen anderer, was dann den Verfall unserer Ansammlung von heilsamem Potential bewirkt. Diese falsche Einstellung drängt auch unseren Körper, unsere Rede und unseren Geist zu unheilsamen Handlungen, die für uns selbst und für andere Leid und Schwierigkeiten verursachen, jetzt und in der Zukunft.

Das brauche ich nicht ausführlich zu erklären. Jeder, der sich am Abend in sein Bett legt und ernstlich auf die Begebenheiten in seinem Leben zurückblickt, angefangen von dem Augenblick, wo er zu denken begonnen hat, bis hin zur Gegenwart, wird selbst herausfinden, wie viele unheilsame Handlungen er mit Körper, Rede und Geist angesammelt hat. Wenn jemand hier ist, der keine angesammelt hat, ist das außergewöhnlich, aber jedenfalls ist jede dieser unheilsamen Handlungen von Körper, Rede und Geist das Erzeugnis des Selbstschätzens. Kein äußerer Feind kann uns so viel schaden wie diese eigene falsche Einstellung. Deshalb muß sie verändert und umgewandelt werden, und das kann nur von innen her geschehen. Es gibt dafür keine äußere Methode. Wenn es eine gäbe, wäre es den Versuch durchaus wert, diese falsche Einstellung damit zu vernichten. Obwohl eine Kugel unseren Körper zerstören kann, besteht die geistige Einstellung des Selbstschätzens in unserem Bewußtseinsstrom weiter. Weil das Selbstschätzen tief in uns verwurzelt ist, finden wir es jetzt schwer, die Einstellung des Wertschätzens anderer anzuwenden. Anstatt froh zu sein, wenn wir sehen, daß andere Glück oder Freude erfahren, werden wir auf Grund des Selbstschätzens neidisch. Ohne dieses geistige Hindernis gäbe es keine Ursache für uns, anderen ihr Glück nicht zu gönnen.

Selbstschätzen tritt in unserem täglichen Leben oft auf, so daß es sehr wichtig für uns ist, unsere geistige Einstellung, unsere Rede und unsere Handlungen zu beobachten, und sobald wir bemerken, daß wir uns negativ verhalten, müssen wir sofort prüfen, ob Selbstschätzen der Grund dafür ist. Auf Bildern des Buddha sehen wir, daß er sehr ruhig in der vollkommenen Meditationshaltung sitzt, denn Meditation ist eine heilsame Art, den Geist zu benützen. Sie wird nur durch tiefes, nach innen gerichtetes Denken entwickelt, indem man den Geist immer wieder nach innen sammelt und Kontrolle über ihn gewinnt. So ist auch die einzige Möglichkeit, diese Unterweisung fruchtbar zu machen, auf dieselbe Weise darüber zu meditieren. Es genügt nicht, nur intellektuell zu verstehen, sondern es muß angewendet werden.

Kurz, sowohl aus weltlicher Sicht als auch aus der Sicht des Dharma nützt die Einstellung des Selbstschätzens nie irgend jemandem. Meditation darüber wird in den Schriften *„Die Fehler des Selbstschätzens erkennen"* genannt. Sie gründet auf einer Reihe analytischer Überlegungen. Diese Einstellung in uns ist der wirkliche Feind, der uns sowohl gegenwärtigen als auch letztlichen Schaden zufügt. Sie wird mit einem listigen Dieb verglichen, der nach und nach alles stiehlt, was wir besitzen. Solange wir die wahre Natur dieser Einstellung nicht erkennen, wird es so aussehen, als ob sie uns nütze, während sie uns in Wirklichkeit täuscht, betrügt und ernstlich schadet. Sie wird auch mit einem schlauen Feind verglichen; nicht mit einem, der offen seine feindseligen Absichten zeigt, sondern mit einem, der freundlich lächelt und uns gleichzeitig tödliche Wunden zufügt. Das Selbstschätzen scheint unser bester Freund zu sein, ein wahrer Beschützer, aber in Wirklichkeit verursacht es uns größtes Elend. Darum müssen wir seine wahre Natur erkennen, und die einzige Möglichkeit dazu ist, immer und immer wieder über seinen trügerischen Schein nachzudenken.

Diesen inneren Feind zu zerstören ist von einem Gesichtspunkt aus betrachtet schwer und scheinbar unmöglich, von einem anderen Gesichtspunkt aus betrachtet jedoch viel einfacher, als einen äußeren Feind zu zerstören. Für die Vernichtung eines äußeren Feindes müssen wir viele Vorbereitungen treffen, große Munitionsvorräte anlegen und für Nachschub sorgen. Um diesen inneren Feind zu besiegen, ist nichts dergleichen nötig. Vielmehr müssen wir immer wieder über seine falschen Eigenschaften und seine irreführend freundliche Erscheinung nachdenken. Wir können das ohne jede Hilfe von außen tun, ohne Truppen und ohne Munition. Einfach indem wir unsere geistige Einstellung ändern, können wir diesen inneren Feind überwinden und beseitigen.

Andere wertschätzen

Wenn wir unseren Körper, unsere Rede und unseren Geist aus der Gewalt der Einstellung des Selbstschätzens befreit haben, werden wir sie auf bewundernswerte und heilsame Art verwenden können, um anderen Lebewesen von Nutzen zu sein. Damit dieser Prozeß beginnen kann, müssen wir zuerst die heilsamen Eigenschaften des Wertschätzens anderer erfassen. Es ist einer der wirkungsvollsten, heilsamsten und nützlichsten Zustände des Geistes. Wenn wir einen Staatsmann wählen, nehmen wir an, er sei jemand, der bereit ist, sich selbst und sein eigenes Wohlergehen für das Wohl der anderen aufzugeben. Wir achten solche Eigenschaften sehr hoch. Einer solchen Person zu begegnen, sie zu sehen und zu hören ist eine große Freude, und alle sind ihr freundlich gesinnt. Das ist nicht schwer zu verstehen; wenn wir uns umschauen, wird uns das im Lauf des Lebens klar. Jegliche heilsame Eigenschaft, angefangen von den höchsten Qualitäten eines Buddha bis zum geringsten Glück innerhalb des bedingtem Dasein, entspringt aus dem Wertschätzen anderer und nie aus dem Selbstschätzen.

Ich habe das bereits erklärt, als ich über die Güte anderer Lebewesen sprach und darüber, wie unsere geistige Entwicklung von ihnen abhängt. Selbst die letztlichen, allerhöchsten Eigenschaften eines Buddha sind das Ergebnis des Erleuchtungsgeistes. Ein solcher Geist wird nur durch gewohnheitsmäßiges Wertschätzen anderer entwickelt. Die Entwicklung des Erleuchtungsgeistes hängt von Erbarmen und Reiner Liebe ab. Diese ihrerseits entsteht, indem man unaufhörlich die Einstellung des Wertschätzens anderer anwendet. Kurz, die allmähliche Beseitigung von Leid und seinen Ursachen und die Weiterentwicklung unseres Geistes können nur erreicht werden, indem man diese geistige Einstellung stärkt. Weiter sind selbst solche weltlichen Vorzüge wie ein attraktiver Körper, langes Leben, gute Gesundheit, körperliche Kraft und Einfluß mit anderen Lebewesen verbunden. Schönheit ist das Ergebnis von Geduld. Langes Leben und Gesundheit sind das Ergebnis des Vermeidens von Töten und Verletzen. Reichtum ist das Resultat beständiger Großzügigkeit. Körperliche Kraft und Einfluß haben ihre Ursachen in Hilfe und Achtung für andere.

So können wir sehen, daß alle diese Anwendungen, die uns selbst und anderen direkt und indirekt nützen, mit der Einstellung des Wertschätzens anderer verbunden sind. Obwohl Vögel, Hunde und andere Tiere nicht sehr intelligent sind, spüren selbst sie die Güte einer Person, die ihnen Futter gibt. Sie können es zwar nicht in Worten ausdrücken, aber dennoch merken sie irgendwie, daß eine solche Person gutartig und liebevoll ist, vertrauen ihr und haben dementsprechend keine Angst. Es gibt viele Geschichten von großen Meistern, die eine solche Beziehung zu Tieren entwickelt haben. So ist es wichtig, die Fehler des Selbstschätzens zu erkennen und die heilsamen und noblen Eigenschaften des Wertschätzens anderer zu schulen.

Ganz gleich, wie wichtig wir uns schätzen, wenn uns großes Glück zuteil wird, ist es nur das Glück einer einzigen Person. Aber wenn wir andere Wesen wertschätzen und diese Glück erfahren, ist dies das Glück und die Freude vieler. Deshalb sind das Wertschätzen seiner selbst und das Wertschätzen anderer nicht zu vergleichen. Jemand kann äußerst ichbezogen sein und Glück für sich selbst wünschen, aber er wird seine Erwartungen nie erfüllt sehen, auch wenn er das zum einzigen Ziel seines Lebens macht, weil das eine grundverkehrte Einstellung ist. Wenn er statt dessen die Einstellung des Wertschätzens anderer hegt, dann wird er, abhängig von der Anzahl der Menschen, denen er seine Anstrengungen widmet, die entsprechende Menge heilsamen Potentials ansammeln, was ihm dann wieder direkt zugute kommt. Obwohl wir mit unseren physischen Augen nicht sehen können, wie dieses heilsame Potential angehäuft wird, geschieht genau das im geistigen Kontinuum dieser Person. Die Menge heilsamen Potentials, die durch eine bestimmte Handlung angesammelt wird, steht im Verhältnis zur Anzahl der Wesen, die davon profitieren. Je größer die Anzahl der Wesen, desto größer ist die Ansammlung von Heilsamem. Wenn daher eine Person in ihren Wunsch, anderen zu nützen, die ganze Bevölkerung der Welt einschließt, wird ihre Ansammlung von heilsamem Potential riesig. Andererseits wird jemand, der vielen anderen Leuten gegenüber eine negative Einstellung hegt, die entsprechende Menge unheilsamen Karmas ansammeln.

Diese Anwendung des Bodhisattva mit ihren vielen heilsamen Eigenschaften ist nicht nur auf einige wenige Menschen beschränkt, sondern umfaßt alle Lebewesen ohne Ausnahme. Wenn wir gründlich darüber nachdenken, werden wir feststellen, daß diese Anwendung sehr nützlich ist, aber dennoch keine unmögliche Anstrengung erfordert; sogar nur fünf kurze Minuten über diese Einstellung zu meditieren hat die Ansammlung einer großen Menge heilsamen Potentials zur Folge. Selbst wenn wir die Notwendigkeit und die heilsamen Eigenschaften dieser Anwendung sehen, entsteht vielleicht doch noch Zweifel, wie eine solche Auffassung, die man zwar im allgemeinen hervorbringen kann, gegenüber einer sehr bösartigen Person entwickeln soll. Das ist eine falsche Ansicht, und wenn sie in unserem Geist auftritt, müssen wir sie umkehren. Wir müssen erkennen, daß Menschen mit so unangenehmen Eigenschaften eigentlich ganz besondere Objekte des Erbarmens sein sollten. Erbarmen für eine nette und angenehme Person zu fühlen ist leicht; selbst jemand, der Dharma nicht anwendet, ist dazu imstande. Uns allen ist klar, daß sogar Tiere sich zu ihrem Besitzer, zu ihren Gefährten und Jungen hingezogen fühlen. Wenn zum Beispiel ein Muttertier Nahrung findet, frißt es die Nahrung nicht selbst auf, sondern bringt sie ihren Jungen. Jedes Tier wird dies tun, es ist also nichts Ungewöhnliches. Genauso ist nichts Besonderes dabei, jemanden zu schätzen, den wir angenehm finden.

Wir sollten uns daran erinnern, daß wir die Einstellung der Anhaftung an ein Wesen leicht mit der Reinen Liebe verwechseln. Sind wir jedoch fähig, bösartige Menschen mit Liebe zu behandeln, dann üben wir diese besondere Einstellung des Wertschätzens anderer wirklich, und dies wird eine außerordentliche Dharma-Anwendung. Bei genauerer Betrachtung werden wir erkennen, daß jemand mit diesen negativen Eigenschaften wirklich das besondere Objekt unserer Liebe und unseres Erbarmens sein sollte, einfach weil dies die Art Mensch ist, die andere fallenlassen. Und wenn wir zu Liebe und Erbarmen für eine solche Person fähig sind, können wir verhältnismäßig sicher sein, daß es reine Liebe ohne Anhaftung ist. Sind wir imstande, jetzt über so schwierige Herausforderungen nachzudenken, dann wird unser Geist gut geschult, und wenn später schwierige Umstände auftreten, wird es uns leichtfallen, damit fertig zu werden. Richten wir unsere Anwendung nur auf angenehme Personen aus, wird sie zeitweise gut entwickelt scheinen, sollten wir aber später auf ein schwierige Person stoßen, werden unsere Liebe und unser Erbarmen versagen.

Die Ausbildung von Soldaten besteht aus anstrengenden, harten Situationen und Umständen. Tag und Nacht müssen sie in rauhen Gebirgsgegenden oder in dichten Wäldern üben. Nachdem sie sich so auf das Schlimmste vorbereitet haben, sind sie fähig, in einem wirklichen Kampf schwierige Situationen zu meistern. Wäre von Anfang an alles leicht, würden sie auf weichem Gras schlafen und so weiter, dann wären sie für einen wirklichen Kampf unvorbereitet. Auf die gleiche Weise sollten wir, wenn wir unseren Geist schulen, dies in den härtesten und schwierigsten Situationen tun. Dann werden unsere Liebe und unser Erbarmen nie schwanken, ganz gleich, was für Umstände später auftreten.

In einem Gebet eines der großen Kadam-Meister gibt es einen Vers, der lautet:

„*Wenn ich mich einem Wesen von*
böser Natur gegenübersehe,
das gedrückt ist von heftiger Bosheit und Leiden,
möge ich es, da es schwer zu finden ist, schätzen,
als entdeckte ich einen kostbaren Schatz.“

Wenn wir unseren Geist so schulen, wird er stark, vital und kräftig werden. Und wenn wir immer wieder über diese Punkte nachdenken, werden wir schließlich auch erkennen, daß es vernünftig, nützlich und richtig ist, Liebe und Erbarmen anzuwenden und die Einstellung des Wertschätzens von Menschen mit unangenehmem Charakter zu entwickeln.

Vielleicht entsteht ein weiterer Zweifel über diese Anwendung. Es kann vorkommen, daß jemand, dem wir in der Vergangenheit vielfach geholfen haben und von dem wir denken, wir könnten uns auf ihn verlassen und ihm vertrauen, sich unerwartet gegen uns wendet und uns schlecht behandelt, uns womöglich sogar schlägt. Das ist wirklich enttäuschend für jeden, der eine Beziehung zu so einer Person hat. Infolge solcher Handlungen haben wir vielleicht Mühe, unsere Anwendung von Liebe und Erbarmen ihr gegenüber aufrechtzuerhalten. Obwohl es in einer solchen Situation äußerst schwierig ist, die richtige Einstellung beizubehalten, müssen wir einsehen, daß es unerläßlich ist, Liebe und Erbarmen selbst für diejenigen zu entwickeln, die unsere Hilfe mit Kränkung erwidern. Wenn wir dazu fähig sind, wird unser Verhalten äußerst nützlich sein, und wir werden viele heilsame Eigenschaften entwickeln. Aber wenn wir dazu nicht fähig sind, zeigt das, daß es in unserer Anwendung noch Mängel gibt. So wie jemand, der eine Bergkette überquert, zuerst den Paß erreichen muß und nicht auf halbem Weg stehenbleiben darf, müssen auch wir die Einstellung des Wertschätzens anderer voll entwickeln und dürfen nicht irgendwo vorher aufhören.

Um eine solche Einstellung erfolgreich zu lernen, ist es nötig, einige Mühe auf sich zu nehmen. Zwar fällt es manchen Menschen gegenüber ganz besonders schwer, so zu reagieren, aber es gibt Methoden, mit denen der Geist geschult werden kann, um solche Situationen umzuwandeln. Die erste Bedingung ist ein voll qualifizierter Lehrer, der klar darlegen kann, wie wir uns verhalten sollten. Wir brauchen auch ein Objekt, an dem wir unsere Entwicklung testen können, um zu sehen, was wir erreicht haben und wie weit unsere Anwendung fortgeschritten ist. Als Beispiel können uns Länder dienen, die Atombomben entwickeln. Nachdem sie einen Prototyp hergestellt haben, bringen sie ihn unter der Erde zur Explosion, um die Tauglichkeit ihrer Waffe zu testen. Sind sie damit zufrieden, erzeugen sie weitere Bomben, ist die Bombe aber fehlerhaft, versuchen sie sie zu verbessern. Das kann nur durch Tests ermittelt werden. Wenn sie dagegen die Bombe herstellen, diese dann einfach verstecken, ohne sie auszuprobieren, wenn später die Zeit für den Einsatz kommt und sie nicht funktioniert, wird sich das ganze Projekt als ein Mißerfolg herausstellen. Die Einstellung des Wertschätzens anderer ist ebenso mächtig wie eine Atombombe, und damit wir ihre Kraft, ihre Strahlung und die Stufe ihrer Entwicklung in uns feststellen können, müssen wir sie an den verschiedenen Objekten testen. Finden wir sie zufriedenstellend, um so besser; finden wir aber, daß sie weitere Entwicklung benötigt, müssen wir unsere Anstrengungen verstärken. Wenn wir dann einer bösartigen Person begegnen und fähig sind, den Test zu bestehen, wird es keine weiteren Schwierigkeiten geben.

7 Austausch seiner selbst mit anderen

Sie dürfen sich nicht mit meinen Erklärungen über dieses Thema zufriedengeben, sondern müssen mit Hilfe vieler Begründungen und Beispiele selbst herausfinden, auf welche Weise diese positiven und negativen Einstellungen in uns vorhanden sind. Wenn wir die geistige Einstellung des Wertschätzens anderer entwickelt haben, werden wir beim Anblick fröhlicher und glücklicher Menschen so froh sein wie sie, und wenn andere Leid erfahren, werden auch wir großes Bedauern empfinden. Solche Auffassungen sind das Resultat der Erkenntnis, daß andere Wesen kostbarer sind als wir selbst. Wenn wir Beschreibungen dieser Anwendungen hören, mögen sie verhältnismäßig einfach scheinen, versuchen wir sie aber in die Tat umzusetzen, werden wir es sehr schwierig finden, sie richtig zu entwickeln. Mit ununterbrochener Anstrengung werden wir jedoch allmählich Fortschritt machen. Wichtig ist, hier und jetzt zu beginnen. Obwohl wir eine Anwendung gut finden mögen, neigen wir dazu, zu zögern und den Beginn auf eine spätere Zeit hinauszuschieben. Das ist eine falsche Einstellung. Wenn sie entsteht, sollten wir uns fragen: „Wann werde ich beginnen, wie lange werde ich warten, bis ich mich daranmache, meinen Geist umzuwandeln?“ Vielleicht werden wir antworten: „Oh, in fünf oder zehn oder vielleicht in fünfzehn Jahren.“ Wenn wir das sagen, sollten wir uns fragen, ob es irgendeine Garantie dafür gibt, daß wir so lange leben. Wir sollten an diejenigen denken, die in der Kindheit, in der Jugend oder in mittlerem Alter sterben. Welche Gewähr für ein langes Leben haben wir, daß wir es uns leisten können, unsere Anwendung jetzt aufzuschieben? Selbst wenn wir unterschreiben müßten, daß wir nächstes Jahr noch leben, könnten wir nur hoffen, daß es sich bewahrheitet. Wir haben keine Gewißheit. Angesichts der völligen Unsicherheit unserer Lebensspanne wäre unsere Unterschrift sinnlos.

Dennoch denken manche von uns vielleicht, weil wir so beschäftigt sind und so viel Arbeit haben, verbringen wir dieses Leben damit, diese Arbeit zu erledigen, und mit einer Dharma-Anwendung beginnen wir im nächsten Leben. Wenn wir so denken, müssen wir prüfen, ob wir die Ursachen für eine solche zukünftige Möglichkeit erzeugt haben. Wir benötigen eine Ansammlung bestimmter Ursachen, um eine menschliche Wiedergeburt zu erlangen, zum Beispiel das Befolgen von Ethik. Wir müssen herausfinden, ob wir diese Ursachen angesammelt haben oder nicht. Wir können klar sehen, daß es Samen geben muß, damit Pflanzen wachsen. Ohne einen Samen wird es keine Pflanze geben. So benötigt auch ein menschliches Leben seinen eigenen besonderen Samen als Ursache. Wenn wir untersuchen, um uns zu vergewissern, ob wir die Ursachen für eine kostbare menschliche Wiedergeburt angesammelt haben, wird der Gedanke, bis zum nächsten Leben zu warten, ziemlich undurchführbar scheinen. Denken wir über diese Worte nach, dann werden wir feststellen, daß wir jetzt diese einzigartige Möglichkeit haben, Dharma anzuwenden, zusammen mit den geeigneten Umständen für die Anwendung. Daher ist es nie zu früh, um anzufangen.

Sie sollten nicht denken, daß Sie Ihre gewohnten Beschäftigungen vollständig aufgeben müssen, um diese Anwendungen zu beginnen. Es ist nicht nötig, sich von seinen üblichen Tätigkeiten zu trennen. Die Veränderungen vollziehen sich innerhalb unseres täglichen Lebens. Unser gewöhnliches Leben ist die Grundlage, auf der wir unsere geistige Einstellung verändern. Wir beobachten unsere fehlerhafte Einstellung und verwandeln sie in eine korrekte. Das bedeutet jedoch nicht, daß Sie Ihre Arbeit aufgeben und alle Ihre jetzigen Beziehungen abbrechen müssen, wenn Sie Dharma anwenden. Das wäre auf jeden Fall sehr schwierig. Die Veränderungen müssen in unserem Geist stattfinden. Wir müssen die richtige geistige Einstellung des Wertschätzens anderer entwickeln und die falsche Einstellung, die sich nur um sich selbst kümmert, verringern und beseitigen. Dies können wir bei jeder unserer täglichen Handlungen tun – beim Arbeiten, Sitzen, Ausruhen, Reden, bei einem Picknick oder beim Segeln auf einem See – wir können diese Anwendung jederzeit ausführen. Wir können sie ausführen, ohne jemanden zu stören, und sie wird sowohl uns als auch den anderen jetzt und in der Zukunft nützen. In dem Maß, in dem wir uns nach und nach entwickeln, werden wir klar erkennen können, wie falsch unsere frühere Einstellung war. Es ist ähnlich wie der Flug eines Flugzeugs. Zuerst rollt es auf der Startbahn, dann hebt es allmählich ab, und langsam, fast unmerklich, steigt es hoch über die Erde. Bitte denken Sie über diese Punkte nach, und meditieren Sie darüber auf diese Weise.

Es gibt drei Voraussetzungen für geistige Entwicklung. Die erste ist das Hören von Unterweisungen. Das tun wir hier. Die zweite ist das Nachdenken, und die dritte das Meditieren der verschiedenen Punkte der Lehre, die ich Ihnen erklärt habe. Das müssen Sie nun tun.

Wenn wir immer wieder darüber nachdenken, wie notwendig es ist, die Einstellung des Wertschätzens anderer zu erzeugen, und wie falsch es ist, nur für uns selbst zu sorgen, dann werden allmählich die heilsamen Eigenschaften des Wertschätzens anderer wachsen, und schließlich werden wir uns der Bedürfnisse aller Wesen bewußt werden. Wir können zum Beispiel sehen, wie äußerst kostbar ein Kind für seine Mutter ist. Wenn wir die Einstellung des Wertschätzens anderer entwickeln, werden uns alle Wesen, ganz gleich, wer sie sind, auf diese Weise erscheinen. Begegnen wir jetzt einem unserer Freunde, dann erzeugt dies in uns eine positive, glückliche Wirkung, begegnen wir jedoch jemandem, den wir nicht mögen, trifft das Gegenteil zu. Diese unausgeglichene Reaktion ist es, die durch wiederholtes Meditieren über die richtigen und falschen Eigenschaften dieser beiden Einstellungen und durch Nachdenken über die Güte anderer Wesen umgewandelt werden muß.

Reine Liebe und Erbarmen

Wenn uns alle Wesen gleich lieb erscheinen, bedeutet dies, daß sich Reine Liebe entwickelt. Es gibt zwei Ebenen der *Reinen Liebe* (Skt. *Maitri*). Wenn die erste Ebene erreicht wird, erscheinen uns alle Wesen als angenehm und kostbar. Die zweite Ebene ist der Wunsch, jedes Lebewesen möge Glück erfahren und von Leid frei sein.

Ich habe die Entwicklung des Geistes in fortschreitenden Stufen erklärt. Zuerst habe ich über das Erzeugen von *Gleichmut* gesprochen, dann über die falschen Eigenschaften des Selbstschätzens. Wenn sich die Eigenschaft der *Reinen Liebe* entwickelt, führt dies zur nächsten Stufe, zum *Großen Erbarmen.* Zur Zeit empfinden wir vielleicht einer ausgewählten Gruppe von Personen wie unserer Familie und unseren Freunden gegenüber Mitgefühl, und obwohl dies eine Art *Erbarmen* (Skt. *Karuna*) ist, ist es nicht *Großes Erbarmen* (Skt. *Mahakaruna*). Indem wir nach und nach unseren Geist entwickeln, wird unser jetzt begrenztes Erbarmen wachsen und sich entfalten und zum Großen Erbarmen werden. Das wird möglich, indem wir immer wieder über die Leiden anderer nachdenken, verbunden mit der Umwandlung und Entwicklung der ersten Ebene der Reinen Liebe. Wenn zum Beispiel ein guter Freund an einer schweren Krankheit oder an einem anderen Mißgeschick leidet, wird der Wunsch, ihn von seiner Qual zu befreien, um so mehr wachsen, je mehr wir uns um sein Leid kümmern und darüber nachdenken. Wenn wir diese Liebe in uns entwickeln, die alle Wesen als kostbar betrachtet, und dann über die Leiden nachdenken, die die Wesen erfahren, wird auf ähnliche Weise das Große Erbarmen in uns zu keimen beginnen. Es wird zum Wunsch anwachsen, diese Wesen so schnell wie möglich von den Leiden ihres jetzigen Zustandes zu befreien.

Dieses Große Erbarmen beginnt zu reifen, wenn es von dem reinen Wunsch motiviert ist, die Lebewesen von Leid zu befreien. In einer Person entsteht dann der feste Entschluß, diese Verantwortung ganz auf sich zu nehmen.

Dieser Entschluß ist die Anfangsstufe der Entwicklung, die schließlich zur Vollendung des Großen Erbarmens führt. Obwohl Erbarmen auf dieser Stufe vielleicht gelegentlich im Geist vorhanden ist, läßt es immer wieder nach. Aber durch ständige Gewöhnung und durch vielfaches neuerliches Erzeugen wird es jedes Mal stärker als zuvor, und wenn es spontan entsteht und nicht wieder nachläßt, ist es vollkommenes Großes Erbarmen. Außerdem wird man es gegenüber allen Wesen ohne Ausnahme in gleicher Weise empfinden. Wenn es nur einer begrenzten Zahl von Wesen gegenüber entsteht, ist es nicht das richtige.

Ein weiterer Zweifel kann in unserem Geist entstehen, nämlich daß wir uns zwar vorstellen können, Erbarmen für Menschen in widrigen Situationen mit viel offensichtlichem Leid zu entwickeln und anzuwenden, daß es aber schwierig ist, Erbarmen mit einer Person zu haben, die sich wohl fühlt, alles hat, was sie braucht, gesund ist und so weiter. Aber auch hier gibt es einen Weg. Ein Alkoholiker zum Beispiel ist dauernd betrunken. Auf die gleiche Weise sind auch die Wesen, die in bedingtem Dasein kreisen, in einem Zustand dauernder Trunkenheit, obwohl sie sich vielleicht gesund und wohl zu fühlen scheinen. Dies ist nicht einem stark alkoholischen Getränk zuzuschreiben. Sie sind betrunken und wahnsinnig durch die Verblendungen. Im allgemeinen bezeichnen wir eine Person, die unfähig ist, in ihren Handlungen des täglichen Lebens zu unterscheiden, was richtig und was falsch ist, als geistig gestört. Auf die gleiche Weise irren sich die Wesen im bedingten Dasein infolge der Stärke ihrer Verblendungen vollständig darüber, was richtig und was falsch ist, was die Ursache für Leid und was die Ursache für Glück ist. Wenn wir aus der Sicht des Dharma tief darüber nachdenken, werden wir sehen, daß ein Leben mit Verblendungen genauso ist wie das eines geistig Kranken.

Es gibt ein Beispiel in einem der Lieder von Dschetsün Milarepa, den fast jeder als einen der größten Meister Tibets kennt. Milarepa lebte allein, hoch oben in den Bergen, und verbrachte alle seine Zeit in Meditation. Im Laufe der

Zeit wurde er sehr schwach, sein Körper war nur mehr Haut und Knochen. Eines Tages kam eine Gruppe junger Leute zu seiner Höhle. Als sie ihn sahen, dachten sie, er müsse wahnsinnig sein, und er tat ihnen leid. Sie sagten zu ihm: „Wie bedauernswert du bist!" Milarepa erwiderte:

„Ihr denkt, ich sei erbärmlich und verrückt.
Aber wenn ich euch anschaue,
finde ich euch verrückt –
die Objekte meines Erbarmens.
Euer Erbarmen mit mir und meines mit euch
sind wie zwei gehörnte Tiere,
die ihre Köpfe gegeneinanderstoßen.
Ich werde sehen, welches echt ist. Ich werde sehen."

Tatsächlich war es Milarepas Erbarmen, das fehlerlos war. Er wurde sehr berühmt und von jedem, der ihn kannte, geachtet. Die jungen Leute, die ihn bemitleidet hatten, erkannten später seine großen Qualitäten, bedauerten ihr falsches Urteil und wurden seine Schüler.

Vom Standpunkt des Dharma aus können wir sehen, daß Leben in bedingtem Dasein, auch wenn es noch so angenehm und befriedigend scheinen mag, in Wirklichkeit wie das Leben eines geistig Gestörten ist. Wären die Wesen durch die Macht der Verblendungen zwar trunken, jedoch frei von körperlichen Leiden, wäre es nicht so schlimm. Aber tatsächlich sind wir ständig bedrückt, sowohl von geistigem als auch körperlichem Leid der drei Arten, über die ich gesprochen habe.

Für einen Verrückten wären die Dinge noch schlimmer, wenn er blind wäre. Auf dieselbe Weise leiden die Lebewesen und sind verrückt durch Verblendungen, aber nicht nur das, es fehlt ihnen zudem das Auge der Weisheit, das sie befähigen würde, zwischen Richtig und Falsch zu unterscheiden. Obwohl unsere körperlichen Augen uns befähigen zu sehen, was unmittelbar rings um uns herum ist, fehlt uns die subtile Sicht des Auges der Weisheit, das uns befähigt, die tieferen Aspekte der Existenz zu sehen. Um wieder auf unser Beispiel des verrückten Blinden zurückzukommen: wenn er einen Führer hat, der ihm den Weg zeigt, ist seine Situation noch nicht hoffnungslos. Aber wenn er keinen hat, dann ist er in einer wirklich üblen Lage. Wenden wir das wieder auf die Lebewesen an, dann sehen wir, daß sie nicht nur leiden, von Verblendungen berauscht sind, und daß ihnen das Auge der Weisheit fehlt, sondern sie sind auch ohne richtige Führung, die für das Erlangen der Befreiung nötig ist.

Wir können unser Beispiel nochmals verwenden und es erweitern, um einen anderen Punkt zu verdeutlichen. Wenn der verrückte Blinde ohne Führer auf einem sicheren, ebenen Weg geht, ist es vielleicht nicht so schlimm. Aber wenn wir es auf die Wesen anwenden, sehen wir, daß sie nicht nur leiden, durch Verblendungen verrückt sind, ihnen das Auge der Weisheit fehlt und sie auch keinen Führer haben, sondern sie wandern noch dazu auf einem höchst gefährlichen Pfad. Ständig schweben sie in Gefahr, in den Abgrund des unbeschreiblichen Elends der niederen Bereiche zu stürzen. Wenn wir ihre Situation so betrachten, werden wir fähig sein, gegenüber allen Wesen Erbarmen zu entwickeln und es anzuwenden, ungeachtet ihrer Ansichten, ihrer gesellschaftlichen Stellung oder ihres Ranges.

Wir sollten unsere Situation als menschliche Wesen auch noch von einem anderen Gesichtspunkt aus sehen. Beobachten wir den Kreislauf des Leids, den wir sogar als Menschen durchlaufen, dann sehen wir eine endlose Kette von Geburt, Krankheit, Alter und Tod, die sich immer wieder bei jedem Menschen, den wir treffen, wiederholt. Und obwohl unser Körper frei zu sein scheint, bleibt unser Geist durch Verblendungen versklavt. Wenn wir meditieren, um Erbarmen zu entwickeln, müssen wir daher tief in die wirkliche Notlage der Lebewesen blicken und dürfen nicht nur beschränkte Beispiele wie etwa eine hungrige Person sehen. Natürlich müssen wir für eine solche Person Erbarmen erzeugen, aber es muß tiefer und weitreichender werden.

Nachdem wir immer wieder auf diese Weise meditiert haben, wird die zunehmende Kraft von Liebe und Erbarmen allmählich mühelos eine starke Entschlossenheit in uns entstehen lassen, volle persönliche Verantwortung für die Befreiung der Lebewesen von ihren Leiden zu übernehmen. Gleichzeitig müssen wir erkennen, wie den Lebewesen jegliches wirkliche Glück fehlt. Dadurch werden wir schließlich *Große Liebe* (Skt. *Mahamaitri*) entwickeln. Wenn wir über den Zustand der Lebewesen nachdenken, erkennen wir, daß ihnen jedes wirkliche, dauerhafte Glück fehlt. Selbst ihre Erfahrungen unreinen Glücks sind kurz. Tatsächlich leiden sie sogar dann noch. Wenn wir die traurige Lage erkennen, in der sich andere befinden, wird in uns der Wunsch entstehen, ihnen zu dem Glück zu verhelfen, nach dem sie so sehr verlangen. Indem wir diese Einstellung in uns nähren, entsteht die feste Entschlossenheit, diese Verantwortung auf uns zu nehmen. Das Fassen dieses Entschlusses ist viel stärker und mächtiger als der bloße Wunsch, den Wesen Glück zu geben. Wenn diese Liebe den Lebewesen gegenüber spontan und mühelos entsteht, dann haben wir Große Liebe voll entwickelt. Wir sprechen oft über Liebe und Erbarmen, aber dies ist die eigentliche Art und Weise, wie wirkliche Liebe und wirkliches Erbarmen entwickelt werden.

Tauschen seiner selbst mit anderen

Wenn wir diese Ebene reiner Liebe und reinen Erbarmens erreicht haben, beginnen wir die nächste Stufe der Anwendung, das *Tauschen seiner selbst mit anderen.* Das kann nur auf der Grundlage der Kraft von Liebe und Erbarmen entwickelt werden. Wenn wir von einem Tauschen sprechen, bezieht sich das nicht auf etwas so Unmögliches wie buchstäblich die anderen zu werden und umgekehrt. Gemeint ist ein Austausch geistiger Einstellungen. Derzeit halten wir uns für etwas sehr Kostbares und kümmern uns kaum um andere. Diese Auffassung wird durch diese Anwendung umgekehrt, und wir lernen, andere mehr zu schätzen und uns selbst weniger Beachtung zu schenken. Wenn wir das erreichen, wird sich unser Körper gar nicht verändert haben, in unserem Geist jedoch wird eine totale Veränderung stattgefunden haben, und alle unsere Handlungen des Körpers, der Rede und des Geistes werden einzig dem Zweck gewidmet sein, anderen zu nützen. Wenn wir uns dieses Prozesses bewußt werden, erkennen wir, daß die Anwendungen des Mahayana sehr weitreichend und außerordentlich nützlich für andere sind. Die ganze Anwendung wird mit der Motivation ausgeführt, daß alles, was wir tun, zum Wohl anderer geschieht. Wenn wir das nicht verstehen, meinen wir, daß wir mit dem Gebrauch der Begriffe *Großes Fahrzeug* und *Kleines Fahrzeug* (Skt. *Hinayana* und *Mahayana*) diese irgendwie werten. Das ist eine falsche Ansicht. Der einzige Unterschied zwischen diesen zwei Wegen bezieht sich auf die Kraft des Geistes und die Motivation der Anwendung. Das sind innere Unterschiede; sie haben nichts mit äußeren Kennzeichen zu tun.

Indem man den Geist durch dieses Tauschen seiner selbst mit anderen entwickelt, erkennt man schließlich, daß man alle seine körperlichen, sprachlichen und geistigen Aktivitäten einzig in den Dienst der anderen stellen muß. Sogar das Ein- und Ausatmen wird als Mittel verwendet, um den Geist für diesen Zweck zu entwickeln.

Geben und Nehmen

Wenn eine Person eine solche Meditation anwendet, erzeugt sie die Motivation, ihre Einstellung des Selbstschätzens zu zerstören, so daß an ihrer Stelle der Wunsch entsteht, anderen zu nützen. Dazu wenden wir eine Meditation an, in der wir uns die Eigenliebe als einen kleinen schwarzen Punkt in der Mitte der Brust, im Herzzentrum, vorstellen. Dann visualisieren wir alle Lebewesen rund um uns versammelt. Um diese Vorstellung zu vereinfachen, können wir uns die Höllenwesen, hungrigen Geister, Tiere, Asuras und Götter in menschlicher Gestalt vorstellen. Auch wenn eine solche Meditation für einen Anfänger schwierig sein mag, wird sie schließlich durch die Schulung des Geistes leichter. Jedes menschliche Wesen sollte man sich von seinem besonderen körperlichen und geistigen Leid gequält vorstellen. Dann erzeugen wir den aufrichtigen Wunsch, das Leid dieser Wesen auf uns zu nehmen und es in unserer Einstellung des Selbstschätzens aufzulösen. Das geschieht, indem wir uns alle körperlichen und geistigen Leiden der Wesen, die wir visualisieren, in der Form von schwarzem Rauch vorstellen. Dieser schwarze Rauch ihrer Leiden wird eingeatmet und in dem schwarzen Punkt der Eigenliebe in unserem Herzen aufgelöst. Wenn es nicht genügt, dies einmal zu tun, sollten wir es wiederholen, bis wir den Eindruck haben, wir hätten alles Leid dieser Wesen gründlich entfernt. Dann atmen wir aus mit dem Wunsch, den Wesen das Glück zu geben, nach dem sie sich sehnen, und gleichzeitig werden alle unsere bisher angesammelten heilsamen karmischen Eindrücke, unser heilsames Potential ebenso wie unser Glück und was immer wir an guten Eigenschaften haben, in reine, leuchtende Lichtstrahlen verwandelt. Diese werden mit unserem Atem ausgeatmet und strahlen nach außen, um alle Lebewesen zu umfassen. Wir stellen uns vor, daß die Wesen dadurch körperliches und geistiges Wohlergehen und Zufriedenheit erfahren.

Als nächstes denken wir über eine weitere Ursache für Leid unter den Wesen nach, über ihren Mangel an materiellen Bedürfnissen – Nahrung, Kleidung, Obdach und so weiter. Mit derselben reinen Motivation, dieses besondere Leiden in unserer Eigenliebe aufzulösen, atmen wir es wieder in der Form einer schwarzen Wolke ein und lösen es in unserem schwarzen Punkt der Eigenliebe im Herzen auf. In ähnlicher Weise verwandeln wir wieder alle unsere positiven Handlungen, unser angesammeltes heilsames Potential und unser Glück in Lichtstrahlen, die alle Wesen erreichen und alle ihre materiellen Bedürfnisse und Wünsche erfüllen.

Als drittes denken wir über eine weitere Quelle akuten Leids bei Lebewesen nach, über ihre Unwissenheit. Diese ist das schwerste Hindernis, das sie haben. Sie macht es ihnen unmöglich zu verstehen, was richtig ist und angenommen werden sollte und was falsch ist und aufgegeben werden sollte. Wir lösen diese Unwissenheit, die als schwarze Wolke visualisiert wird, wie zuvor auf. Dann verwandeln sich unsere Weisheit und unser heilsames Potential in leuchtende Lichtstrahlen, die gleicherweise auf alle scheinen, ihren Geist erhellen, die Dunkelheit ihrer Unwissenheit beseitigen und die Kraft ihrer Weisheit fördern und entwickeln. Jedesmal wenn wir die Auflösung der schwarzen Wolke des Leids der anderen beenden, wird der schwarze Punkt unseres Selbstschätzens kleiner und kleiner, bis er am Ende der dritten Auflösung vollständig verschwindet. In diesem Augenblick sollten wir uns vorstellen, daß er ganz zerstört worden ist.

Die Anwendung dieser Meditation, die den Atem benützt, nennen wir *Geben und Nehmen*. Es ist eine vorzügliche Methode, um heilsames Potential anzusammeln. Ich habe Ihnen eine andere Meditation beschrieben, die die Atmung verwendet, bei der man sich auf das Ein- und Ausatmen konzentriert. Aber hinsichtlich ihrer Wirkung können diese zwei Anwendungen nicht verglichen werden; Geben und Nehmen ist weitaus nützlicher und viel stärker. Wir müssen immer atmen, und dieser Atem braucht nicht vergeudet zu werden, sondern kann zu einem positiven Mittel für die Entwicklung unseres Geistes werden. Und da es eine gänzlich innere Anwendung ist, brauchen wir uns um die Neugierde, die Fragen oder die Kritik anderer nicht zu kümmern.

Diese Anwendung hilft uns, sowohl die richtige Einstellung anderen gegenüber als auch die Kraft des Geistes zu entwickeln. Vielleicht hat jemand Zweifel an ihrer Wirksamkeit und sagt, es sei ja nur eine Vorstellung und nütze daher den anderen nicht. Was ist also ihr Sinn? Es stimmt zwar, daß sie anderen nicht direkt nützt, aber der Geist wird dadurch dennoch entwickelt, und dies nützt den Wesen indirekt auf eine sehr positive Weise. Wenn zum Beispiel jemand immer in seinem Zimmer bleibt und nie unter Leute geht, aber in seinem Geist ständig böse Gedanken hegt und Pläne schmiedet, andere zu berauben, zu täuschen oder sogar zu töten, wird er unheilsame geistige Neigungen ansammeln, obwohl er zu diesem Zeitpunkt niemandem direkt schadet. Diese Neigungen werden sich später in Handlungen manifestieren, mit denen er anderen tatsächlich Schaden zufügt.

Wenn wir Geben und Nehmen anwenden, müssen wir zuerst über die Leiden der Wesen nachdenken und die Kraft des Erbarmens erzeugen, und dann aus diesem Erbarmen heraus, ihr Leid auf uns nehmen. Auch wenn wir den Wesen Glück schenken, müssen wir zuerst die Kraft der Liebe erzeugen und ihnen, aus dieser Liebe heraus, Glück schenken. Es ist eine der Eigenschaften der Meditation, daß ihre Wirkung auf die geistige Entwicklung und die Ansammlung von heilsamem Potential um so stärker und nützlicher ist, je weiter und umfassender ihr Objekt ist.

Verblendungen überwinden

Während dieses Prozesses geistiger Entwicklung sollten wir darauf achten, daß wir nicht über die Fehler anderer nachdenken, sondern uns dauernd unseres eigenen Geisteszustandes bewußt sind. Wir müssen ständig aufpassen, ob irgendwelche Verblendungen wie Anhaftung, Haß oder Eifersucht entstehen. Buddha wird immer in tiefer Meditation dargestellt. Wir sehen ihn nie herumschauen. Statt dessen ist er mit seinem inneren Zustand beschäftigt. Wenn wir imstande sind, unsere Verblendungen gleich am Beginn ihres Entstehens zu überwinden, ist das viel leichter, weil ihre Kraft, uns zu beeinflussen, am Anfang noch gering ist. Aber wenn wir nicht imstande sind, sie im Keim zu ersticken, werden sie an Kraft gewinnen und dann sehr schwer unter Kontrolle zu bringen sein. Um sie am Anfang zu stoppen, müssen wir natürlich fähig sein, sie klar zu erkennen, sonst werden wir ihr Entstehen nicht bemerken. Die gröberen Formen der Verblendungen wie Anhaftung, Abneigung oder Eifersucht können wir ganz leicht feststellen, aber es gibt viele subtilere und verborgenere Formen. Die Unterweisungen über die Geistesfaktoren werden in dieser Hinsicht hilfreich sein.

Wenn zum Beispiel Haß gegenüber einer Person oder einer Sache in unserem Geist aufzutreten beginnt und wir dies bemerken, können wir uns die negativen Wirkungen, die er erzeugt, ins Gedächtnis rufen und versuchen, ihn auf der Stelle zu ersticken, solange er noch schwach ist. Es gibt verschiedene Methoden, unsere Verblendungen zu überwinden und unter Kontrolle zu bringen, aber eine der besten ist, sie einfach zu beobachten. Im Fall von Haß sollten wir ihm unbeteiligt zusehen, um herauszufinden, wie er entstanden ist, was seine Natur ist, was sein Objekt, wo er hingeht und so weiter. Das wird dazu führen, daß der Haß einfach verschwindet. Wenn wir statt dessen unsere Aufmerksamkeit auf das Objekt des Hasses konzentrieren, wird das nur sein Anwachsen verursachen. Wir können dann die Kontrolle verlieren, und die Folgen werden sowohl für uns selbst als auch für andere nachteilig sein.

Auf die gleiche Weise können wir diese Methode unbeteiligten Beobachtens auf Eifersucht anwenden. Wenn starke Eifersucht auf jemanden entsteht, lassen Sie es nicht zu, daß der Geist sich unverzüglich an das Objekt der Eifersucht heftet. Beobachten Sie statt dessen einfach die Natur der Eifersucht selbst. Während Sie das tun, wird sie verschwinden. Sie ist wie eine Wolke, die am Himmel erscheint und sich dann wieder in den Raum hinein auflöst, aus dem sie gekommen ist. Die Verblendungen entstehen im Geist auch auf diese Weise, und wenn sie sich auflösen, lösen sie sich in den Geist selbst auf. Es kann dies auch mit den Meereswellen veranschaulicht werden, die anwachsen, hochbranden und dann wieder ins Meer zurücksinken. So müssen wir, wann immer wir können, aufmerksam sein, und wenn Verblendungen auftreten, müssen wir sie erkennen und überwinden. Sind Sie aber auf einer belebten Straße unterwegs, dann seien Sie bitte vorsichtig beim Beobachten Ihres Geistes! Sie könnten von einem Auto überfahren werden, wenn Sie nicht auf die Straße achten. Wenn wir uns schulen, immer wieder nach diesen Verblendungen Ausschau zu halten, sie beobachten und sie, sobald sie auftauchen, wieder auflösen lassen, dann wird sich unser Geist allmählich entwickeln, und die Verblendungen werden weniger häufig auftreten. Eine bestimmte Handlung ist um so leichter auszuführen, je mehr sie zur Gewohnheit wird. So wird sich auch unser Geist leicht entwickeln, wenn wir dieses Verhalten zur Gewohnheit werden lassen. Es ist, als würde man einen Kanal graben, in dem ein Bach oder ein Fluß ungehindert fließen kann.

In unserem tatsächlichen Leben haben wir oft die Neigung, die Schuld für alle Probleme, die uns unglücklich machen, bei anderen Personen oder Dingen zu suchen. „Weil der und der mir das angetan hat, ist alles, was geschehen ist, seine Schuld." Wir schieben die Schuld immer gern anderen zu. Aber auf diese Weise zu denken ist falsch, denn in Wirklichkeit ist die einzige Ursache für alles Leid, das wir erfahren, die eigene Einstellung des Selbstschätzens. Deshalb finden wir in einem Text eines der großen Kadampa-Meister einen Vers, der lautet: „Schiebe alle Schuld auf eines, *die Eigenliebe*, und sei dir der Güte aller Lebewesen bewußt." Um die Güte der Lebewesen zu schätzen, müssen wir über die Punkte nachdenken, über die ich gesprochen habe. Obwohl ich diese Anwendungen nacheinander erkläre, erfassen Sie sicher, daß sie alle eng miteinander verknüpft sind. Jeder Schritt nach vorn beruht auf den vorausgegangenen Schritten und ist mit den folgenden direkt verbunden.

Eine dritte Methode, mit Verblendungen fertig zu werden, kann am Beispiel des Hasses erklärt werden. Es ist am besten, Haß sobald wie möglich, gleich bei seinem Auftreten, zu ersticken. Aber selbst wenn er den Punkt erreicht, an dem er einen Eindruck unheilsamen geistigen Karmas erzeugt, können wir ihn noch zu unserem Vorteil verwandeln. Wir sollten überlegen, daß genauso, wie ich diesem Haß erlaubt habe zu entstehen und als Folge davon eine unheilsame Handlung ausgeführt habe, auch viele andere Wesen dieselben unheilsamen Handlungen auf Grund derselben Verblendung ausführen. Dann wünschen wir ernsthaft, daß der Fehler, den wir durch unsere Handlung auf uns geladen haben, für die unheilsamen Handlungen aller Wesen genügen möge:

„Dadurch, daß ich diesen Haß erfahren muß,
mögen alle anderen frei von Haß werden,
und mögen Liebe und Erbarmen in ihnen wachsen."

Jede unheilsame Handlung, die wir begehen, kann ähnlich gewidmet werden, indem man aufrichtig aus der Tiefe seines Herzens betet:

„Möge mein Fehlverhalten genügen für alle
unheilsamen Handlungen, die andere unter dem
Einfluß solcher Verblendungen wie Anhaftung
ausgeführt haben. Und indem ich dies
auf mich nehme, mögen andere frei sein
von dieser Verblendung und von den unheilsamen
Handlungen, die ihnen folgen. Mögen sie schnell
einen Zustand von Glück und Wohlergehen erlangen."

Wenn wir eine Handlung aus Unwissenheit begehen und später unseren Fehler erkennen, sollten wir auf dieselbe Weise den aufrichtigen Wunsch erzeugen, daß dadurch, daß wir die Verblendung der Unwissenheit und ihre Frucht erfahren müssen, dies ausreichen möge um die Ursache für ähnliches Leid, das andere erfahren müßten, zu beseitigen, und daß sie sich an Frieden, Glück und völliger Freiheit von Unwissenheit erfreuen mögen. Manche denken vielleicht, dies sei eine sinnlose Anwendung, weil wir die unheilsamen Handlungen und die Verblendungen anderer nicht wirklich auf uns nehmen können. Aber tatsächlich ist es eine sehr nützliche Anwendung, weil sie direkt hilft, unseren Geist zu entwickeln und unsere Verblendungen zu beseitigen. Wir können das am Beispiel zweier Länder veranschaulichen, die Krieg miteinander führen. Ihr Hauptziel ist es, einen klaren Sieg über ihren Gegner zu erringen, aber wenn sich das als unmöglich erweist, versuchen sie wenigstens, den gegenwärtigen Zustand aufrechtzuerhalten. Tritt eine Verblendung auf, dann ist es ebenso am besten, sie unverzüglich abzuschneiden. Aber wenn das mißlingt und sie die Oberhand gewinnt und unheilsame Handlungen erzeugt, dürfen wir es nicht einfach dabei bewenden lassen. Vielmehr sollten wir versuchen uns die Verblendung nutzbar zu machen.

Widrige Umstände in den Weg zur Befreiung umwandeln

Eine andere Art von Übung betrifft die Situationen, in denen wir entmutigt, bedrückt und niedergeschlagen sind. Mit dieser Methode ist es möglich, solche Situationen in heilsame Umstände zu verwandeln, die uns helfen können, Befreiung zu erlangen. Werden wir zum Beispiel fälschlicherweise von anderen beschuldigt oder ungerecht getadelt und kritisiert, dann neigen wir in der Regel dazu, sofort so zu reagieren: „Wie kannst du das behaupten? Ich habe nichts dergleichen getan." Wenn wir jedoch diese spezielle Übung anwenden, halten wir uns sofort im Zaum, anstatt auf eine solche Kränkung zu reagieren und entsprechend zu erwidern. Wir führen uns vor Augen, daß diese Beleidigung nicht allein von der anderen Person verursacht wurde, sondern in Wirklichkeit eine Folge unserer Eigenliebe ist. Wir haben in der Vergangenheit andere Menschen ungerechterweise beschuldigt und getadelt, und als Folge davon erfahren wir jetzt die Wirkung dieser Handlungen. Mit Hilfe dieser Gedanken können wir die Situation bereitwillig annehmen. Wenn wir verdorbene Nahrung essen und dadurch eine Lebensmittelvergiftung bekommen, können wir außer uns selbst niemanden dafür verantwortlich machen. Sie ist nur die Folge unserer Handlungen. Sind wir zu solcher Selbstbeherrschung fähig, dann wird das einerseits verhindern, daß eine unangenehme Situation schlimmer wird, und andererseits wird es uns selbst und anderen Ausgeglichenheit im Geist bringen.

Diese Situation ist auch noch auf andere Weise nützlich, denn dadurch, daß wir sie erfahren, ist der Same einer früher ausgeführten unheilsamen Handlung jetzt vollständig gereift, und ihre Frucht ist aufgebraucht worden. Es ist wie beim Säen von Weizen; bei der Ernte ist der Vorgang des Wachsens abgeschlossen. Auf die gleiche Weise hat das Erfahren dieser unerfreulichen Situation einen unheilsamen karmischen Samen beseitigt. Wenn wir unsere Erfahrung von diesem Gesichtspunkt aus sehen, sollten wir der Person, die unfreundlich zu uns war, eigentlich dankbar sein und ihre Güte als Hilfe für unsere Anwendung betrachten.

Vielleicht erleben wir auch, daß andere uns beleidigen und sich über uns lustig machen, weil wir schwach oder machtlos sind. Aber auch da sollten wir uns nicht entmutigen lassen. Eine unerfreuliche Erfahrung dieser Art ist das Resultat einer Ursache, die früher von uns selbst erzeugt wurde. Aufgrund unserer Eigenliebe haben wir andere genau gleich behandelt, und jetzt fällt unsere Unfreundlichkeit voll auf uns zurück. Daher sollten wir die gegen uns gerichtete Beleidigung oder den Spott freiwillig hinnehmen und uns nicht entmutigen lassen oder negativ reagieren. Wieder sollten wir so einer Person dankbar sein, weil sie es uns ermöglicht hat, die früher von uns angesammelten Samen unheilsamer Handlungen zu beseitigen. Dies könnte mit dem Entfernen eines Krebsgeschwürs oder der Heilung einer chronischen Krankheit verglichen werden. Dabei erleiden wir vielleicht in vieler Hinsicht Verluste: Geschäftsmöglichkeiten, Arbeitszeit, Honorare, die wir dem Arzt und dem Krankenhaus bezahlen müssen, und so weiter. Aber es wäre lächerlich, solche Verluste zu bedauern und das Gefühl zu haben, es sei nicht der Mühe wert gewesen, von der Krankheit geheilt zu werden. Diese unerfreulichen Erfahrungen sollten in einem ähnlichen Licht gesehen werden. Sie sind die Beseitigung unheilsamer Samen, die aus gleichartigen, von uns selbst ausgeführten Handlungen entstehen. Früher waren wir die Ursache dafür, daß andere Beleidigung und Tadel erlitten. Wenn wir das im Gedächtnis behalten und unsere übliche Auffassung solcher Vorfälle umwandeln können, sie freiwillig akzeptieren mit Dankbarkeit gegenüber der Person, die sie auslöst und uns dadurch in die Lage versetzt, unsere karmischen Eindrücke zu bereinigen, wird sich das als eine sehr heilsame Handlung unsererseits erweisen.

Auch wenn in unserer Familie oder mit Freunden Streit ausbricht, macht uns das gewöhnlich sehr traurig. Aber diese Situationen können wieder benützt werden, um den

Geist zu verändern und zu entwickeln. Statt deprimiert zu sein, sollten wir uns daran erinnern, daß solche Vorfälle das Resultat ähnlicher Handlungen sind, die wir selbst unter dem Einfluß der Eigenliebe ausgeführt haben; daß wir uns zum Beispiel auf böses Geschwätz über andere eingelassen haben. So sollten wir froh darüber sein, daß wir die Gelegenheit haben, diese Eindrücke allmählich zu beseitigen. Wenn wir imstande sind, gewohnheitsmäßig so zu reagieren, werden wir feststellen, daß wir uns durch widrige Umstände, gleich welcher Art, weder traurig, deprimiert noch entmutigt zu fühlen brauchen.

Auch günstige Umstände wie das Erlangen von Reichtum oder Ruhm können auf ähnliche Weise umgewandelt werden. Wenn die Dinge sich gut entwickeln, sollten wir uns daran erinnern, daß diese beglückenden Erfahrungen die Frucht früher ausgeführter heilsamer Handlungen sind. Diese wiederum sind entstanden aus einer Einstellung des Wertschätzens anderer, dadurch, daß wir ihnen in Zeiten der Not geholfen haben und so weiter. Daher müssen wir auch in der Zukunft solche heilsamen Handlungen ausführen und unseren Geist in positiver Weise entwickeln, indem wir die Einstellung des Wertschätzens anderer jederzeit pflegen.

Im Lauf unseres Lebens werden wir mit vielen geistigen und körperlichen Schwierigkeiten konfrontiert, und es wird sehr hilfreich sein, wenn wir in solchen Zeiten diese Methoden des Umwandelns anwenden können. Gelingt uns dies, dann werden uns das freiwillige Annehmen und die positive Umwandlung der Umstände bestimmt von Nutzen sein, selbst wenn wir ernstlich krank oder dem Tod nahe sind. Wir sollten uns von solchen Umständen nicht entmutigen lassen, sondern verstehen, daß sie die Früchte der Ansammlung unserer unheilsamen Handlungen und ein Produkt unserer Eigenliebe sind.

Diejenigen, die die Methode des Gebens und Nehmens anwenden, tun dies im täglichen Leben ständig, besonders in den schwierigsten Situationen wie in schwerer Krankheit oder an der Schwelle des Todes. Sie beten aufrichtig, daß ihr Erleiden einer schweren Krankheit und so weiter ausreichen möge, um alle anderen Wesen von ähnlicher Mühsal zu befreien. Jemand, der sich so verhält, mag körperlich leiden, aber er fährt fort, in seinem Geist eine immer stärker werdende heilsame Einstellung zu entwickeln. Er stützt sich auch auf seine befriedigenden und glücklichen Erfahrungen als Quelle für das Entwickeln der richtigen Einstellung des Wertschätzens anderer.

Wir sollten solche Zeiten, in denen wir körperliches und geistiges Leid erfahren, mit Dankbarkeit willkommen heißen und verstehen, daß sie das Reifen unheilsamen Karmas sind, das wir über lange Zeit angehäuft haben. Diese Übung kann in jeder Lage entwickelt werden - wenn wir arbeiten, wenn wir mit anderen leben oder wenn wir allein sind - und das Ergebnis unserer Anwendung wird Frieden und Glück im Geist sein, sowohl bei uns selbst als auch bei anderen.

Wenn jemand großen Frieden und Glück besitzt, sind diese im allgemeinen immer stärker als irgendein körperliches Leid. Durch die große Zunahme geistigen Wohlergehens, das diese Anwendung erzeugt, wird sie Leid verringern. Wir können uns hier das Beispiel der zwei Personen ins Gedächtnis rufen, die beide an einer schweren Krankheit leiden. Wenn die eine von ihnen diese Methoden anwendet und die andere nicht, werden wir sehen können, welche von ihnen fähig ist, ihre Leiden am besten zu ertragen. Obwohl der Kranke, der Geben und Nehmen übt, grosse körperliche Schmerzen haben mag, wird er auf Grund des friedvollen Zustandes seines Geistes doch imstande sein zu lächeln. Eine Person mit großen körperlichen Schmerzen, die jedoch keine solche Methode anwendet und ihren Geist nicht entwickelt hat, ist deprimiert und hat Angst, was die Schmerzen nur schlimmer macht. Es gibt Menschen, die sogar während des Sterbens mit der Anwendung des Nehmens und Gebens fortfahren, so daß sie ruhig und friedlich dasitzen und ihre Gebete mit ausgeglichenem Geist rezitieren.

Da wir alle dem Tod ins Gesicht sehen müssen, wird es für uns alle von Nutzen sein, wenn wir jetzt beginnen, uns darauf vorzubereiten, und fähig sind, diese Anwendung im

Sterben fortzusetzen. So brauchen wir uns keine Sorgen darüber zu machen, ob wir eine glückliche Wiedergeburt erlangen oder nicht. Außerdem kann das Entwickeln einer solchen Übung zur Bereinigung unserer Verblendungen beitragen. Es ist keine schwierige Anwendung, und wenn wir sie klar verstehen, können wir sie vollständig in unserem Geist ausführen. Diese Art der Anwendung heißt *Widrige Umstände in den Weg zur Befreiung umwandeln.* Wir sollten nicht nur einen oder zwei Tage so üben, sondern unser ganzes Leben lang. Auch wenn es am Anfang schwierig sein mag – es wird leichter werden, wenn wir beständig sind.

Die fünf Kräfte

Es gibt noch eine Dharma-Übung, die *Alle Anwendungen eines Lebens in den fünf Kräften zusammenführen* genannt wird.

1 Kraft der Motivation

Die erste Kraft ist die *Kraft der Motivation.* Das bedeutet, daß am Morgen beim Aufwachen unser erster Gedanke dem Erzeugen der Kraft der Motivation für die Aktivitäten des vor uns liegenden Tages und für unser Leben im allgemeinen gelten sollte. Wir besinnen uns darauf, daß wir von jetzt an das uns verbleibende Leben richtig nützen und unsere Zeit mit den Anwendungen verbringen werden, die unseren Geist in einer heilsamen Weise schulen und entwickeln. Wenn es zu schwierig ist, sollten wir wenigstens den festen Entschluß fassen, diesen bestimmten Tag mit Entwickeln und Schulen unseres Geistes zu verbringen. Am nächsten Morgen können wir dann denselben Entschluß fassen und diese reine Motivation erzeugen. Es wird Ihnen nicht zu mühsam sein, diese Motivation täglich zu erneuern. Anstatt also beim Aufwachen das zu tun, was wir gewöhnlich tun, nämlich über die vielen Tätigkeiten nachzudenken, die der Tag bringen wird, erzeugen wir diese positive Entschlossenheit, ihn mit heilsamen Handlungen zu verbringen. Diese Motivation ist sehr stark und verleiht unseren täglichen Aktivitäten eine große Kraft.

2 Kraft der Gewöhnung

Die zweite Kraft ist die *Kraft der Gewöhnung.* Nachdem wir die Motivation für den Tag bestimmt haben, verbringen wir ihn damit, den Geist zu schulen und eine heilsame Denkweise zu entwickeln. Auch dies sollten wir nicht nur während einiger Tage tun, sondern jeden Tag, bis wir als Ergebnis ständigen Vertrautmachens mit diesen Methoden die Kraft der Gewöhnung entwickeln. Wie ich schon gesagt habe, wenn wir uns an etwas gewöhnen, wird es von selbst leichter. Die Kraft der Gewöhnung ist einer der wichtigsten Faktoren für den Fortschritt in der Meditation. Üben wir wiederholt jeden Tag mit demselben Meditationsobjekt, ohne es zu wechseln, wenn es uns langweilt, dann werden wir schließlich sehr vertraut mit ihm werden. Als Folge wird es uns nach und nach leichter fallen zu meditieren, und wir werden schnellen Fortschritt machen. Man kann selbstverständlich mehrere Methoden anwenden, aber wenn wir unsere Aufmerksamkeit auf eine bestimmte konzentrieren, werden wir viel schnelleren Fortschritt erzielen. Eine andere Möglichkeit ist, mit verschiedenen Methoden zu beginnen und, nachdem man mit ihnen vertraut geworden ist, eine als die Hauptübung auszuwählen und sich in erster Linie auf diese zu konzentrieren.

3 Kraft des Weißen Samens

Die dritte Kraft ist die *Kraft des Weißen Samens.* Das bezieht sich auf die Ansammlung von heilsamem Potential und auf die Reinigung von Hindernissen. Solche Hindernisse oder unheilsamen karmischen Eindrücke werden bereinigt, indem wir unsere Dharma-Anwendungen, unsere Meditationen, Gebete und so weiter für diesen Zweck widmen. Wir müssen uns zuerst unsere unheilsamen Handlungen ins Gedächtnis rufen und einsehen, daß sie falsch waren. Dann entwickeln wir aufrichtige Reue und konzentrieren uns schließlich darauf, diese bestimmten Eindrücke zu beseitigen. Diese Art der Meditation wird als *Meditation der Reinigung* beschrieben. Je stärker wir aufrichtig bereuen, unheilsame Handlungen ausgeführt zu haben, desto größer ist die Kraft unserer Anwendung zur Bereinigung des Eindrucks. Wir mögen noch so viele Methoden anwenden, ohne die Kraft aufrichtiger Reue, werden wir feststellen, daß sie nicht besonders wirksam für die Beseitigung unserer unheilsamen Eindrücke sind. Wir können das am Beispiel einer Person veranschaulichen, die versehentlich Gift eingenommen hat. Ihre Bemühungen, das Gift auszuscheiden, hängen davon ab, wie sehr sie ihren Irrtum bereut; wenn sie sich nichts daraus macht, wird sie nichts tun, um ihm entgegenzuwirken. Auf die gleiche Weise wird jede Übung, die wir anwenden, um die karmischen Folgen unserer früheren falschen Handlungen zu mindern, um so wirksamer sein, je mehr wir aufrichtig bereuen. So ist es sehr vorteilhaft, von Zeit zu Zeit das eigene Leben von der Kindheit an zu überdenken und uns die Fehler, die wir gemacht haben, in Erinnerung zu rufen. Dabei werden wir vieles entdecken, was uns gewöhnlich nicht bewußt ist. Wenn wir dann aufrichtige Reue erzeugen und unsere Meditation auf das Bereinigen dieser bestimmten Eindrükke konzentrieren, wird es uns gelingen, die Hindernisse, die sonst als Resultat aus ihnen entstehen würden, wirksam zu beseitigen. So sind das Bereinigen der Eindrücke und das Ansammeln von heilsamem Potential in der Kraft des Weißen Samens enthalten.

4 Kraft der Zerstörung

Die vierte Kraft ist die *Kraft der Zerstörung*, das wiederholtes Nachdenken über die schädlichen Eigenschaften zum Beispiel der Eigenliebe, über ihre unheilsamen Merkmale und die Fehler, die sie zur Folge hat. Wenn wir uns bemühen, diese Kraft zu entwickeln, sollten wir gewissenhaft untersuchen, auf welche Weise die Eigenliebe die Hauptursache aller unserer Probleme ist. Indem wir das klar sehen, müssen wir den Entschluß fassen es nicht zuzulassen, daß unser Geist von der Sorge um uns selbst beherrscht wird. Bei dieser vierten Kraft geht es darum die negativen Eigenschaften einer solchen falschen Auffassung zu durchschauen. Dadurch läßt ihre Kraft immer mehr nach.

5 Kraft des Gebets

Die letzte dieser Kräfte ist die *Kraft des Gebets.* Das bedeutet, daß wir durch die Kraft aufrichtiger Widmung alle unsere heilsamen Handlungen, Eigenschaften und Anwendungen nicht nur für unser eigenes Glück darbringen, sondern zum Wohle aller Wesen. Diese Anwendung des richtigen Widmens ist sehr wichtig. Wir können unsere Ansammlung heilsamen Potentials mit einem Flugzeug vergleichen und unsere Widmung dieses heilsamen Potentials mit dem Piloten. Obwohl ein Flugzeug flugtüchtig sein mag, braucht es, um starten zu können, einen Piloten, damit es in die richtige Richtung fliegt. Ähnlich ist die Kraft heilsamer Handlungen zwar stark, aber sie muß auf ein bestimmtes Ziel und einen bestimmten Zweck gerichtet werden. Dies hängt ganz von der Widmung des heilsamen Potentials ab. Selbst wenn die eigene Ansammlung heilsamen Potentials nicht sehr groß ist, wird sie durch richtiges Widmen für das Wohl aller Wesen zu einem wirksamen Faktor für das Erlangen der Befreiung.

Obwohl diese Anwendungen uns helfen, unseren Geist zu entwickeln, werden wir schließlich feststellen, daß sie uns nicht in die Lage versetzen, anderen direkt zu helfen, damit sie von ihrem Leid befreit werden und das Glück erlangen, das sie ersehnen. Diese Erkenntnis kann uns dann zur nächsten Stufe führen, wo wir eine aufrichtige Entschlossenheit entwickeln, die volle Verantwortung für das Beseitigen des Leids und das Sichern des Glücks der andern auf uns zu nehmen und Übungen anzuwenden, die uns befähigen, dieses Vorhaben selbst auszuführen.

Das höchste Streben

Diese Einstellung, die die volle Verantwortung für alle Wesen auf sich nimmt, wird als *höchstes Streben* bezeichnet. Es ist das *Höchste* insofern, als es höher ist als jede der vorangehenden Stufen der Entwicklung des Geistes. Entwikkelt man zum Beispiel Liebe und Erbarmen, dann erzeugt man zwar den reinen Wunsch, daß alle Wesen Glück erfahren mögen, und man nimmt bereitwillig ihr Leid auf sich, aber es fehlt doch die Entschlossenheit, selbst die volle Verantwortung zu übernehmen. Wenn wir einmal einen solchen Entschluß fest gefaßt haben, müssen wir überlegen, ob wir in der Lage sind, ihn auszuführen oder nicht. Besitzen wir die Fähigkeit und die Mittel, um tatsächlich die Verantwortung für die Befreiung aller Wesen von Leid auf uns zu nehmen? Wenn wir uns ehrlich prüfen, werden wir feststellen, daß dem nicht so ist.

Selbst Wesen wie Arhats und Bodhisattvas, die fortgeschrittene Stufen auf dem Weg erreicht haben, fehlt noch die volle Fähigkeit dazu, obwohl sie fest entschlossen sind, sich einzig für das Wohl anderer einzusetzen.

Die notwendige Kraft, um alle Wesen zu einer Freiheit von Leid zu führen, wird erst beim Erreichen der Buddhaschaft gewonnen. Buddha heißt auf tibetisch *Sanggye*. *Sang* bedeutet *erwacht,* und *Gye* bedeutet *vervollkommnet.* Wovon erwacht? Erwacht von allen Hindernissen. Worin vervollkommnet? Vollkommen in Weisheit, Erbarmen und Kraft. Da ein Buddha alle Hindernisse beseitigt hat, gibt es keine Einschränkung in den Mitteln, mit denen er anderen von Nutzen sein kann. Und weil außerdem alle Hindernisse der Allwissenheit beseitigt sind, gibt es nichts, was ein Buddha nicht wahrnehmen kann. Da Erbarmen und Weisheit allein beim Erfüllen ihrer Aufgabe noch auf Schwierigkeiten stoßen könnten, sind auch die Kraft und die geschickten Mittel eines Buddha zur Vervollkommnung gebracht. Und gegenüber jedem Lebewesen besitzt ein Buddha tiefen Gleichmut, der alle in Weisheit, Erbarmen und Kraft umfaßt.

Ein Buddha ist wie die Sonne. An einem klaren Tag scheint die Sonne gleichmäßig auf die Erde; sie hat keinerlei Vorliebe, hier mehr zu scheinen als dort. Die ganze Erde wird von ihren Strahlen erwärmt. Aber wenn ein Eimer umgestülpt ist, wird es selbst dem hellsten Sonnenlicht nicht möglich sein, in ihn einzudringen. So ist ein Buddha in jeder Hinsicht vollkommen, aber wir müssen auch von unserer Seite bereit sein, eine Verbindung herzustellen. Wenn das nicht so wäre, könnte man sich wundern, warum die Wesen immer noch leiden, wo doch Buddhas allumfassende Weisheit, Erbarmen und vollständige Kraft besitzen. In der Vergangenheit hat es unzählige Buddhas gegeben, aber es genügt nicht, daß die Buddhas selbst vollkommen sind. Nur durch eine Verbindung beider, der Buddhas und der Lebewesen, kann etwas erreicht werden. Wenn Lebewesen bereit und reif sind, können sie eine Verbindung mit den Buddhas herstellen, die immer gewillt und fähig sind, ihnen zu helfen.

Wenn jemand die Eigenschaften der Buddhaschaft verstanden hat, entwickelt er in seinem Geist einen aufrichtigen Entschluß, den Zustand der vollen Erleuchtung zu erreichen, einzig, um anderen zu nützen. Diese feste Entschlossenheit, Buddhaschaft zum Wohl aller Wesen zu erlangen, ist der *Erleuchtungsgeist* (Skt. *Bodhitschitta*). Alle Anwendungen, die ich bisher erklärt habe, wie das Entwickeln des Wertschätzens anderer, das Entwickeln von großer Liebe und Erbarmen und sich an die Güte der anderen zu erinnern, sind Mittel, um den Erleuchtungsgeist zu erzeugen. Aber sie sind nicht der Erleuchtungsgeist selbst. Diese Erklärungen sollten Ihnen helfen zu verstehen, was ein Buddha ist und was Buddhaschaft bedeutet.

Bodhi heißt Erleuchtung, *Tschitta* ist der Geist. Daher ist *Bodhitschitta* der Erleuchtungsgeist, der Geist, der Buddhaschaft erlangen möchte. Das ist ein wichtiger Punkt, der klar verstanden werden muß. Der Erleuchtungsgeist ist nicht eine gewöhnliche geistige Einstellung, sondern eine Einstellung fester Entschlossenheit, Buddhaschaft zu erlangen, um die Notwendigkeiten aller Lebewesen zu erfüllen. Damit von Erleuchtungsgeist gesprochen werden kann, genügt es nicht, daß ein solcher Geisteszustand ein- oder zweimal auftritt. Er muß als Resultat wiederholter Erfahrungen einer solchen Einstellung tief verwurzelt sein. Wenn einem diese Geisteseinstellung durch ständige Bemühung geläufig wird und spontan auftritt, dann ist das der tatsächliche Erleuchtungsgeist, und die Person, die ihn entwickelt hat, wird zu einem richtigen Bodhisattva, einem Wanderer auf dem Weg des Mahayana.

Der Bodhisattva

Wir hören oft dieses Wort *Bodhisattva,* und deshalb ist es notwendig, genau zu verstehen, was es bedeutet. Wir könnten denken, eine Person höre auf, die Einstellungen von Liebe und Erbarmen zu pflegen, nachdem sie den Erleuchtungsgeist entwickelt hat und dadurch ein Bodhisattva geworden ist. Diese Einstellungen sind jedoch nicht nur ein Mittel, um den Erleuchtungsgeist zu entwickeln, sondern werden auch nach seinem Erlangen weiter beibehalten und vertieft. Das Anwenden von Liebe und Erbarmen stärkt den Erleuchtungsgeist des Bodhisattva, und umgekehrt stärkt die Entwicklung des Erleuchtungsgeistes seine Anwendung von Liebe und Erbarmen. Das Entwickeln des Erleuchtungsgeistes ist jedoch nur der Anfang. Der Bodhisattva wünscht jetzt energisch, Buddhaschaft zu erlangen, aber er muß noch auf dieses Ziel hinarbeiten. So ist es auch bei gewöhnlichen Unternehmungen. Wenn wir fest beschlossen haben, etwas zu tun, müssen wir noch die Handlungen ausführen, die nötig sind, um die Aufgabe zu vollenden. So beginnt der Bodhisattva nun, am Erlangen der Buddhaschaft zu arbeiten. Auf der Grundlage aller seiner früheren Anwendungen wie Liebe und Erbarmen beginnt er jetzt die Anwendung der sechs Vollkommenheiten.

Die Paramitas

Das Paramita des Gebens

Die erste der sechs Vollkommenheiten (Skt. *Paramita*) ist das Paramita des Gebens. Es wird in vier Teile gegliedert: das Geben von Dharma, das Geben von materieller Hilfe, das Geben von Schutz und das Geben von Liebe.

1 Geben von Dharma

Das *Geben von Dharma* besteht darin, andere zu lehren, was heilsam ist und angewendet werden sollte und was unheilsam ist und unterlassen werden sollte. Das muß ohne jeden Wunsch, Ruhm oder Achtung für sich selbst zu gewinnen, einzig zum Wohl anderer ausgeführt werden. Nicht die Worte der Unterweisung sind das eigentliche Geben von Dharma, sondern die Absicht, die Unterweisung nur zum Wohl anderer zu geben. So ist nicht das, *was* wir geben, das Wesentliche am Geben, sondern es ist der gebende Geist oder die geistige Einstellung des Gebens. Wenn die Unterweisung mit dieser Motivation gegeben wird, ist dies eine Anwendung der Vollkommenheit des Gebens von Dharma. Wenn wir eine Unterweisung mit einer anderen Motivation geben, zum Beispiel dem Wunsch, persönlichen Ruhm oder Ansehen zu gewinnen, ist das keine reine Anwendung von Geben. Wir können sehen, daß das Geben von Dharma sehr nützlich ist, weil es den Menschen zeigt, was richtiges Verhalten ist, was man tun und was man unterlassen sollte.

2 Geben von materieller Hilfe

Das *Geben von materieller Hilfe* bezieht sich auf Dinge wie Nahrung und Kleidung. Auch hier ist das wahre Geben materieller Hilfe wieder der Geist, der diese Dinge frei von Geiz und Anhaftung gibt, mit dem Zweck, anderen zu nützen.

Diese geistige Einstellung ist das Geben materieller Hilfe. Nahrung, Kleidung und so weiter sind die Objekte, die gegeben werden. Es ist wichtig zu verstehen, daß das tatsächliche Geben materieller Hilfe der Geist ist, der dies mit einer reinen Motivation tut. Die Dinge, die gegeben werden, sind nur an der Handlung beteiligte Objekte.

Die Handlung des Gebens hat drei Aspekte: Erstens den Gebenden, zweitens die Absicht des Gebens, die von Anhaftung frei sein muß und die eigentliche Anwendung der Vollkommenheit des Gebens ist, und drittens das Objekt, das gegeben wird. Diese drei Aspekte machen es auch einem Dharma-Anwender ohne materiellen Besitz möglich, solches Geben auszuführen. Warum? Weil er die geistige Einstellung des Gebens, den gebenden Geist entwickeln kann. Wie bei der Anwendung des Nehmens und Gebens kann er seine heilsamen Handlungen und sein angesammeltes heilsames Potential für das Wohl anderer widmen, auch wenn er über keinerlei Reichtum oder Besitz verfügt. Dies ermöglicht es ihm, diese Anwendung genauso wie jeder andere zu entwickeln. Ist allerdings jemand vermögend, dann sollte er nicht nur diese geistige Einstellung entwikkeln, sondern materielle Dinge auch tatsächlich geben.

3 Geben von Schutz

Das *Geben von Schutz* bedeutet, zum Beispiel jemanden zu beschützen, der Angst hat oder in Gefahr ist. Hier ist wieder die Absicht, einer solchen Person Schutz zu gewähren, die eigentliche Anwendung von Geben. Wenn wir draußen spazierengehen und einen Fisch sehen, der an Land gespült worden ist, ihn vorsichtig aufheben und zurück ins Wasser werfen, ist dies ein Geben von Schutz. Oder wenn wir ein Landtier sehen, das ins Wasser gefallen und am Ertrinken ist, es herausziehen und ins Trockene bringen, ist das ein Geben von Schutz. Das ist nicht schwierig auszuführen, jeder kann es tun, zum Beispiel, indem wir vorsichtig ein Insekt von unserer Kleidung wegnehmen oder wegblasen, damit es durch unsere Bewegungen nicht verletzt wird. Wenn wir eine Machstellung innehaben und mit guter

Absicht versuchen, einen Krieg aufzuhalten, weil wir wissen, daß viele Menschen durch die Kämpfe in Gefahr geraten, ist auch dies Geben von Schutz. Kurz, es betrifft alle Handlungen, die aus einer reinen und mitfühlenden Absicht entstehen und andere vor Gefahr schützen.

4 Geben von Liebe

Wie ich erklärt habe, fehlt letztlich allen Lebewesen wirkliches Glück. Wenn wir auf Grund dieser Erkenntnis den reinen Entschluß fassen, ihnen in Verbindung mit solchen Anwendungen wie Nehmen und Geben, alles Glück zu geben, das sie sich wünschen, dann ist dieser reine Wunsch für das Wohlergehen aller Wesen das *Geben von Liebe.*

So können wir sehen, daß es verschiedene Arten gibt, Geben anzuwenden; es ist nicht nur auf das Geben materieller Hilfe beschränkt. Meditierende, die in der Einsamkeit der Berge ohne jeden materiellen Besitz leben, sind in der Lage, die Vollkommenheit des Gebens zu vollenden, indem sie diese reine Absicht in ihrem Geist entwickeln.

Wenn man fähig ist, das Geben von Dharma anzuwenden, ist das sehr nützlich, aber selbst, wenn dies nicht möglich ist, kann jedermann die anderen drei Arten des Gebens anwenden. Paramita bedeutet *hinübergegangen* oder *perfekt.* Genaugenommen bezieht sich dies nur auf die Vervollkommnung der Anwendung beim Erreichen der Buddhaschaft. Die Anwendung des Gebens mit der Motivation des Bodhitschitta ist ebenfalls ein Mittel, um diesen Zustand der Vollkommenheit zu erlangen.

Das Paramita der Ethik

Als Nächstes folgt das Paramita der Ethik. Ethik wird im allgemeinen als die Eigenschaft des Geistes betrachtet, die uns davon abhält, unheilsame körperliche, sprachliche oder geistige Handlungen zu begehen. Die Gelübde des Laien und des Mönches gelten auch als Aspekte der Ethik. Aber dennoch braucht man nicht Gelübde zu nehmen oder ordiniert zu werden, um Ethik zu folgen. Man kann zum Beispiel die Disziplin des *Vermeidens der zehn unheilsamen Handlungen* anwenden. Diese werden in drei Handlungen des Körpers, vier Handlungen der Rede und drei Handlungen des Geistes unterteilt. Die erste der *drei unheilsamen Handlungen des Körpers* ist *Töten.* Wenn wir im Begriff sind zu töten oder es vorhaben und uns in Erinnerung rufen, daß es falsch ist, und es unterlassen, ist das eine Anwendung der Ethik des Vermeidens von Töten. Das gleiche gilt für die beiden anderen unheilsamen Handlungen des Körpers, *Stehlen* und *sexuelles Fehlverhalten.*

Immer wenn wir in eine solche Lage kommen und uns beherrschen, anstatt die unheilsame Handlung auszuführen, wenden wir Ethik an.

Dies gilt auch für die *vier unheilsamen Handlungen der Rede: Lügen, Schimpfen, Verleumden* und *Schwätzen.* Wenn wir unseren Geist davon abwenden und solche sprachlichen Handlungen unterlassen, wenden wir Ethik an. Wir neigen zum Beispiel alle zum *Lügen.* Sobald der Wunsch auftaucht zu lügen, sollten wir uns sofort an die Fehler des Lügens erinnern und daran, wie es uns und anderen schadet. Wenn wir in der Vergangenheit gelogen haben, werden wir das Resultat in diesem Leben dadurch erfahren, daß andere uns trotz unserer Aufrichtigkeit nicht glauben und wir oft von ihnen betrogen werden. Solche Situationen sind das karmische Resultat unserer früheren Lügen. Indem wir unser Bewußtsein bezüglich solcher Folgen vertiefen und ihre Ursache meiden, in diesem Fall das Lügen, wenden wir Ethik an.

Auch wenn der Wunsch entsteht, jemanden zu *verleumden* oder *Zwietracht zwischen zwei Personen zu säen,* müssen wir uns sofort die schädlichen Wirkungen solcher Handlungen vor Augen führen. Wir sollten sehen, wie sehr sie eine Ursache für Leid für uns selbst und für andere sind. Vielleicht erleben wir den Verlust von Freundschaften, die früher harmonisch waren. Das ist die karmische Wirkung des Anschwärzens und des Brechens von Freundschaften anderer Menschen. Wenn wir an die Folgen des Verleumdens denken und es deshalb unterlassen, folgen wir der Ethik des Vermeidens von Verleumden.

Dies gilt auch für die dritte unheilsame Handlung der Rede, *Beleidigen* oder *Schimpfen*. Wenn wir ein Tier oder eine Person grob schelten, verursacht es ihnen geistiges Leid. Und wenn wir dazu neigen, zu schimpfen oder zu beleidigen, sollten wir erkennen, wie falsch es ist und wie es anderen schadet. Wir alle wissen, daß es verletzt, wenn uns jemand schimpft. So erfahren diejenigen, die grober Rede ausgesetzt sind, die karmischen Wirkungen ähnlicher Handlungen. Sich der negativen Eigenschaften solcher Handlungen bewußt zu werden und von ihnen Abstand zu nehmen ist die Ethik des Vermeidens grober Rede.

Die vierte unheilsame Handlung der Rede ist müßiges *Schwätzen* oder Geplauder über negative und bedeutungslose Dinge. Auf Grund von Verblendungen wie Begierde und Haß verbringen wir damit endlose Stunden. Es ist eine der üblichsten Arten, Zeit zu vergeuden. Wir müssen versuchen, solches Geplapper einzuschränken. Wenn wir imstande sind, über Dinge zu reden, die unser Verständnis von Dharma vermehren oder sich auf unser Studium und unsere Anwendung beziehen, wird es nützlich sein, aber Zeit lediglich mit Schwätzen zu vergeuden ist sehr schädlich; es dient nur dazu, uns von unserer Anwendung abzulenken. Leute, die dazu neigen, Tag für Tag und womöglich ihr ganzes Leben mit achtlosen verbalen Ergüssen zu verbringen, erfahren das karmische Resultat früherer Neigung zum Schwätzen. Wir müssen die schädlichen Folgen erkennen, die entstehen, wenn wir weiterhin unserem Geschwätz freien Lauf lassen, und müssen es abstellen. Es ist durch Verblendungen verursacht; solches Verhalten fortzusetzen wird diese nur verstärken. Wenn wir Zeit mit sinnlosen Handlungen verbringen, werden Anhaftung, Haß, Eifersucht und ähnliche unheilsame Geisteszustände unweigerlich auftreten. Gelingt es uns daher, leeres Geschwätz zu verringern und unsere Rede in einer sinnvolleren und nützlicheren Weise zu gebrauchen, dann wenden wir Dharma an.

Weiter folgen die *drei unheilsamen Handlungen des Geistes.* Die erste ist *Gier,* unsere Neigung, die Dinge anderer, die uns wünschenswert erscheinen, haben zu wollen. Das ist eine schädliche Eigenschaft, die das Anwachsen von Verblendungen wie Anhaftung und auch Handlungen wie Stehlen verursacht. Menschen, denen es oft an materiellen Dingen mangelt oder die Schwierigkeiten begegnen, wenn sie versuchen, diese zu bekommen, erfahren das karmische Resultat einer früheren Neigung zu Gier. Wir sollten die negativen Eigenschaften der Gier sehen und sie vermeiden. Dies ist die Anwendung der Ethik des Vermeidens von Gier.

Bosheit ist die nächste unheilsame Handlung des Geistes. Wenn eine Person uns gegenüber boshaft ist, stört uns das, und andere fühlen sich durch uns ähnlich angegriffen. Viele Probleme, sei es ein Kampf zwischen zwei Personen oder zwischen zwei Nationen, werden durch Bosheit verursacht. Auch hier erfahren wir jetzt die Folgen unserer früheren bösen Gedanken gegenüber anderen. Indem wir uns der negativen Eigenschaften und der schädlichen Wirkungen solcher unheilsamer Handlungen bewußt werden und einsehen, daß alle unsere jetzigen Erfahrungen von Leid das Ergebnis unserer früher begangenen unheilsamen Handlungen sind, müssen wir uns bemühen, ihr Entstehen zu einem Ende zu bringen und die Ursachen für Leid zu beseitigen.

Die letzte unheilsame Handlung des Geistes sind *falsche Ansichten* über Dinge wie das Gesetz von Ursache und Wirkung, Leerheit, vergangene und zukünftige Leben oder die Fähigkeit, Befreiung von bedingtem Dasein zu erlangen. Alle diese Phänomene existieren tatsächlich. Wenn man behauptet, sie seien erfunden, begeht man diese unheilsame Handlung. Die zukünftige Auswirkung falscher Ansichten ist ein Zustand größerer Unwissenheit. Ein Beispiel wäre die Geburt als Tier, als einem Wesen, das zu einem Verständnis dieser Wahrheiten unfähig ist.

Indem wir die Fehler solcher Handlungen erkennen, müssen wir sie vermeiden, und das ist die Anwendung von Ethik. Dieses ethische Verhalten sollte natürlich von allen eingehalten werden, nicht nur von denen, die Ordinationen bekommen haben. Durch Beherrschung unheilsame körperliche, sprachliche und geistige Handlungen zu unterlassen wird *ethische Bindung* genannt. Jeder sollte das tun, ohne Rücksicht darauf, ob er an Dharma glaubt oder nicht, ob mit oder ohne Vertrauen in den Buddhismus – wenn man wünscht, Glück zu erlangen und Leid zu vermeiden, wird man einer solchen Ethik folgen müssen.

Es gibt drei Arten von Ethik. Die erste, die *Ethik des Vermeidens,* ist erklärt worden. Die zweite wird als *Ethik des Entwickelns heilsamer Eigenschaften* bezeichnet und betrifft alles, was wir anwenden, um auf dem Weg fortzuschreiten. Sie umfaßt heilsame Handlungen, Meditation, die Umwandlung des Geistes, das Entwickeln des Erleuchtungsgeistes und so weiter. Im besonderen bezieht sie sich auf die Anwendungen, die dazu beitragen, reine Ethik zu entwickeln, wie darüber zu lernen, nachzudenken und gründlich zu meditieren.

Die letzte Art ethischen Verhaltens ist die *Ethik für das Wohl anderer.* Das heißt, anderen auf jede mögliche Art zu helfen, damit sie die richtige Einstellung für die Anwendung von Ethik entwickeln und den Gewinn sehen, der daraus entsteht. So wie die besonderen Bindungen für Laien, Mönche und Nonnen gibt es auch die Bodhisattva-Gelübde. Wir sehen also, daß man reines ethisches Verhalten auf viele Arten anwenden kann. Wenn wir das nicht klar verstehen, können wir fälschlicherweise denken, die Anwendung der Ethik sei nur auf diejenigen beschränkt, die spezielle Gelübde genommen haben.

Das Paramita der Geduld

Das nächste Paramita ist die Vervollkommnung der Geduld. Geduld ist Ungestörtheit des Geistes. Das Paramita der Geduld hat drei Unterteilungen. Die erste ist die Geduld, die sich *durch den Schaden, den andere uns zufügen, nicht beunruhigen läßt.* Es ist eine geistige Einstellung, die das Reagieren auf Schaden oder Beleidigung durch andere ausschließt. Auch wenn uns jemand zum Beispiel körperlich verletzt oder beleidigt, bleiben wir unberührt und ruhig, denn wir sehen ein, daß es nur weitere Schwierigkeiten für alle Beteiligten verursachen wird, wenn wir anders reagieren. Wir müssen diese Einstellung unser ganzes Leben lang pflegen, weil wir solchen Umständen oft begegnen. Wenn wir mit einer explosiven Situation konfrontiert sind, denken wir daran, daß jede feindselige Reaktion unsererseits nur Leid erzeugen wird, wenden daher Geduld an und bleiben ruhig. So wird Frieden und Glück im eigenen Geist die Folge sein. Auch wenn uns jemand übel mitspielt und sehr unfreundliche Gedanken gegen uns hegt, wird es seinen Haß nach und nach abschwächen und ihn beruhigen, wenn wir davon unberührt bleiben. Wenden wir Geduld nicht an und reagieren statt dessen auf eine solche Person, wird unser Leid nur noch schlimmer werden. In vielen Schriften wird Geduld mit einem Panzer verglichen. Früher trugen die Soldaten Rüstungen, um sich vor den Waffen ihrer Feinde zu schützen. Wenn wir uns auf die gleiche Weise mit Geduld wappnen, ist es gleichgültig, welches Verhalten uns andere zeigen. Wir werden gut geschützt sein, und unser geistiger Friede wird ungestört bleiben.

Der nächste Aspekt ist die *Geduld, die Leid freiwillig akzeptiert.* Das bezieht sich auf Situationen, in denen wir gegen Schwierigkeiten und Härten zu kämpfen haben. Wir sollten dadurch nicht entmutigt werden und klagen, sondern vielmehr Geduld anwenden und Schwierigkeiten freiwillig ertragen, weil wir einsehen, daß dieses Leid das Resultat früherer Handlungen aus Eigenliebe ist. Statt anderen die Schuld zuzuschreiben, sollten wir uns darüber freuen, daß wir die Gelegenheit haben, das Reifen eines karmischen Eindrucks zu erfahren. Diese Art der Geduld ist besonders bei intensiver Dharma-Anwendung nötig, weil wir in solchen Zeiten oft mit Schwierigkeiten wie Mangel an materiellen Mitteln zu kämpfen haben. Wenn wir Dharma anwenden und andere darauf mit Abneigung reagieren und uns stören, müssen wir Geduld üben und standhaft bleiben. Wenn wir jedoch, anstatt geduldig und verständnisvoll zu bleiben, unfreundlich reagieren mit Bemerkungen wie „warum kümmerst du dich nicht um dich selbst?“, dann steht das nicht im Einklang mit der Anwendung von Dharma und wird lediglich Verdruß schaffen.

Diese letzten zwei Arten von Geduld, auf Schaden, der uns von anderen zugefügt wird, nicht zu reagieren und Leid anzunehmen sind sehr wichtig. Wir benötigen sie unser Leben lang, weil solche schwierigen Umstände dauernd vorkommen. Wenn wir versuchen, jeden davon abzuhalten, uns zu schaden, werden wir sehen, daß es unmöglich ist. Aber wenn wir statt dessen unseren eigenen Geist beschützen, werden wir durch andere nicht zu Schaden kommen, ganz gleich, wie sie uns behandeln. Das wird von Schantideva, einem großen indischen Meister, mit einem Beispiel verdeutlicht: Wenn wir die ganze Erde mit Leder überziehen wollten, um unsere Füße vor Verletzungen durch Steine und Dornen zu schützen, wäre das unmöglich. Wenn wir aber kräftige Lederschuhe tragen, werden unsere Füße geschützt sein, wohin wir auch gehen. So können wir nicht zu jedem einzelnen Menschen gehen und ihn überreden, uns nicht zu beleidigen und uns nicht zu schaden. Aber wenn wir in unserem Innern Geduld anwenden, werden uns die Handlungen anderer nichts anhaben und wird der Frieden in unserem Geist nie gestört werden.

Die nächste Art der Geduld ist nötig, um *gründlich über alle Punkte der Dharma-Unterweisungen nachzudenken.* Das heißt, daß wir uns dem Nachdenken über die tiefen und subtilen Punkte des Dharma widmen sollten, ohne Rücksicht darauf, wie schwierig diese sein mögen, und daß wir uns ehrlich und gründlich anstrengen sollten, um sie zu verstehen. Wenn wir mit Analyse und Nachdenken beschäftigt sind, dürfen wir unserem Geist nicht erlauben, durch Störungen abgelenkt zu werden. Diese Art von Geduld kann erst erworben werden, nachdem wir unseren Geist bis zu einem gewissen Grad entwickelt haben. Sie kann nicht gleich am Anfang unserer Anwendung entwickelt werden.

Das schließt eine kurze Erklärung der ersten drei Vollkommenheiten ab, die jetzt auf den Anfangsstufen unserer Entwicklung alle angewendet werden können. Tun wir dies, dann werden wir sie nützlich und lohnend finden. Ich werde nun die Eigenschaften, den Zweck und die positiven Wirkungen dieser drei Paramitas oder Vollkommenheiten erklären.

Nützliche Wirkungen der ersten drei Paramitas

Das erste Paramita, das Geben, erfüllt die Wünsche anderer. Wenn wir zum Beispiel das Geben von Dharma anwenden, befriedigt es das Verlangen von Menschen, denen ein Verständnis von Dharma fehlt. Wenn wir das Geben materieller Dinge anwenden, befriedigt es die Wünsche von Wesen, denen es an solchen Notwendigkeiten mangelt. Das Geben von Liebe erfüllt allmählich die Wünsche aller Wesen, die auf Glück im allgemeinen hoffen. Daher kann das Geben die Not des Mangels an Dharma, das Leid des Mangels an materiellen Notwendigkeiten, die Qual von Angst und Gefahren im Leben und das Elend des Mangels an Glück beseitigen. Da dies alles durch die Anwendung des Gebens beseitigt werden kann und die Wünsche anderer erfüllt werden können, wird Geben *„Das wunscherfüllende Juwel"* genannt. Geben ist auch wie ein Schwert, das das Seil des Geizes durchtrennt, das alle Wesen bindet. Ohne diese innere Anwendung wird keine äußere Methode diese Bande durchschneiden. Wenn wir beginnen können, Geben anzuwenden und es uns zur Gewohnheit machen, wird der gebende Geist, sich nach und nach entwickeln.

Ein wirklicher Anwender des Gebens wird sich besonders bemühen, genau das zu geben, woran er am meisten hängt. Wenn wir die Dinge opfern können, die wir als die kostbarsten betrachten, und uns daran gewöhnen, wird unser Geist gut geschult werden, und es wird leicht sein, Dinge zu geben, die wir nicht so schätzen. Wenden wir diese Art von Geben ernsthaft an, dann sollten wir auch unseren liebsten Besitz jemandem geben, den wir nicht wirklich mögen. Das ist die härteste Art, unseren Geist zu schulen, und dies wird es uns natürlich leicht machen, Menschen die wir mögen, etwas zu geben. Nach viel Übung und

Entwicklung erreicht dieser gebende Geist allmählich einen Zustand, in dem es keine Anhaftung mehr gibt. Wir werden nicht einmal zögern, unseren Körper oder unser Leben zu geben, wenn es anderen zum Wohle gereicht. Das ist die höchste Stufe der Entwicklung, die von den großen Bodhisattvas, über die wir in den Schriften lesen, erlangt wird, wenn sie voll Freude ihre Augen, ihre Gliedmaßen und sogar ihr Leben opfern. Wie wir in den Geschichten aus den früheren Leben des Buddha sehen, gab der große Bodhisattva mit derselben Geisteseinstellung ohne jede Reue bereitwillig alles auf, seinen Reichtum, sein Königreich oder was immer sonst für das Wohl der Wesen nötig war.

Wenn ein Bodhisattva, der auf der ersten der zehn Bodhisattvastufen ist, gebeten wird, jemandem seine Hände oder Augen zu geben, verursacht das bloße Hören einer solchen Bitte eine unendliche Freude in seinem Geist, eine Begeisterung, die mit derjenigen, die beim Erlangen des meditativen Zustands geistiger Ruhe entsteht, nicht zu vergleichen ist. Auf dieser ersten Bodhisattvastufe wird der gebende Geist entwickelt. Wie weit er entwickelt ist, wird daran gemessen, ob der Bodhisattva zögert oder nicht zögert zu geben, was immer nötig ist, wie hart die Umstände auch sein mögen. Die dadurch entwickelte große Kraft des Geistes ist auch eine Eigenschaft der Vollkommenheit des Gebens, und jemand, der über sie verfügt, ist wirklich des Lobes und der Achtung wert.

Es genügt nicht, nur für dieses Leben zu planen; vielmehr sollten wir es auf lange Sicht tun. Um diesen gebenden Geist zu erzeugen, müssen wir jetzt beginnen, einfache Handlungen des Gebens auszuführen. Wenn wir jetzt damit anfangen, wird sich die Kraft der Gewöhnung nach und nach entwickeln. Wir können sehen, daß Menschen manchmal so weit gehen, ihr Leben für weltliche Ziele zu opfern, zum Beispiel in einem Krieg oder Streit zwischen zwei Ländern, aber in solchen Fällen tun sie es aus Unwissenheit. Beide Male wird ein Leben geopfert, aber die Resultate dieser beiden Handlungen lassen sich nicht vergleichen. Wenn der Bodhisattva sein Leben opfert, nützt es ihm selbst und anderen und wird in der Gegenwart und in der Zukunft heilsame Wirkungen erzeugen, weil seine Motivation rein ist. Aber das Opfer eines Lebens in einem Krieg geschieht aus Unwissenheit und Haß und ist daher eine unheilsame Handlung, deren einziges Resultat Leid sowohl für die Person selbst als auch für die anderen ist. Das ist eine kurze Erklärung der Eigenschaften des Paramita des Gebens.

Das Paramita der Ethik ist wie Wasser, das wir benützen können, um die Flecken unheilsamer Handlungen zu beseitigen. Äußerer Schmutz kann zwar mit gewöhnlicher Seife und Wasser weggewaschen werden, aber um unsere Verblendungen zu bereinigen, müssen wir das besondere Wasser reinen ethischen Verhaltens benützen. Es wäre zwecklos zu versuchen, die Flecken unserer Verblendungen mit gewöhnlichem Wasser zu entfernen; selbst wenn wir Jahre um Jahre in einem See stünden, würde es nichts nützen. Die einzige Möglichkeit, noble und heilsame Handlungen des Körpers, der Rede und des Geistes zustande zu bringen, ist das Bereinigen der entgegengesetzten negativen Eigenschaften, und dies wiederum kann nur durch die Anwendung reiner Ethik geschehen. Wir könnten solche Verblendungen wie Anhaftung, Ärger, Eifersucht und Unwissenheit auch mit einem in uns lodernden Feuer vergleichen. Das trifft sogar genau den Punkt, denn eine Person, die sehr zornig ist oder sich kräftig ärgert, empfindet tatsächlich körperliche Hitze. In solchen Zeiten, wenn das Feuer der Verblendungen lodert, ist das beste Mittel, es zu löschen, die Anwendung der Ethik. In den Schriften wird Ethik mit dem Mondlicht verglichen. Wenn wir an einem mondhellen Abend draußen sitzen, erleben wir eine Empfindung von Kühle, und heilsames Verhalten ist wie das Mondlicht, das die brennende Hitze der Verblendungen in unserem Geist kühlt.

Wenn die Kraft ethischer Reinheit in uns vorhanden ist, wird sie eine Quelle von Zufriedenheit und Selbstvertrauen sein, wo immer wir auch hingehen. Fehlt uns ethische Disziplin und werden wir dadurch in unheilsame Handlungen von Körper, Rede und Geist verwickelt, dann schämen wir uns und bereuen unsere Fehler, wenn wir uns anderen gegenübersehen, die unsere Handlungen bemerken. Menschen fühlen sich auf natürliche Weise zu einer Person mit reinem Verhalten hingezogen und lassen sich von einer solchen Person gern beeinflussen. Dagegen kann jemand, dem solche Reinheit fehlt, andere nur mit Gewalt und Zwang beeinflussen. Erscheinen zum Wohle der Menschen erleuchtete Wesen, dann folgen Menschen solchen Wesen nicht aus Zwang, sondern auf Grund des makellosen ethischen Verhaltens dieser Wesen. Wenn wir uns mit den heilsamen Eigenschaften des Gebens und der Ethik vertraut machen, werden wir daher einzusehen beginnen, daß ihre Anwendung notwendig ist. Aus diesem Grund betrachten fortgeschrittene Anwender ihr ethisches Verhalten als sehr kostbar und schützen es wie ihre Augen. Der Fortschritt und die Entwicklung der eigenen Meditation und das Erreichen von Konzentration sind ohne Anwendung ethischer Disziplin ausgeschlossen.

Geduld wird als der schönste Schmuck gepriesen. Weltliche Juwelen und Schmuckstücke sind eine oberflächliche Art von Zierde, denn was in einem Land als schön und schmückend betrachtet werden mag, wird woanders vielleicht für komisch gehalten. So gut ich zum Beispiel mein Mönchsgewand auch tragen mag, vielen westlichen Menschen, die seine Bedeutung nicht kennen, kommt es eigenartig vor. Wenn aber jemand mit der Zierde der Geduld geschmückt ist, wird er als hübsch empfunden, wo immer er hingeht. Er wird von vielen geachtet und gelobt. Da Geduld ein wirklicher Schmuck ist, ist das Resultat gewohnheitsmäßiger Geduld eine angenehme und schöne Erscheinung.

Wie ich schon gesagt habe, müssen wir uns oft mit geistig und körperlich schwierigen und unangenehmen Umständen auseinandersetzen. Dann ist das beste Mittel, um Unglück zu erleichtern, geduldig zu sein. Wenn wir zum Beispiel körperlich und geistig leiden und dieses Leid bewußt annehmen, wird die Kraft dieser Anwendung geistiges Leid verringern, und die dadurch entstehende Geistesruhe wird auch dazu beitragen, unseren körperlichen Schmerz zu überwinden. Hier können wir wieder das Beispiel der beiden Kranken heranziehen, von denen der eine ruhig ist, seine Krankheit geistig annimmt und dadurch Glück und Frieden im Geist bewahrt, während der andere seinen Schmerz verdoppelt, indem er körperlich leidet und dazu auch noch geistige Unruhe erfährt.

Unter den vielen Verblendungen ist eine der schwerwiegendsten der Haß. Das stärkste Gegenmittel gegen Haß ist Geduld. Wenn das Feuer des Hasses in unserem Geist lodert, ist es das kühle Wasser der Geduld, mit dem es gelöscht werden kann. Geduld ist auch wie eine Rüstung, die uns vor den groben Worten, den Anschuldigungen und der Kritik anderer schützen kann. Mit diesen Beispielen können Sie sich die vielen guten Eigenschaften der Anwendung von Geduld bewußt machen und erkennen, wie nützlich sie ist.

Das Paramita des Enthusiasmus

Das vierte Paramita ist die Vervollkommnung des Enthusiasmus bei der Anwendung von Dharma. Im allgemeinen ist es immer eine Art Enthusiasmus, wenn jemand sich energisch anstrengt, um etwas auszuführen, selbst wenn es unheilsam ist, aber das ist hier nicht gemeint. Wenn wir diesen Enthusiasmus bei unserer Anwendung des Dharma, beim Studium und bei der Meditation aufbringen, werden wir so schnell Fortschritt machen, wie der Mond zunimmt. Wenn uns dieser Enthusiasmus fehlt, beginnen wir eine Anwendung vielleicht, aber es besteht eine große Gefahr, daß sie abflaut. Da dieser Enthusiasmus ein Geisteszustand ist, dem die Anwendung von Dharma Freude bereitet, wird, wenn er vorhanden ist, jede unserer körperlichen, sprach-

affranchir
s.v.p.
Bitte
frankieren
Place
stamp here

EDITION RABTEN
Les Tassonneyres
CH - 1801 Le Mont - Pèlerin / VD

Info

EDITION RABTEN

- ☐ Prière de m'envoyer votre liste des publications.
- ☐ Bitte senden sie mir Ihre Publikationsliste zu.
- ☐ Please send me your list of publications.

Nom
Name
Family Name

Prénom
Vorname
Name ☐ M ☐ F

Rue
Strasse
Street

NPA
PLZ
ZIP

Localité
Ort
City

Pays
Land
State/Country

Tél.
Tel.
Phone

Fax

E-Mail

lichen und geistigen Handlungen auf die Entwicklung unserer Dharma-Anwendung gerichtet sein. Hat zum Beispiel jemand eine lebenswichtige Arbeit auszuführen, dann werden in seinem Geist ständig Gedanken über diese Aufgabe entstehen, ganz gleich, was er sonst tun mag, ob er spricht, denkt oder umhergeht. Wenn wir die Kraft des richtigen Enthusiasmus besitzen, werden alle unsere Dharma-Anwendungen erfolgreich sein. Und da wir uns alle diesen Erfolg und die daraus entspringende Frucht wünschen, ist die Entwicklung dieser Kraft des Enthusiasmus unentbehrlich. Alles, was wir durch die Anwendung von Dharma erreichen, hängt von ihr ab.

Um diesen Enthusiasmus zu entwickeln, müssen wir immer wieder über die guten Eigenschaften der heilsamen Handlungen nachdenken, die mit der Anwendung von Dharma verbunden sind. Je mehr wir uns dieser Eigenschaften bewußt werden, desto mehr Enthusiasmus entwickelt sich für unsere Anwendung. Es ist wie bei einem Fußballspieler – je mehr er an den Ruhm und an den finanziellen Gewinn denkt, den ihm das Fußballspielen einbringt, desto stärker wird seine Entschlossenheit, gut zu spielen. Obwohl er müde wird, schwitzt und ihm alles weh tut, läßt er sich durch diese Schwierigkeiten nicht unterkriegen. Vielmehr wirft er sich rückhaltlos in das Geschehen des Spiels. Wenn wir die Kraft des richtigen Enthusiasmus besitzen, werden wir auf dieselbe Weise in unserer Anwendung von Dharma nicht entmutigt werden und sie mit Vergnügen und Freude weiterentwickeln, auch wenn wir vielleicht unter Schwierigkeiten wie zum Beispiel einer Krankheit leiden.

Hier können wir wieder das Beispiel von Dschetsün Milarepa anführen. Er hatte unendlichen Enthusiasmus bei der Anwendung von Dharma, und obwohl sein Körper kaum mehr als ein mit dunkler Haut bedecktes Skelett war, setzte er seine Anwendungen mit höchster Freude fort. Trotz dieser erbärmlichen körperlichen Verfassung sang er auf Grund seines Glücks und seiner Freude Loblieder auf das Dharma. Seine Schwester, die seine großen Erkenntnisse nicht verstand, kam oft und bat ihn, etwas zu tun, um ihrer beider Los im Leben zu verbessern. Niemandem in ihrem Land gehe es schlechter als ihnen beiden, sagte sie. Aus großem Mitleid für seine harte Lebensweise bat sie ihn inständig und weinte und versuchte ihn zu einer Veränderung zu bewegen. Sie erkannte nicht, daß er wahres Glück erfuhr. Milarepa erwiderte, es sei unnötig, ihm solche Ratschläge zu geben, weil er in Wirklichkeit der glücklichste Mensch der Welt sei. Das stimmte, denn im gleichen Leben erreichte Milarepa Buddhaschaft. Wenn wir die Kraft dieses richtigen Enthusiasmus haben, wird uns die Anwendung von Dharma immer Freude und Vergnügen bereiten. Dieser Enthusiasmus kann auch auf verschiedene Weise gelenkt werden, zum Beispiel, um beim Meditieren richtige Energie zu haben oder um anderen zu helfen. Wenn wir solchen Enthusiasmus entwickelt haben, wird auch niemand unsere Dharma-Anwendung stören können, so daß wir entmutigt werden oder aufgeben.

Drei Arten von Faulheit

Enthusiasmus ist das Gegenmittel für die Verblendung der Faulheit. Diese hat drei Unterteilungen.

Die erste Art von Faulheit wird die *Faulheit des Sich-für-unfähig-Haltens* genannt. Sie bezieht sich auf den entmutigten Geisteszustand, der auftritt, wenn wir sagen: „Ja natürlich, Dharma anzuwenden ist sehr nützlich und notwendig, aber gerade jetzt kann ich es nicht tun, weil es einfach zu schwierig ist." Diese Einstellung hemmt unseren Fortschritt und unsere Entwicklung. Wenn wir uns anstrengen, hat jeder von uns die Fähigkeit, Fortschritt zu machen, aber die erste Art von Faulheit zerstört diese Möglichkeit. Wenn solche Gefühle von Unfähigkeit auftreten, sollten wir sie abschütteln, indem wir sie als ein großes Hindernis für unsere Dharma-Anwendung erkennen. Wir müssen uns selbst Mut machen, indem wir denken, daß wir sehr wohl die Fähigkeit haben, Fortschritt zu machen, und daß wir körperlich gesund und geistig fähig sind. Daher müssen wir diese Gelegenheit, solange wir sie haben, nutzen und

Dharma anwenden. Ein Meister hat gesagt, daß sogar eine Person die weiß, daß sie am folgenden Tag sterben muß, heute noch ihren Geist entwickeln, studieren und lernen sollte. Auch wenn man morgen stirbt und das heute Gelernte in diesem Leben vielleicht nicht viel nützt, wird der Eindruck, den es hinterläßt, nicht verderben und einem in der Zukunft von Vorteil sein. Es ist, als besäßen wir etwas, das wir jemandem für eine Weile zur Aufbewahrung geben und später wieder benützen können.

Die zweite Art der Faulheit tritt in uns auf, nachdem wir mit der Anwendung von Dharma begonnen haben, und sie zeigt sich, wenn wir nach einer gewissen Zeit anfangen, uns geistig dumpf und körperlich müde zu fühlen. Das kommt leicht vor, und es stört unsere Anwendung. Wenn wir zum Beispiel einen Dharma-Kurs besuchen, scheint nach einer Woche unser Geist träge und widerwillig, sobald wir den Gong zur Unterweisung oder Meditation rufen hören. Solche Trägheit ist ein Zeichen dieser Art von Faulheit. Wir können sie als *Faulheit der Lustlosigkeit* bezeichnen. Wenn unsere Dharma-Anwendung Fortschritt machen soll, müssen wir uns ununterbrochen anstrengen, aber diese Art von Faulheit hemmt jede Anstrengung. Tritt sie auf, dann müssen wir sie sofort als Hindernis für unseren Fortschritt und unsere Entwicklung erkennen. Indem wir uns darüber klar werden, müssen wir diese Faulheit unverzüglich abstellen. Wir können das mit den Beschäftigungen des weltlichen Lebens vergleichen, wo Leute für ein kurzlebiges und verhältnismäßig bedeutungsloses Ziel äußerst hart arbeiten. Sie sind bereit, große Anstrengungen auf sich zu nehmen, arbeiten bis spät in die Nacht und spüren keinerlei Faulheit.

Da die Frucht des Dharma so einzigartig ist, müssen wir für seine Anwendung ununterbrochenen Enthusiasmus aufbringen und dürfen uns nicht zu Opfern solcher Faulheit werden lassen. Und was noch wichtiger ist, wenn wir als Folge unserer Dharma-Anwendung eine kleine körperliche Beschwerde erleiden, sollten wir uns freuen – freuen, weil es der Mühe wert ist und zeigt, daß wir hart arbeiten können. Leute, die im Krieg ein Auge verloren haben, erzählen stolz, wie es sich zugetragen hat, als sei es eine große Heldentat. Tatsächlich ist es nicht wert, bekanntgemacht zu werden, denn es ist nur ein Zeichen von Leid, das diese Person sich selbst und anderen zugefügt hat. Wenn wir dagegen durch unsere Anwendung von Dharma körperlich leiden, ist das ein Grund für berechtigten Stolz, weil es mit einer Tätigkeit zusammenhängt, die uns selbst und anderen jetzt und in der Zukunft wirklichen Nutzen bringt. Es ist wichtig, diese Punkte kritisch zu beurteilen, um für sich selbst zu entscheiden, ob sie richtig oder falsch sind.

Die dritte Art von Faulheit besteht darin, an Beschäftigungen zu hängen, die mit dem Dharma unvereinbar sind, und viel Energie darauf zu verwenden. Sie wird *die Faulheit der Anhaftung* genannt – Anhaftung an Handlungen, die dem Dharma entgegengesetzt und unheilsam sind. Es ist die geistige Einstellung, die jede Art von Dharma-Tätigkeit ermüdend, anstrengend und langweilig findet, während man sich ohne ein Gefühl von Erschöpfung und voll Energie einer weltlichen Tätigkeit hingibt. Es ist eine sehr schädliche Verblendung, weil sie uns von Dharma-Anwendungen wegzieht und in unheilsame Handlungen verwikkelt. Unser ganzes Leben kann mit solchen Handlungen verschwendet werden.

Es ist sehr wichtig, das Paramita des Enthusiasmus genau zu untersuchen, weil es das Gegenmittel der Faulheit ist. Auch die verschiedenen Arten der Faulheit sollten uns klar bewußt werden. Wenn wir sie nicht erkennen, können wir Faulheit mit Enthusiasmus verwechseln und denken, jemand wende Enthusiasmus an, weil er immer sehr mit weltlichen Tätigkeiten beschäftigt ist.

Das Paramita der Konzentration

Das fünfte Paramita ist die Vervollkommnung der Konzentration. Ich habe einige Beispiele konzentrativer Meditationen angeführt, als ich über die Entwicklung geistiger

Ruhe sprach. Das waren vorbereitende Schritte auf dem Weg zum Erlangen der Vollkommenheit der Konzentration, aber ihre letztliche Vollendung ist eine viel weiter fortgeschrittene Form der Konzentration. Die meisten Schwierigkeiten, denen wir uns gegenübersehen, entstehen aus einem Mangel an geistiger Kontrolle, und die beste Methode, um den Geist zu beherrschen, ist die Anwendung von Konzentration. Wenn sie uns gelingt, sind wir fähig, uns fest und ununterbrochen auf jedes von uns gewählte Objekt zu konzentrieren, ohne Ablenkung oder Erregung. Es ist wie das Ausheben eines Wassergrabens. Wenn es richtig ausgeführt ist, wird es ein zufriedenstellender Kanal sein, durch den das Wasser auf einem vorherbestimmten Weg fließt. Diese Art der Konzentration kann nur durch Anstrengung entwickelt werden; sie wird nicht spontan in unserem Geist entstehen, nur weil wir es wünschen.

Ich habe schon erklärt, wie man diese Konzentration entwickelt, indem man den Geist auf verschiedene Lichtpunkte richtet. Man kann Konzentration auch mit äußeren Formen anwenden. Wie beim inneren Objekt muß der Geist auch hier in punktförmiger Konzentration vollständig auf sie gerichtet werden. Außerdem habe ich über zwei Arten von Meditation gesprochen, konzentrative und analytische. Am Anfang ist die konzentrative Meditation schwieriger. Denn obwohl wir gewohnt sind, den Geist zum Denken und Untersuchen zu gebrauchen, sind wir nicht gewohnt, ihn für längere Zeit ununterbrochen auf einem Objekt zu richten. Wir können das zum Beispiel bei unserer Meditation über den weißen Lichtpunkt an unserem Scheitel sehen. Obwohl wir am Anfang unsere Aufmerksamkeit vielleicht auf den Punkt fixieren, bemerken wir, daß sie nach ein paar Augenblicken abgeschweift ist. Wir können sie wieder auf das Objekt richten, und sie wird wieder abschweifen. Es scheint, als verlasse das Objekt den Bereich unserer Aufmerksamkeit, aber in Wirklichkeit ist es nirgendwohin gegangen. Tatsächlich ist es der Geist, der gewandert ist. Natürlich ist es am Anfang schwierig, Kontrolle über den Geist zu erlangen, aber wenn wir beharrlich sind, wird diese Anwendung schließlich nützliche Resultate bringen.

Ich habe viele Anfänger darüber klagen gehört, sie könnten die Klarheit des visualisierten Meditationsobjektes nicht aufrechterhalten. Das ist nicht unbedingt nötig; am wichtigsten ist, daß der Geist sich fest darauf richtet, auch wenn das Objekt verschwommen und unklar erscheint. Wenn wir den Geist zu zwingen versuchen, um Klarheit zu gewinnen, wird das nur zusätzliche geistige Erregung hervorrufen, und wir werden das Objekt ganz verlieren. Deshalb müssen wir am Anfang unseren Geist zum Objekt der Konzentration bringen und ihm erlauben, sich mit ihm anzufreunden, auch wenn das geistige Bild zunächst nur undeutlich ist. Beginnt der Geist ruhelos und zerstreut zu werden, kann es hilfreich sein, sich das Objekt aus schwerem Material vorzustellen. Ob es ein Bild des Buddha oder selbst ein Lichtpunkt ist, wenn wir denken, sie seien schwer und massiv, kann das unserem Geist helfen, sich fester darauf zu konzentrieren.

Da viele von Ihnen jetzt Meditation anwenden und wahrscheinlich solchen Problemen begegnen, ist es gut für Sie, über diese Methoden Bescheid zu wissen. Aber die Faktoren, die geistige Unruhe verursachen, sind so stark, daß Sie dennoch Ablenkungen unterworfen sein können, selbst wenn Sie diese Methoden benützen. Fangen wir zum Beispiel ein wildes Tier und binden wir es an, dann wird es um seine Freiheit kämpfen, weil es so lange daran gewöhnt war. Aber sobald das Tier mit seiner neuen Lage vertraut wird, kommt es zur Ruhe, wird schließlich freundlicher und seinem Herrn gegenüber gehorsam. Unser Geist konnte frei umherstreifen wie ein ungezähmtes Tier, und daher ist der Versuch, ihn unter Kontrolle zu bringen, sehr schwierig. Aber wie das wilde Tier wird er sich schließlich an die geistige Disziplin gewöhnen, die für eine erfolgreiche Dharma-Anwendung nötig ist. Wenn wir finden, unser Geist wandere zu leicht weg, und uns dann vorstellen, der Geist sei an dem Objekt irgendwie befestigt, kann das die Dinge erleichtern. Auf die gleiche Weise wie wir ein Tier an einem

Baum festbinden, können wir unseren Geist mit dem Seil der Erinnerung an das Objekt binden. Wenn wir Meditation anwenden, bekommen wir gewöhnlich von unserem Meditations-Meister eine Methode. Wir üben sie entsprechend seinen Anweisungen, und beim Auftreten von Problemen bitten wir ihn um seinen Rat. Dann kehren wir zu unserer Meditations-Anwendung zurück und setzen sie fort. Diese Methoden, sich das Objekt schwer oder an den Geist angebunden vorzustellen, habe ich erklärt, damit Sie sie beim Auftreten solcher Probleme anwenden können.

Wenn wir diese Methoden benützen, um dem Geist zu helfen, punktförmige Konzentration auf sein Objekt beizubehalten, wird die Länge unserer Konzentration allmählich zunehmen und der Geist wird beginnen, auf das Objekt gerichtet zu bleiben. Je stärker wir die Konzentration entwickeln, desto größer wird auch unsere Erfahrung von geistigem Frieden. Schließlich werden wir fähig sein, uns punktförmig ohne jede Ablenkung zu konzentrieren. An diesem Punkt wird die Gefahr geistiger Erregung so gut wie beseitigt sein, und unser erstes Hindernis, der Brise vergleichbar, die die Kerzenflamme stört, wird überwunden sein. Nun wird das andere Hindernis, die Dumpfheit, kräftiger zu entstehen beginnen. Es erinnert an zwei Ringer, die ihren Kampf beendet haben und ganz erschöpft sind; wenn sie sich niedersetzen, werden sie sich vollständig entspannen und vielleicht sogar einschlafen. Auf ähnliche Weise war unser Geist in einen Kampf mit dem ersten Hindernis, der Erregung, verwickelt. Immer wenn unser Geist von seinem Konzentrations-Objekt abgelenkt war, haben wir ihn zurückgebracht. Das hat große Anstrengung verlangt und jetzt, wo dieses Hindernis im wesentlichen abgeschwächt ist, können wir uns ganz entspannt fühlen. So kann dieses Gefühl von Schwere oder Nebligkeit entstehen. Aber es gibt auch Möglichkeiten, dieses Hindernis zu entfernen. Wir können uns unser Konzentrations-Objekt sehr hell oder aus strahlendem Licht vorstellen. Das wird uns ermutigen auszuharren, und es wird unserem trägen Geist Energie verleihen.

Wenden wir diese Methoden kräftig an, um unser Gefühl der Trägheit zu beseitigen, dann wird dies eine subtilere Art von Erregung hervorrufen, und wir müssen das Gegenmittel anwenden, um den Geist wieder unter Kontrolle zu bringen. Wir sehen, wie wichtig es ist, diese Methoden des Führens und Kontrollierens des Geistes zu kennen; sie befähigen uns, ihn auf ein Ziel zu richten. Wir müssen jeweils die entsprechende Methode anwenden, um dem besonderen Hindernis, das entsteht, entgegenzuwirken. Mit beständiger Anstrengung wird es uns allmählich gelingen, uns von den Hindernissen zu befreien. Je mehr sie reduziert werden und unsere Meditation Fortschritt macht, desto mehr wird unsere Erfahrung von Geistesfrieden und Glück wachsen und stärker werden.

Schließlich werden wir einen Punkt erreichen, wo wir fähig sind, während vieler Tage ohne Unterbrechung in meditativer Konzentration versenkt zu sein, und unsere Meditation wird natürlich, leicht und frei von Hindernissen fließen. Sie fragen sich vielleicht, was ein Meditierender, der diese Fähigkeit erlangt hat, in bezug auf Nahrung macht. Versäumen wir nur eine Mahlzeit, dann verursacht uns das schon großes Unbehagen. Der Meditierende dagegen wird von der *Nahrung des Samadhi* ernährt. Er erfährt großes geistiges Glück und geistige und körperliche Leichtigkeit, so daß es ihm vorkommt, als könnte er fliegen. Der Geist wird vollständig ruhig und zufrieden, und seine Klarheit erreicht einen Punkt, an dem der Meditierende das Gefühl hat, er könnte alle Atome eines bestimmten Gegenstandes zählen. Diese Stufen der Entwicklung geistiger Ruhe und ihre Namen habe ich Ihnen schon erklärt.

Das Paramita der Weisheit

Die letzte der sechs Vollkommenheiten ist das Paramita der Weisheit.

Wenn man eine hohe Stufe der Konzentration mit dem sie begleitenden körperlichen und geistigen Wohlbehagen erreicht hat, darf man sich damit nicht zufriedengeben. Das ist nur eine vorbereitende Anwendung, und sie muß jetzt noch sinnvoller eingesetzt werden. Wenn zum Beispiel jemand sehr hart arbeitet, um eine Maschine zu kaufen, und sie schließlich kauft, wird er sie nicht einfach in einer Ecke verstauben lassen. Auf die gleiche Weise müssen wir diese Konzentration zu einem Zweck verwenden, sonst wird sie vergeudet. Unser Ziel ist, sie für die Beseitigung von Leid zu benützen. Auf dieser Stufe genügt es nicht, sich weiterhin auf leuchtende Punkte zu konzentrieren, wir müssen zu einem neuen Konzentrations-Objekt wechseln. Um die Ursache für Leid zu zerstören, müssen wir jetzt unsere Aufmerksamkeit auf die *Leerheit* (Skt. *Schunyata*) zu richten beginnen.

Damit wir die dafür nötige Erkenntnis erlangen, müssen wir zuerst den Vorgang, der damit verbunden ist, klar verstehen. Die erste Voraussetzung ist, in uns die Weisheit zu erzeugen, die nötig ist, um Leerheit zu verstehen. Das wird durch die Meditation erhöhter Einsicht erreicht, die mit Hilfe der geistigen Ruhe erlangt wird, die ihrerseits eine feste Grundlage ethischen Verhaltens erfordert. Wenn man Holz fällen will, muß man vor allem stark und gesund sein und einen kräftigen Arm haben. Außerdem braucht man eine gute, scharfe Axt. Sind diese Voraussetzungen erfüllt, dann wird man das Holz ohne Schwierigkeiten fällen können. So wie ein Holzfäller einen gesunden, kräftigen Körper benötigt, brauchen wir eine feste Basis ethischen Verhaltens. Auf dieser ethischen Grundlage benötigen wir die Kraft der Konzentration, einen starken Arm. Als nächstes brauchen wir eine scharfe Axt, die Kraft der Weisheit erhöhter Einsicht in die Leerheit. Sind diese drei, *Ethik* (Skt. *Schila*), *Konzentration* (Skt. *Samadhi*) und *Weisheit* (Skt. *Pradschna*) vorhanden, wird es leicht sein, Unwissenheit von der Wurzel her zu entfernen. Wichtig ist zu verstehen, daß diese *Drei Schulungen* unerläßlich sind und daß die Entwicklung erhöhter Einsicht eine der Schlüssel-Voraussetzungen für das Verständnis der letztlichen Natur aller Phänomene ist. Das heißt nicht, irgendeine Art erhöhter Einsicht, sondern nur die auf die Leerheit gerichtete. Diese erhöhte Einsicht in die Leerheit allein kann die Unwissenheit die Wurzel bedingten Daseins, ausreißen.

Die Meditation erhöhter Einsicht wird in den Unterweisungen und Texten des Buddha sehr gepriesen, weil sie der eigentliche Weg ist, um Befreiung von bedingtem Dasein zu erlangen. Ein Vogel mit nur einem Flügel kann nicht fliegen, und um Buddhaschaft zu erlangen, brauchen wir zwei Flügel: den Erleuchtungsgeist, den Aspekt der Methode, und die direkte Wahrnehmung der Leerheit, den Aspekt der Weisheit. Obwohl es entscheidend ist, die Bedeutung der Leerheit zu verstehen, ist es alles andere als leicht. Sie wird in vielen Büchern erwähnt, aber es ist äußerst schwierig, irgend etwas zu finden, was sie wirklich in allen Einzelheiten erklärt. Manche Bücher beschreiben sie, als sei sie eine Art von vagem Nichts oder die Abwesenheit von Form. Wäre dem jedoch so, dann würden selbst Kühe und Schweine die Leerheit erkennen, wenn sie sehen, daß ihr Futtertrog leer ist. Mißverstehen wir Leerheit auf diese Weise, halten wir sie nur für irgendeine Art von Abwesenheit, dann wird uns das nicht helfen, Fortschritt zu erzielen. Andere denken vielleicht, ein leerer, von Vorstellungen freier Geist sei die Erkenntnis der Leerheit. Auch das hat nichts damit zu tun. Sonst würden wir, wann immer wir in einem Zustand tiefen, traumlosen Schlafes sind, tief über Leerheit meditieren, weil unser Geist dann sicher leer und frei von Vorstellung ist.

Nur schon einen geringen positiven Zweifel über die leere Natur der Phänomene zu haben – das heißt, anfangen zu denken, daß das vielleicht ihre Natur *ist* – ganz abgesehen von der wirklichen Erkenntnis der Leerheit, erfordert die Kraft, die durch eine große Anhäufung heilsamen ethischen Potentials gewonnen wird. Wenn wir an die eigentliche Meditation über Leerheit herangehen, und sogar, wenn wir immer noch nur eine Neigung haben zu denken, daß eine solche Leerheit die wahre Natur der Phänomene ist, beginnen wir schon, die Unwissenheit anzugreifen und ihre Macht über unseren Geist abzuschwächen. Untergräbt schon dieser positive Zweifel die Unwissenheit, dann können wir uns vorstellen, daß die volle Erkenntnis der Leerheit sie ganz zerstören kann.

Meditation über die Leerheit muß die Wirkung haben, der Unwissenheit Schaden zuzufügen und sie schließlich zu zerstören. Geschieht das nicht, dann mögen wir noch so sehr denken, wir meditierten über Leerheit, tatsächlich tun wir es nicht. Wenn wir über Leerheit zu meditieren beginnen, ist sehr wichtig, daß wir keine Fehler machen. Es ist ähnlich, als würde man auf einem schmalen Pfad am Rande eines Abgrunds gehen; wenn wir einen falschen Schritt machen, fallen wir hinunter. In den Schriften heißt es, daß jemand mit geringer Weisheit, dem es mißlingt, Leerheit richtig zu verstehen, sich selbst nur schadet. Deshalb wird die Meditation über Leerheit mit dem Fangen einer Giftschlange verglichen.

Ich betone die Wichtigkeit, eines richtigen Verständnisses der Leerheit und der sie begleitenden Schwierigkeiten und Gefahren, weil die Leerheit heutzutage ein sehr beliebtes Thema in Büchern und Diskussionen ist. Bekommen wir eine falsche Vorstellung davon, dann werden alle solchen Gespräche und jedes Lesen eine Zeitverschwendung. Wenn wir von der Leerheit als einem kritischen und subtilen Gegenstand sprechen, denken auch manche, sie sei etwas sehr Kostbares, irgendwie Heiliges oder Göttliches. Das ist ein Irrtum. Die Notwendigkeit und die Bedeutung der Leerheit besteht darin, daß ihre direkte Erkenntnis das Mittel zur Befreiung aus bedingtem Dasein ist; man sollte über sie nicht auf die gleiche Weise wie über eine heilsame

Eigenschaft oder eine Erkenntnis denken. Leerheit ist die letztliche Natur aller Phänomene. Die Leerheit einer Tasse zum Beispiel ist die letztliche Natur dieser Tasse, ihre eigentliche Art des Bestehens. Ebenso ist Leerheit die letztliche Natur von einem selbst, von jeder anderen Person und von jedem äußeren Objekt.

Es ist also sehr gefährlich, sich mit diesem Thema Leerheit zu befassen, weil wegen ihrer sehr subtilen Natur irrige Auffassungen entstehen können. Es kann zum Beispiel jemand annehmen, Leerheit sei etwas anderes, als sie wirklich ist, und dann seine falschen Auffassungen andere lehren. Das ist ähnlich, wie wenn jemand, der nie auf dem Mond war, von einer anderen Person zu einer schneebedeckten Bergkette geführt wird und ihm erzählt wird, „das ist der Mond." Wenn er glaubt, das sei der Mond, und es anderen Leuten erzählt, ist das zweifellos ein großer Fehler. Daher lehren die großen Schriften zuerst grundlegende Meditations-Anwendungen wie das Nachdenken über karmische Ursachen und Wirkungen und das Erzeugen des Erleuchtungsgeistes. Erst nachdem dieser Prozeß abgeschlossen ist, beginnt die Erklärung der Leerheit. Wenn wir durch solche Anwendungen eine feste Grundlage gewonnen haben, wird unsere Meditation über Leerheit nicht Gefahr laufen, in Extreme zu fallen.

Die Vier-Punkte-Analyse

Um Leerheit zu verstehen, müssen wir die Vier-Punkte-Analyse anwenden. Der erste Punkt ist das *Erkennen des Objekts der Verneinung*. Der zweite Punkt ist das *Erkennen der Folge der Überdeckung*, das heißt, schlüssig die möglichen Aufenthaltsorte des zu verneinenden Objekts zu ermitteln. Der dritte Punkt ist, *zu erkennen, ob das Objekt der Verneinung mit den Aggregaten des untersuchten Phänomens identisch ist*. Der vierte Punkt ist, *zu erkennen, ob das Objekt der Verneinung von den Aggregaten des untersuchten Phänomens verschieden ist*. Das heißt, daß das Objekt der Verneinung, wenn es existierte, entweder identisch mit oder vollkommen verschieden von den Grundlagen des untersuchten Phänomens sein müßte. Diese Punkte werden nun ausführlich erklärt.

1 Das Erkennen des Objekts der Verneinung

Die wichtigste Aufgabe ist der erste Punkt der Analyse, und das bedeutet, *das Objekt der Verneinung klar zu identifizieren* und zu verstehen. Leerheit ist die Verneinung von etwas. Wenn wir zum Beispiel sagen, ein Raum sei leer, verneinen wir die Existenz irgendeines Objekts im Raum. Wenn wir von einem leeren Topf sprechen, verneinen wir die Existenz irgendeines Inhalts wie Tee in dem Topf. Das sind nur Beispiele, und sie sind nicht das, was unter Leerheit verstanden wird. Sie sollen Ihnen nur eine Vorstellung davon geben, was unter *Verneinung* verstanden wird. Wenn wir Leerheit erkennen, erkennen wir die Verneinung von etwas.

Was muß also verneint oder widerlegt werden? Das ist es, was wir zuerst bestimmen müssen. Wenn wir einen Pfeil auf eine Scheibe schießen wollen, müssen wir zuerst die Scheibe sehen können. Ebenso müssen wir, um die Leerheit zu erkennen, die eine Verneinung ist, das Objekt der Verneinung identifizieren. Wenn wir nicht verstehen, was verneint werden muß, werden wir ganz und gar nicht in der Lage sein, Leerheit zu erkennen. Will zum Beispiel ein Arzt ein krankes Organ aus einem Körper entfernen, dann muß er zuerst wissen, welches Organ entfernt werden soll. Beginnt er, aufs Geratewohl Teile des Körpers zu entfernen, dann wird das verhängnisvoll sein. Auch hier ist der wichtigste Punkt, das Objekt der Verneinung zu identifizieren. Die Beispiele des Bogenschützen und des Arztes sollen diesen ersten Punkt lediglich vereinfachen. Sie entsprechen nicht genau dem Erkennen der Leerheit, weil die Scheibe des Bogenschützen und das kranke Organ Dinge sind, die existieren. Aber das Objekt, das durch die Leerheit verneint werden muß, existiert in Wirklichkeit nicht. Es ist lediglich eine Projektion der Unwissenheit.

Wenn wir diesen ersten Punkt nicht klar begreifen, können wir arg fehlgehen und zu wenig verneinen. Oder wir verfallen in das andere Extrem und verneinen etwas, das existiert. Die wirkliche Existenz aller Dinge zu verneinen und zu behaupten, es existiere nichts, ist ein großer Irrtum. Zu wenig zu verneinen wird als *positives Extrem* bezeichnet, zu viel zu verneinen als *negatives Extrem*. Um dieses Objekt der Verneinung zu erkennen, müssen wir einem qualifizierten Meister folgen, der es uns aus seiner persönlichen Erfahrung und mit Bezug zu den Schriften klarmachen kann. Wir müssen dann seine Anweisungen auf unsere Meditation anwenden, und durch Analyse wird es möglich sein, ein korrektes Verständnis zu gewinnen, ohne in Extreme zu fallen. Soll unsere Meditation über die Leerheit richtigen Fortschritt machen, ist es unerläßlich, einen voll qualifizierten Meister zu haben, der jeden Fehler in unserer Untersuchung korrigiert. Wenn wir Gefahr laufen, in eine extreme Auffassung zu fallen, wird er da sein und uns korrigieren.

Was immer für innere oder äußere Phänomene uns erscheinen, jetzt erscheinen sie uns vermischt mit dem Objekt der Verneinung. Das ist der Unwissenheit in unserem Geist zuzuschreiben, die unsere Wahrnehmungen entstellt. Als Folge davon erscheint uns alles, was wir wahrnehmen, durch diese Unwissenheit verzerrt. Das eigentliche Objekt erscheint uns daher vermischt mit einer Vorstellung, die von der Unwissenheit in unserem Geist projiziert wird. Immer wenn wir mit unserem Gesichtssinn eine Gestalt sehen oder mit unserem Gehörsinn einen Laut hören, ist unsere Wahrnehmung davon durch die Unwissenheit entstellt, so daß die eigentliche Gestalt oder der eigentliche Laut mit der Projektion durch die Unwissenheit vermischt erscheint. Auch alle unsere anderen Arten von Sinnesbewußtsein, Geruchssinn, Geschmackssinn und Tastsinn sind auf diese Weise von Unwissenheit durchdrungen. Auf der Grundlage dieser getäuschten Sinneswahrnehmungen betrachten wir dann diese verzerrten Erscheinungen als wirklich. Wir halten dieses falsche geistige Bild für die wirkliche Erscheinung des Objekts und greifen nach diesem Bild, als ob das Objekt wirklich auf diese Weise existierte.

Eine so kurze Darstellung der Leerheit kann Ihnen kein klares Erfassen des Sachverhalts vermitteln, aber es hilft Ihnen vielleicht, Ihr Verständnis zu erweitern. Ich will Ihnen ein Beispiel geben, um zu zeigen, wie das eigentliche Objekt mit dem Objekt der Verneinung vermischt erscheint. Wenn wir vor einem Spiegel stehen, sehen wir ein Bild, das uns gleicht. Überlegen wir, dann verstehen wir natürlich, daß es nur eine Spiegelung ist. Aber auf den ersten Blick ist es, als ob die Gestalt im Spiegel einzig von ihrer eigenen Seite her erscheine, unabhängig von unserem Körper. Wenn wir sie sehen, denken wir zuerst nicht, daß es nur eine Spiegelung ist. Auf der Grundlage dieses ersten Blickes scheint es uns, als existiere das Bild unabhängig und selbständig.

Wenn wir nachts den Mond in einem ruhigen See reflektiert sehen, ist es schwierig, dies auf den ersten Blick nur als eine Spiegelung des Mondes zu erkennen, denn das Licht scheint ein Teil des Sees zu sein. Obwohl diese Spiegelungen wirklich zu sein scheinen und von ihrer eigenen Seite her zu existieren scheinen, wird durch etwas Nachdenken schnell deutlich, daß sie lediglich als Resultat der Verbindung des wirklichen Objekts mit dem Spiegel oder dem See existieren, der es reflektiert. Abgesehen davon gibt es in dem See nichts Innewohnendes, das wirklich ein Mond ist.

Die Art des Erscheinens des Objekts der Verneinung

Erscheint unserem Geist irgendein Objekt, nehmen wir es wahr, als ob es nur von seiner eigenen Seite her existierte, als sei es selbständig und nicht abhängig von unserem Bewußtsein oder verbunden mit unserem Bewußtsein. Es scheint vollständig in sich selbst zu existieren. Wenn wir genau beobachten, wie wir die Objekte erfassen, die von uns als existent wahrgenommen werden, sehen wir, daß wir annehmen, sie existierten in dieser unabhängigen Weise. Schauen wir zum Beispiel auf andere Leute, können wir einzelne Personen unterscheiden und sagen, da ist Soundso, und hier ist Soundso, und dabei erscheinen uns alle diese Leute, als existierten sie wirklich nur in sich selbst, ohne irgendwie von unserer Wahrnehmung von ihnen abhängig zu sein. Wenn Sie mich anschauen, scheine ich nur von meiner eigenen Seite her zu existieren, unabhängig von Ihrem Bewußtsein. Es ist wie ein Spiegel, in dem auf den ersten Blick alles nur von der Seite des Spiegels her zu existieren scheint. So scheint auch für uns alles aus sich selbst heraus und unabhängig zu bestehen, ohne etwas mit uns zu tun zu haben.

Das Objekt der Verneinung erscheint auf diese Weise als unabhängig und selbständig, und, was noch wichtiger ist, wir glauben, es existiere wirklich so. Wenn Essen vor uns hingestellt wird, scheint es, die Nahrung existiere wirklich von ihrer eigenen Seite her; wir glauben fest, dies sei die wirkliche Art ihres Bestehens. Mit dieser Auffassung essen wir sie. Tatsächlich *ist* dann etwas Eßbares in der Schüssel vor uns, und dieses erscheint unserem Bewußtsein, aber es ist vermischt mit dem Objekt der Verneinung. Natürlich essen wir nicht das Objekt der Verneinung, es ist Nahrung da, und diese essen wir, aber sie erscheint unserem Geist vermischt mit dem Objekt der Verneinung. Wir sind unfähig, zwischen der eigentlichen Art des Bestehens der Phänomene und der Art, wie das Objekt der Verneinung erscheint, zu unterscheiden.

Wenn zum Beispiel jemandem, der noch nie Schnee gesehen hat und der eine gelb gefärbte Brille trägt, Schnee gezeigt wird, erscheint ihm der Schnee gelb, und er wird glauben, er sehe gelben Schnee. Er wird denken, Schnee sei etwas Kaltes, Feuchtes und Gelbes. Er kann nicht verstehen, daß dieser Schnee, der in ihm die verschiedenen Empfindungen wie Kälte und Feuchtigkeit auslöst, obwohl er gelb zu sein scheint, in Wirklichkeit weiß ist. Wenn wir Dinge wahrnehmen, glauben wir in ähnlicher Weise, sie existierten wirklich so, wie sie uns erscheinen. Wir hängen fest an diesem Glauben. Die Person in unserem Beispiel nimmt den Schnee nicht als gelb wahr, weil er wirklich gelb ist, sondern wegen der gelben Brille. Ebenso erscheinen uns die Objekte unabhängig und aus sich selbst heraus bestehend, nicht, weil die Objekte wirklich unabhängig existieren, sondern wegen unserer auf Unwissenheit beruhenden getäuschten Auffassung.

Die eigentliche Art des Bestehens der Objekte
Die eigentliche Art und Weise, wie Dinge existieren, ist eng mit unserem Bewußtsein verbunden. Aber wenn wir sagen, daß die Dinge nicht so existieren, wie sie erscheinen, denkt man vielleicht, daß diese Art des Erscheinens die einzige ist, in der Dinge existieren können, und daß sie, wenn nicht auf diese Weise, vielleicht überhaupt nicht existieren. Das ist eine der extremen Auffassungen, die ich erwähnt habe, das nihilistische Extrem. Wenn wir so denken, wäre es für uns besser gewesen, wir hätten nie begonnen, die Leerheit zu untersuchen. Es wird gut sein, wenn Sie über die von mir angeführten Beispiele des Spiegels, des Sees und der Person mit der Sonnenbrille nachdenken. Sie werden Ihnen helfen, ein Verständnis von der Art und Weise zu entwickeln, wie wir glauben, daß die Dinge existieren, und von der Art und Weise, wie sie wirklich existieren. Es ist wichtig zu erkennen, daß diese Art des Erscheinens nicht die eigentliche Art ist, in der die Dinge existieren. Als zweites ist es wichtig zu erkennen, daß alle Phänomene, die eigene Person eingeschlossen, obwohl sie nicht so existieren, wie sie uns erscheinen, dennoch existieren. Obwohl uns die Art und Weise, in der sie existieren, noch nicht klar ist, sollte uns nun bewußt sein, daß die Art des Erscheinens sich von der eigentlichen Art des Bestehens unterscheidet.

Alle Objekte, Bäume, Gebetsketten und so weiter existieren, aber nicht so, wie sie uns erscheinen, nicht als unabhängige und selbständige Dinge. Sie existieren in einem Zustand, der vollkommen abhängig von, bezogen auf und verbunden mit dem Bewußtsein ist, das sie wahrnimmt. Sie sind auch eng mit dem Geist verbunden, der sie benennt, dem Geist, der dieses als Mann bezeichnet, jenes als Auto und so weiter. Sie existieren in Abhängigkeit von diesem benennenden Bewußtsein. Es gibt keine Art und Weise, in der irgend etwas existieren kann, ohne von einem benennenden Bewußtsein abhängig zu sein. Alle Phänomene existieren abhängig von der Verbindung der Grundlage des Objekts mit dem, was von der Vorstellung darauf projiziert wird. Aber es ist sehr schwierig, das klar zu verstehen, weil es tiefgründig und subtil ist. Sorgen Sie sich nicht, wenn Sie es nicht gleich von Anfang an klar erfassen können.

Wenn wir in einen Spiegel schauen, erscheint darin die Spiegelung von uns, obwohl wir nicht wirklich im Spiegel sind. Diese Spiegelung besteht in einer abhängigen Beziehung zwischen dem Spiegel und unserer Gestalt. Gäbe es keine Gestalt, gäbe es keine Spiegelung. Auf die gleiche Weise gibt es ohne ein benennendes Bewußtsein keine Möglichkeit des Existierens eines Objektes. Beim Zusammentreffen einer Person und eines Spiegels entsteht aufgrund der gegenseitigen Abhängigkeit ein Spiegelbild; dieses Spiegelbild kann nicht geleugnet werden. Wenn ein benennendes Bewußtsein und eine Grundlage für eine solche Benennung vorhanden sind, können Phänomene auf ähnliche Weise existieren, und ihre Existenz kann nicht geleugnet werden. Begreifen wir das einmal, dann wird der Zweifel zu entstehen beginnen, daß die Art, wie die Dinge uns jetzt erscheinen, und ihre eigentliche Art des Bestehens unterschiedlich sein müssen. Ein solcher Zweifel entsteht allmählich, und obwohl wir alle diese subtilen Punkte nicht sofort begreifen können, ist die Tatsache, daß er entsteht, ein Zeichen von Fortschritt.

Wovon sind Objekte leer? Sie sind leer von einer Existenz, wie sie unserem Geist jetzt erscheint. Alles ist leer von einer solchen Existenz. Alle Dinge existieren, aber nur dank der Verbindung von Grundlage der Benennung und benennendem Bewußtsein; das heißt, durch eine Beziehung zwischen beiden. Leerheit bedeutet dies und nur dies, nicht ein dunkles und heiliges Objekt der Verehrung. Sie ist einfach die letztliche Art des Bestehens aller Phänomene. Nachdem man das verstanden hat, kann man nur durch die Meditation eine klare Erkenntnis der Leerheit gewinnen. Einen anderen Weg gibt es nicht. Der erste Schritt ist, das Objekt der Verneinung klar zu erkennen. Dann erlangen wir nach und nach die Fähigkeit, die eigentliche Art des Existierens aller Phänomene und das Objekt der Verneinung wahrzunehmen und zwischen ihnen zu unterscheiden. Indem wir unsere Meditation entwickeln, trennen wir diese beiden, und dann wird die wahre Schönheit der Existenz, die eigentliche letztliche Art des Bestehens, unserem Geist immer klarer werden. Ganz gleich, wie schön uns etwas erscheinen mag, in unserem gegenwärtigen Geisteszustand ist unsere Wahrnehmung noch vom Objekt der Verneinung durchdrungen, und so erfassen wir die wahre Existenz des Objekts nicht. Jemand von Ihnen hat gefragt, ob diese Meditation uns hilft, die Schönheit der Natur zu sehen. Erst wenn wir unsere Meditation entwickeln und die letztliche Natur der Phänomene erkennen, werden wir die wahre Schönheit der Natur sehen.

Da wir anfangs nicht fähig sind, die eigentliche Art und Weise, wie die Dinge existieren, zu erkennen, sollten wir sie mit Hilfe der Beispiele von der Spiegelung der Person im Spiegel und des Monds in einem See zu verstehen versuchen. Obwohl diese Objekte nicht so existieren, wie sie unserem Geist erscheinen, gibt es eine Art und Weise, in der sie existieren. Am Anfang unserer Untersuchung brauchen wir solche Analogien, weil wir unfähig sind, die eigentliche Art des Existierens und die Art und Weise, wie das Objekt der Verneinung vermischt mit dem Objekt erscheint, klar zu verstehen. Alles, was wir sehen – Menschen, die gehen, Bäume, die wachsen oder Regen, der fällt, – wir müssen uns immer daran erinnern, daß nichts so existiert, wie es unserem Geist momentan erscheint. Wenn wir zum Beispiel eine rote Blume sehen, scheint sie unabhängig zu existieren. Wir beachten nicht, daß sie von ihren Teilen abhängig ist, daß durch eine Abhängigkeit zwischen jedem Blütenblatt, den Staubgefäßen, Blättern und ihren verschiedenen anderen Bestandteilen die Blume erscheint, die wir sehen. Und wenn wir diese große rote Blume untersuchen, um festzustellen, ob sie eines ihrer Blütenblätter ist oder nicht, finden wir heraus, daß sie es nicht ist. Wir finden sie in keinem ihrer Teile, doch ohne deren Verbindung kann keine Blume existieren. Eine Blume besteht durch die abhängige Beziehung zwischen der Verbindung ihrer Teile und unserem Sehbewußtsein, das sie wahrnimmt.

Die Erklärung der Art und Weise, wie äußere Phänomene erscheinen und existieren, möchte ich hier beenden, weil zu viele Einzelheiten verwirren können. Ich habe diese Beispiele angeführt, um die Dinge zu vereinfachen, aber wenn ich zu viele gebe, wird es nur komplizierter.

Die zwei Wirklichkeiten

Das war die Erklärung über die Art des Existierens äußerer Phänomene. Um die *Leerheit des Selbst* zu erkennen, muß man zuerst darüber nachdenken, wie das eigene Selbst besteht. Ebenso wie die äußeren Phänomene hat auch das Selbst zwei Arten des Bestehens, eine konventionelle Art und eine letztliche Art. Leerheit bezieht sich auf die letztliche Art des Bestehens. Nehmen wir zum Beispiel eine Perle der Gebetskette. Konventionell existiert sie als eine kleine, runde, braune, hölzerne Kugel. Auf die gleiche Weise haben alle Phänomene ihre eigenen konventionellen Eigenschaften wie Farbe, Form, Größe und so weiter. Alle diese sind bekannt als die konventionelle Wirklichkeit des jeweiligen Objekts. Wie ich schon gesagt habe, obwohl uns scheint, diese Gebetskette existiere unabhängig und selbständig, und wir glauben, es sei so, ist die wirkliche Art ihres Bestehens ganz anders. Sie ist vollständig leer von jeglicher unabhängigen, selbständigen, innewohnenden Art des Existierens. Dieses Leersein oder dieses Fehlen einer solchen Existenz ist das, was unter Leerheit, unter der letztlichen Wirklichkeit der Gebetskette verstanden wird.

Um diesen Punkt zu veranschaulichen, stellen Sie sich zwei Bretter vor, die so aufgestellt sind, daß sie sich gegenseitig stützen und mit dem Boden, auf dem sie stehen, ein Dreieck bilden. In dieser Lage sind sie ganz voneinander abhängig. Getrennt können sie nicht stehen; wenn eines von ihnen umfällt, wird auch das andere umfallen. An diesem Beispiel können wir sehen, wie alle Phänomene existieren. Einerseits können die zwei aneinandergelehnten

Bretter stehen, was die konventionelle Wirklichkeit veranschaulicht. Andererseits können sie nicht stehen, ohne voneinander abhängig zu sein; das veranschaulicht die letztliche Wirklichkeit. Das gilt für alle Phänomene. Ein Baum hat auch diese zwei Arten des Bestehens, eine konventionelle Wirklichkeit, in der er von Jahr zu Jahr wächst, grünt und viele Blätter und Zweige hat; und eine letztliche Wirklichkeit, in der er nicht existieren kann, ohne von einem benennenden Bewußtsein abhängig zu sein. Die Tatsache, daß er nur in Abhängigkeit von einem benennenden Bewußtsein existieren kann, zeigt seine letztliche Wirklichkeit. Wir benützen ein einziges Objekt, um beide Wirklichkeiten zu zeigen, weil die zwei nicht vollkommen getrennt, sondern eng miteinander verbunden sind. Sogar in einem Atom sind beide vorhanden. Wenn ein Objekt nicht letztlich existiert, kann es nicht konventionell existieren, und ähnlich kann es ohne konventionelle Wirklichkeit keine letztliche Wirklichkeit haben. Beide sind gegenseitig abhängig und untrennbar verbunden. Darüber müssen Sie gründlich nachdenken.

Während Sie die Erklärungen über die vielen Aspekte der Geistesschulung gehört haben, mögen manche von Ihnen Fehler und Irrtümer entdeckt haben, die ihnen in der Vergangenheit unterlaufen sind, und Sie sind dadurch vielleicht entmutigt. Sich an solche Fehler und Irrtümer zu erinnern ist jedoch ein gutes Zeichen, es ist ein positives Resultat des Hörens dieser Unterweisungen. Das Dharma ist wie ein Spiegel; hineinzuschauen ermöglicht uns, die vielen schwachen Punkte in uns zu sehen. So wie die angenehmen und unangenehmen Züge unseres Körpers in einem Spiegel reflektiert werden und wir sie ganz klar sehen können, so werden auch unsere unheilsamen Handlungen und Einstellungen im Spiegel des Dharma reflektiert. Wenn wir in einen gewöhnlichen Spiegel schauen und sehen, daß unser Gesicht schmutzig ist, waschen wir es. Und wenn wir die Fehler unserer unheilsamen Handlungen im Spiegel des Dharma reflektiert sehen, sollten wir Methoden anwenden, um sie zu bereinigen. Dadurch, daß wir

Dharma auf diese Weise anwenden, erkennen wir unsere Mängel, und das zeigt auch, daß es der Mühe wert war, diese Unterweisungen zu hören.

Um noch einmal zu wiederholen, wie Phänomene existieren: Wir müssen erkennen, daß sie in Wirklichkeit nicht so existieren, wie sie unserem Geist erscheinen, und daß sie doch konventionell existieren, auf eine Art und Weise, die zu verstehen wir jetzt nicht imstande sind. Unsere gewöhnliche Auffassung ist, daß Phänomene genau so bestehen, wie sie uns erscheinen, und dann greifen wir fest nach dieser Erscheinung und übertreiben sie, so daß die Verblendungen der Anhaftung, des Hasses und so weiter entstehen. Gelingt es uns zu verstehen, daß die Dinge nicht so existieren, wie sie erscheinen, dann wird es uns nach und nach möglich, diese groben Verblendungen zu einem Ende zu bringen. Wenn jemand ein glänzendes Stückchen Messing findet und es mit Gold verwechselt, wird er sehr daran hängen und es für sehr kostbar halten. Findet er jedoch eines Tages heraus, daß er sich getäuscht hat und daß sein Gold nur Messing ist, wird sich seine Einstellung sofort ändern und seine starke Anhaftung wird abnehmen. Obwohl sein Messing noch immer wie Gold zu glänzen scheint, wird er jetzt, wo er dessen wirkliche Natur erkennt, nicht mehr so sehr daran hängen; während er es vorher vielleicht in einem Safe verschlossen aufbewahrt hat, läßt er es jetzt irgendwo herumliegen.

Wenn starke Verblendungen in uns auftreten, müssen wir uns an die Leerheit erinnern und sie mit diesem Verständnis sofort im Zaum halten. Das heißt jedoch nicht, daß wir starkes Mitgefühl, das wir für einen Leidenden empfinden, unterdrücken sollten, weil es unrealistisch ist. Erbarmen und Reine Liebe sind geistige Einstellungen, die gefördert werden müssen, die wachsen und zunehmen sollen. Wir dürfen heilsame geistige Eigenschaften wie Erbarmen nicht einschränken als seien sie Verblendungen. Was immer die Entwicklung unseres Geistes unterstützt, muß genährt werden, während alles, was seine Entwicklung hindert, beseitigt werden sollte.

Wie alle äußeren Phänomene hat auch unser Geist keine unabhängige oder innewohnende Existenz. Das ist schwieriger zu erkennen, weil der Geist formlos und immateriell ist und wir ihn mit dem Sinnesbewußtsein nicht wahrnehmen können. Entsteht zum Beispiel Stolz in unserem Geist, dann tritt er sehr kraftvoll auf, als ob er in sich selbst existierte, unabhängig von unserer Kontrolle. Er scheint nicht von einem benennenden Bewußtsein abhängig zu sein. Das gilt auch für starken Haß, starke Anhaftung oder Eifersucht. Auch sie scheinen selbständig und unabhängig von einem benennenden Bewußtsein zu existieren. Wir können diese Beispiele leicht verstehen, und es braucht uns niemand zu sagen, wie stark diese Verblendungen in uns zu existieren scheinen.

Ich habe schon erklärt, wie man über die klare und erkennende Natur des Geistes meditiert. Das bezog sich auf eine Meditation über die konventionelle Natur des Geistes, der immateriell, formlos und fähig ist, sein Objekt zu erkennen. Obwohl manchmal erklärt wird, dies sei die letztliche Natur des Geistes, ist es in Wirklichkeit die konventionelle Natur. Die letztliche Natur des Geistes ist die Verneinung des innewohnend existierenden Geistes oder eines Geistes, der unabhängig von Benennung besteht. Das Nicht-Vorhandensein des Existierens, so wie es uns erscheint, ist die letztliche Natur des Geistes. Mein Mönchsgewand zum Beispiel hat zwei Aspekte: der eine Aspekt ist, daß es rot ist, und der zweite ist, daß es die Verneinung davon ist, weiß zu sein. Ebenso haben alle existierenden Phänomene zwei Naturen; eine konventionelle Natur, veranschaulicht durch die rote Farbe meines Mönchsgewands und eine letztliche Natur, veranschaulicht durch die Verneinung des Weiß-Seins meines Mönchsgewands. Aber vergessen Sie nicht, daß dies nur ein Beispiel ist, um das Verständnis zu unterstützen.

Nun werde ich erklären, auf welche Weise das Objekt der Verneinung erscheint. Um diese falsche Erscheinung und auch die eigentliche Art des Bestehens eines Objektes klar zu begreifen, muß zuerst durch Meditation der Zustand geistiger Ruhe erlangt werden. Mit einem voll konzentrierten Geist werden wir dann diese Unterscheidung klar erkennen. Da es uns noch nicht gelungen ist, geistige Ruhe zu ereichen, finden wir es schwierig, diese Punkte richtig zu verstehen. Zuerst müssen wir den Geist beruhigen, sonst wird unsere Untersuchung so sein, als würde man einer Person, deren Geist von etwas anderem ganz in Anspruch genommen ist, eine Frage stellen. Aber wenn wir unseren Geist beruhigen und seine dauernden geschäftigen Aktivitäten unterbrechen können, ist das so, als würden wir warten, bis die Person in unserem Beispiel ihre Arbeit beendet hat und uns ihre ganze Aufmerksamkeit schenkt. Sie wird dann in der Lage sein, über unsere Frage nachzudenken und uns eine vernünftige und zufriedenstellende Antwort zu geben.

Suche nach dem Selbst

Nachdem wir den Geist beruhigt haben, müssen wir untersuchen, auf welche Weise wir das Selbst erfassen. Zu diesem Zweck müssen wir das Greifen nach dem Ich verstärken, indem wir gewisse Gefühle oder Gedanken erzeugen, entweder angenehme oder unangenehme. Nachdem wir durch solche Gedanken ein starkes Greifen nach dem Ich hervorgerufen haben, müssen wir genau beobachten, wie uns dieses Selbst erscheint. Diese Untersuchung wird mit einem anderen Teil des Geistes ausgeführt als dem, der den angenehmen oder unangenehmen Gedanken faßt.

Bei der Ausführung dieser Untersuchung können gewisse Fehler auftreten. Manche Leute lassen eine Empfindung in ihrem Geist auftauchen und bemühen sich dann zu bestimmen, wie das Selbst erfahren wird. Aber bei ihrer Untersuchung erscheint in ihrem Geist eine Art Dunkelheit oder Leere. Das kommt nur bei manchen Leuten vor, nicht unbedingt bei allen, und eine solche Erfahrung ist weder gut noch schlecht. Sie ist die Wirkung der plötzlichen geistigen Kraft, die manche anwenden, wenn sie versuchen, die Natur des Selbst zu erkunden. Andere empfinden vielleicht einen Druck oder eine Art Anspannung in ihrem Körper. Das ist nicht das Objekt der Verneinung, sondern es ist ebenfalls die Wirkung der plötzlichen Konzentration des Geistes infolge seiner Anstrengung beim Untersuchen und rührt von einem Zusammenziehen der Muskeln her, was die Zirkulation der subtilen Energien in den Kanälen stört. Bei anderen, die diese Untersuchung ausführen, scheint sich nur ihr Körper zu zeigen. Auch das ist nicht das Objekt der Verneinung. Es kommt vor, weil das konventionell existierende Selbst eng mit dem Körper verbunden ist, und so scheint sich nur der Körper zu zeigen, wenn man diese subtile Untersuchung ausführt. In anderen Fällen wird nichts erfahren, wenn man versucht, das Selbst ausfindig zu machen. Das rührt daher, daß man die Analyse ein wenig zu spät beginnt. Sie muß ausgeführt werden, sobald eine Empfindung des Selbst entsteht, sonst weicht diese Empfindung schnell wieder zurück in diese Art von vagem Nichts.

Das sind einige der Fehler, die bei der Suche nach dem Objekt der Verneinung gemacht werden können. Sie ähneln der Erklärung von jemandem, der uns sagt, wie man zu einem bestimmten Ziel kommt. Vielleicht erwähnt er alle Möglichkeiten, wie wir uns verirren können. Es ist wichtig, über diese Fehler Bescheid zu wissen, weil man fähig sein muß, sie bei der Meditation zu erkennen. Wenn sie auftreten, muß man die Meditation von neuem beginnen, einem Gedanken erlauben, zu entstehen und dann sofort die Analyse anwenden. Untersuchen wir so, benötigen wir einen ruhigen und friedlichen, nicht einen angespannten oder aufgeregten Geisteszustand. Wenn wir aufgeregt sind, wird unsere Analyse zu keinem Ergebnis führen. Erregung oder Anspannung wird die Erscheinung des Selbst verdunkeln oder verscheuchen. Wenn wir zum Beispiel in den Wald gehen, um wilde Tiere oder Vögel zu beobachten, müssen wir uns ganz ruhig verhalten. Stürzen wir aufgeregt hinein, werden die Vögel und die anderen Tiere verschwinden.

Wenn wir auf diese Weise untersuchen, entdecken wir, daß das Selbst oder Ich als etwas Getrenntes und weitgehend Unabhängiges von unseren Aggregaten zu bestehen scheint. Diese Erscheinung des Selbst sollte nicht als eine subtile Form des Objekts der Verneinung betrachtet werden. Wie ich gesagt habe, gibt es viele Arten oder Ebenen von Unwissenheit, deshalb müssen wir weiteruntersuchen. Dabei werden wir nach und nach immer subtilere Formen der nach einem Selbst greifenden Unwissenheit aufzudekken beginnen. Wir werden entdecken, daß das Selbst, obwohl uns scheint, es stehe mit den Aggregaten in Beziehung, dennoch verschieden von ihnen ist. Während diese Aggregate unbeständig und veränderlich sind, wie es die Veränderungen in unserem Körper zeigen, wenn wir älter werden, scheint uns das Selbst beständiger zu sein. Doch diese Erscheinung des Selbst ist wieder nicht das subtile Objekt der Verneinung. Sie ist subtiler als die vorhergehende Auffassung, aber noch immer ziemlich grob. Wenn man fortfährt, eine immer feinere Untersuchung zu machen, wird man schließlich herausfinden, daß das Selbst einem erscheint, als sei es von einem benennenden Bewußtsein abhängig. Aber das Selbst scheint sich immer noch als das stärkere von beiden zu zeigen. Noch immer besteht kein Gleichgewicht in der Verbindung des Selbst mit dem benennenden Bewußtsein. Es scheint, das Selbst hänge vom benennenden Bewußtsein ab, behalte aber eine Fähigkeit, selbständig zu bestehen. Überdies scheint uns an diesem Punkt das Selbst nicht mehr von den Aggregaten getrennt zu sein, und so kommt uns vor, es zeige sich nun auf zwei Arten. Einerseits erscheint es als eins mit den Aggregaten, nicht als etwas Getrenntes, andererseits scheint es doch von seiner eigenen Seite her zu existieren. Das sind subtile Punkte; hier jedoch ist wichtig zu erkennen, daß das Selbst zwar mit dem benennenden Bewußtsein in Beziehung zu stehen scheint, aber doch noch stärker erscheint, so, als könnte es für sich allein bestehen.

Auf dieser Stufe der Meditation muß man diese Erscheinung des Selbst im Geist festhalten und sie als Grundlage für alle Tätigkeiten betrachten, an die wir im Hinblick auf unser Selbst denken, zum Beispiel das Ich, an das wir denken, wenn jemand unseren Namen ruft, oder wenn wir ein

Geschenk erhalten oder unseren täglichen Aktivitäten nachgehen. Wenn diese Art des Erscheinens des Selbst in unserem Geist klar wird, beginnen wir, uns dem subtilen Objekt der Verneinung zu nähern. Obwohl gegenwärtig eine solche Erscheinung des Selbst sehr schwierig zu verstehen und fast unmöglich zu erkennen sein mag, wird es, wenn wir uns mit der Untersuchung beständig anstrengen, immer klarer werden. Diese Erscheinung des Selbst wird sich außerdem stärker zeigen, wenn wir mit bestimmten Umständen in Berührung kommen, während sie unter anderen Umständen verschwommen und unklar bleibt. Aber obwohl sie manchmal klarer und manchmal unklarer zu werden scheint, ist das nicht der Fall, weil ein solches Selbst nicht wirklich existiert. Tatsächlich greift diese subtile Unwissenheit in unserem Geist dadurch, daß sie mit bestimmten Umständen in Berührung kommt, stärker nach dem Selbst, und als Folge davon wird die Erscheinung des Selbst klarer. Es ist wie bei einer Katze, die eine Maus gefangen hat. Wenn die Maus wegzulaufen versucht, packt die Katze sie fester, aber solange die Maus ruhig ist, hält die Katze sie ganz locker. Subtile Unwissenheit ist ähnlich. Wenn besondere Umstände auftreten, greift sie fester nach dem Selbst, während sie zu anderen Zeiten ihren Griff lockert.

Um Leerheit zu erkennen, müssen wir damit beginnen, das Objekt der Verneinung klar zu erkennen. Man könnte denken, dieses sei die eigentliche Erscheinung des konventionell existierenden Selbst, aber das ist nicht so; es ist nur die Erscheinung des Objekts der Verneinung. Wollen wir einen Pfeil auf eine Scheibe schießen, müssen wir zuerst auf die Scheibe schauen und dann schießen. Schließen wir die Augen und schießen, dann werden wir wahrscheinlich nicht treffen. Wenn wir die Leerheit erkennen, erkennen wir die Verneinung von etwas. Ähnlich müssen wir zuerst verstehen, was es ist, das verneint werden muß.

Damit ist der erste Punkt der Untersuchung des Objekts der Verneinung kurz beschrieben. Sie sollten über diese Erklärung angestrengt nachdenken, so daß sie möglichst nachhaltig ihren Geist umwandelt. Wie ich gesagt habe, wenn wir die Erscheinung des Selbst erkennen können, das mit dem benennenden Bewußtsein verbunden und von ihm abhängig ist und dennoch mehr Kraft oder innewohnende Macht als dieses Bewußtsein zu haben scheint, dann haben wir das Objekt gefunden, auf das wir nun unseren Prozeß der Widerlegung anwenden müssen. Am Anfang dürfen wir es jedoch nicht zu kräftig oder zu vage widerlegen, wir dürfen nicht einfach sagen, „das existiert nicht" und es dabei bewenden lassen. Es ist ähnlich, wie wenn man jemanden fängt, der eines Verbrechens schuldig ist. Wir können ihn nicht einfach festnehmen und sofort behaupten: „Du bist schuldig." Vielmehr müssen wir ihn zuerst fangen und dann über das Verbrechen verhören. Finden wir, daß er ohne den leisesten Zweifel schuldig ist, dann können wir ihn bestrafen. Auf die gleiche Weise sollten wir, wenn wir das Objekt der Verneinung erkennen, es nicht sofort zu widerlegen versuchen mit der Begründung, daß es nur ein Erzeugnis der Unwissenheit ist. Tun wir das, wird unsere Widerlegung weder fest noch genau sein. Zuerst müssen wir diese Erscheinung des Selbst so klar wie möglich verstehen. Erst dann können wir beginnen, die Analyse anzuwenden.

2 Das Erkennen der Folge der Überdeckung

Mit dieser zweiten Analyse können wir folgern, daß das Selbst, wenn es wirklich existiert, auf eine dieser zwei Arten existieren muß: entweder identisch mit oder verschieden von den Aggregaten. Diese Schlußfolgerung ist der zweite Punkt der Analyse, die *Folge der Überdeckung*. Es ist so, als hätte man eine Tasche mit zwei Fächern. Wenn unser Paß überhaupt in der Tasche ist, muß er entweder in dem einen Fach sein oder im anderen. Ist er es nicht, kann er nicht in der Tasche sein. Genauso muß das Selbst, wenn es wirklich existiert, entweder mit den Aggregaten identisch oder von ihnen verschieden sein. Existiert es weder auf die eine noch auf die andere Art, folgt daraus, daß es gar nicht existiert.

Wenn wir zu diesem Schluß kommen, müssen wir unsere Untersuchung weiterführen. Wir müssen jetzt bestimmen, auf welche dieser zwei möglichen Arten das Selbst besteht. Es ist, als würden wir die zwei Fächer unserer Tasche untersuchen, um zu sehen, ob der Paß in einem der beiden Fächer ist. Zuerst überprüfen wir ein Fach. Finden wir den Paß dort nicht, überprüfen wir das andere. Wenn wir davon sprechen, daß das Selbst eins mit den Aggregaten ist, meinen wir nicht, sie seien einfach ähnlich. Es bedeutet, daß sie in jeder Hinsicht vollkommen identisch sind. Allein schon wenn sie einen etwas unterschiedlichen Namen hätten, wären sie nicht mehr eins. So müssen wir zuerst diese Erscheinung des Selbst untersuchen, um zu bestimmen, ob es mit den Aggregaten eins ist. Wir werden feststellen, daß sich endlose Widersprüche ergeben würden, wenn es so wäre.

3 Das Erkennen der Abwesenheit davon, mit den Aggregaten identisch zu sein

Der erste Widerspruch ist, daß *das Selbst,* wäre es *identisch mit den Aggregaten,* mit jedem einzelnen von ihnen identisch sein müßte. Da es jedoch ein Aggregat der Form gibt, das mit den Augen wahrgenommen werden kann, und ein Aggregat des Bewußtseins, das mit den Augen nicht wahrgenommen werden kann, muß es zwei Selbst geben, ein sichtbares und ein unsichtbares. Und da die Natur des Aggregats der Form und die des Aggregats des Bewußtseins vollkommen verschieden sind, würde daraus auch folgen, daß die jeweiligen Selbst ebenfalls von ganz verschiedener Natur sein müßten.

Wäre das Selbst identisch mit den Aggregaten, würde ein weiterer Widerspruch entstehen, denn da unser Körper aus vielen verschiedenen Teilen besteht, müßte es eine entsprechende Anzahl von Selbst geben. Auch weil es viele unterschiedliche Aspekte unseres Bewußtseins gibt wie die verschiedenen Geistesfaktoren und Einstellungen, müßte es ebenso eine entsprechende Anzahl unterschiedlicher Selbst geben. Überdies gibt es nicht nur viele Aspekte des

Geistes, sondern diese Aspekte unterscheiden sich auch in vieler Hinsicht voneinander. Es gibt heilsame Einstellungen des Geistes und unheilsame, die einander widersprechen. Manche Aspekte des Geistes müssen entwickelt, andere beseitigt werden. Wenn das Selbst eins mit diesen Aspekten wäre, müßten daher manche Selbst entwickelt werden, während andere beseitigt werden müßten. Diese Widersprüche sind offensichtlich. Wenden wir es auf das Beispiel der Tasche mit den zwei Fächern an: obwohl in Wirklichkeit der Paß nicht in der Tasche ist, wissen wir dies nicht, und so schauen wir zuerst nach, ob er in einem der beiden Fächer ist. Wenn man diese Analyse ausführt, muß man dies in allen Einzelheiten tun. Man muß im Geist den Körper in seine kleinsten Teile zerlegen und den Geist in seine subtilsten Aspekte. Dabei kann man nicht aufs Geratewohl vorgehen. Man sollte die Analyse so lange fortsetzen, bis man vollkommen sicher ist, daß das Selbst mit den Aggregaten nicht identisch ist.

4 Das Erkennen, der Abwesenheit davon, von den Aggregaten verschieden zu sein

Dann sollte man bestimmen, ob *das Selbst ganz getrennt von den Aggregaten* besteht. Wir haben das eine Fach der Tasche vollständig durchsucht und müssen jetzt das andere überprüfen. Wenn das Selbst tatsächlich von den Aggregaten getrennt existiert, müßte es ganz getrennt von ihnen sein, ohne jede Verbindung. Und existiert es auf diese Weise, dann müßte man in der Lage sein, es zu finden. Wenn wir alle Aggregate wie Form und Bewußtsein beiseite lassen, müßten wir doch das irgendwo getrennt existierende Selbst finden. Haben wir zum Beispiel einen Hund, eine Kuh und ein Schwein in einem Pferch und nehmen wir den Hund und das Schwein heraus, dann wird die Kuh noch dasein. Wenn das Selbst von den Aggregaten getrennt besteht, müßte es ebenso übrigbleiben, nachdem die Aggregate weggenommen worden sind.

Früher schien uns das Selbst mit einem benennenden Bewußtsein verbunden, aber mächtiger, selbständiger als dieses Bewußtsein zu sein. Nun zeigt uns eine genaue Analyse jedoch gar nichts, was wir mit Bestimmtheit als das Selbst identifizieren können. Früher schien es ganz klar zu existieren, doch jetzt, nachdem wir im Geist die Aggregate zerlegt haben, können wir es nicht finden. Statt dessen ist alles, was erscheint, seine Abwesenheit oder Verneinung. Unsere frühere Ansicht, die das Selbst für wirklich existent hielt, wird als eine auf Unwissenheit beruhende Ansicht erkannt. Jetzt, nachdem wir unsere Analyse vollendet haben, verstehen wir, daß es kein letztlich existierendes, von den Aggregaten getrenntes Selbst gibt.

Wenn wir im Geist alle Möglichkeiten, wie das Selbst existieren könnte, erforscht haben und es nirgendwo zu finden ist, erfassen wir die letztliche Natur des Selbst. Früher haben wir sehr stark nach einem Selbst gegriffen, von dem wir den Eindruck hatten, es erscheine unserem Geist klar. Doch jetzt, nachdem wir versucht haben zu bestimmen, wie es existiert, entweder identisch mit oder verschieden von den Aggregaten, stellen wir fest, daß in Wirklichkeit keines von beiden der Fall ist und wir infolgedessen dieses früher *existierende* Selbst nicht ausfindig machen können. Diese Verneinung oder Leerheit des Selbst ist die letztliche Natur des Selbst. Aber es ist nicht einfach Leere. Es ist die Verneinung unseres vorherigen Greifens nach einem Selbst. Es ist so, als hätten wir in jedem Fach unserer Tasche nach dem Paß gesucht und, weil wir ihn nicht finden konnten, blieb uns nur die Verneinung oder Abwesenheit des Passes.

Um zusammenzufassen: Der erste Punkt der Analyse ist, das Objekt der Verneinung oder Widerlegung zu identifizieren. Der zweite Punkt ist, Gewißheit darüber zu erlangen, daß das Selbst, wenn es existiert, entweder identisch mit oder getrennt von den Aggregaten sein muß. Der dritte Punkt ist, zu bestimmen, ob das Selbst mit den Aggregaten identisch ist. Und der vierte Punkt ist, zu bestimmen, ob es getrennt von ihnen existiert. Leerheit kann nur durch die Anwendung dieser Art meditativer Analyse erkannt werden; man muß allmählich, Schritt für Schritt bis zur vollen Erkenntnis weitergehen. Wir können Leerheit nicht durch bloßes Lesen eines Buches erkennen. Beim Erkennen der Leerheit tritt ein Gefühl der Abwesenheit auf, das ähnlich dem Gefühl ist, das uns überkommt, wenn wir in eine Tasche schauen und nicht finden, was wir suchen. Wir drücken diese Abwesenheit nicht einfach verstandesmäßig aus; wir gehen ganz in ihr auf und erfahren sie direkt. Wenn wir die obige Analyse ausgeführt haben, die Abwesenheit klar erkannt haben und mit ihr verschmolzen sind, erfahren wir Leerheit in der richtigen Weise. Wenn unser Geist mit dieser Abwesenheit nicht verschmolzen ist, sondern von ihr getrennt bleibt, wenn er die Leerheit sieht, als sei sie ein Objekt, dann wäre das eine falsche Art zu meditieren. Der Geist, der die Leerheit erkennt, muß in dieser Abwesenheit ganz aufgehen.

Diese Erklärung darf nur als eine Einführung in die Leerheit verstanden werden. Sie sollten sich nicht einbilden, Sie hätten allein durch Hören dessen, was gesagt wurde, ein vollständiges Verständnis davon gewonnen. Vielmehr sollten Sie mit diesen Erklärungen als Grundlage die Untersuchung mittels der Meditation fortsetzen. Es ist, als würde uns jemand erzählen, wie Indien aussieht, eine Stadt hier beschreiben, einen Bahnhof dort und so weiter. Obwohl wir durch diese Schilderung einen Eindruck von Indien bekommen mögen, können wir nicht behaupten, wir hätten irgendeine wirkliche Erfahrung davon. Wenn uns jemand in den Begriff der Leerheit einführt und wir dadurch vielleicht auch ein gewisses Verständnis entwickeln, können wir genausowenig sagen, wir hätten sie erkannt.

Extreme vermeiden

Wenn wir nach dem Objekt der Verneinung suchen und seine Verneinung wahrnehmen, widerlegen wir womöglich diese falsche Vorstellung eines Selbst allmählich bis zu dem Punkt, daß wir annehmen, das Selbst existiere überhaupt nicht. Hier müssen wir verstehen, daß wir nur das Objekt der Verneinung, diese falsche Projektion eines Selbst, zu verneinen suchen. Wir verneinen nicht konventionelle Existenz. Nur weil wir existieren, sind wir in der Lage, unsere Untersuchung auszuführen, das Objekt der Verneinung ausfindig zu machen und seine Verneinung wahrzunehmen. Sogar zu denken, daß wir nicht existieren, ist eine Funktion eines existierenden Selbst. Es gilt das auch für das Verständnis, daß äußere Phänomene doch konventionell existieren, obwohl sie nicht so existieren, wie sie uns erscheinen. Das ist ein wichtiger Punkt, der nicht falsch verstanden werden darf.

Diese falsche Auffassung der Nicht-Existenz, das nihilistische Extrem, zu vertreten ist gefährlich. Es zerstört alles von uns angesammelte heilsame Potential. Wenn uns unsere Untersuchung dazu führt, daß wir vollständige Nicht-Existenz behaupten, wäre es viel besser für uns, statt dessen gut zu schlafen. Obwohl Schlafen eine Zeitverschwendung ist, zerstört es doch nicht unsere Ansammlung heilsamen Potentials, wie es diese extreme nihilistische Anschauung tut. Tatsächlich existieren Berge, Seen, Straßen, Autos und unsere Freunde. Aber die Art und Weise, wie sie unserem Geist zu existieren scheinen, ist falsch. Wie ich erklärt habe, sind sie mit dem Objekt der Verneinung vermischt. Wenn wir über die Leerheit meditieren, ist es diese Vermischung des eigentlichen Objekts mit der Art und Weise, wie wir es als wirklich existent erfassen, die nach und nach klarer wird. Sobald wir Leerheit vollständig erkennen, erfassen wir klar die eigentliche Art des Bestehens der Phänomene. Es ist, als hätten wir diese Vermischung bis zur Trennung der falschen Erscheinung von der eigentlichen Wirklichkeit gefiltert. Das ist ähnlich wie das Aufrühren eines klaren Wasserlaufes. Das Wasser wird dabei schmutzig und unklar, und obwohl uns das Wasser noch erscheint, ist es jetzt mit Schmutz vermischt. Wenn wir geduldig warten, wird sich der Schmutz am Grund absetzen, und das Wasser wird wieder sauber und klar.

Würden Phänomene unabhängig existieren, nicht abhängig von ihren Teilen oder Eigenschaften, dann würde das bedeuten, daß sie sich nicht verändern können, daß sie nicht besser oder schlechter werden oder in irgendeiner Weise altern können. Aus unserer eigenen Erfahrung ist jedoch offensichtlich, daß sich sowohl innere als auch äußere Phänomene verändern. Sie unterliegen einem stetigen Wechsel. Alle Dinge sind unbeständig. Selbst die kleinsten Pflanzen verändern sich dauernd; während sie wachsen, ändern sie ihre Farbe und Form und zahllose andere Dinge. Auf die gleiche Weise verändern auch wir uns; wir werden größer, breiter, älter und so weiter. Auch unser Geist ist unbeständig. Manchmal ist er glücklich, manchmal traurig und verwirrt, und manchmal weder das eine noch das andere. Diese Veränderungen sind Hinweise darauf, daß die Phänomene nicht so existieren, wie sie erscheinen, vermischt mit dem Objekt der Verneinung. Vielmehr zeigen sie, daß alle Phänomene leer von jeder wirklichen Existenz sind und daß ihre letztliche Natur Leerheit ist.

Wenn wir zum Beispiel jemanden sehen, dem Tränen über das Gesicht laufen und der sehr traurig aussieht, zeigt uns das, daß er unglücklich ist. Wäre er glücklich und zufrieden, würde er nicht so ausschauen. Auf dieselbe Weise ist uns deutlich, daß alle Phänomene, innere und äußere, Veränderungen unterliegen. So wie jemand mit einem traurigen Gesicht uns seinen Mangel an Glück verrät, zeigt der ständige Wechsel in allen Phänomenen das Nicht-Vorhandensein irgendeiner Beständigkeit. Wenn wir das verstehen, wird es uns helfen, die Erkenntnis der Leerheit zu entwikkeln.

Abhängiges Bestehen

Alle Phänomene bestehen in Abhängigkeit. Ihre Existenz hängt von ihren Teilen und ihren Eigenschaften ab. Eine Blume, ein Baum oder ein menschliches Wesen, alle existieren abhängig von ihren Ursachen, Umständen, Eigenschaften und Teilen. Unser Glück, unser Leid, Wachstum und Verfall, alles existiert auf der Grundlage einer Abhängigkeit von Ursachen und Umständen. Nur aus diesem Grund können in den Dingen große Veränderungen stattfinden. Diese Veränderungen zeigen uns ständig die eigentliche Natur unserer Existenz, daß sie von der Natur der Leerheit ist und nicht, wie es scheint, vermischt mit dem Objekt der Verneinung. Doch uns ist das nicht bewußt.

Die buddhistischen Schriften, die die Leerheit behandeln, weisen auch auf abhängiges Bestehen hin. Abhängiges Bestehen bezieht sich auf die Art und Weise, wie alle Phänomene bestehen. Sie hängen von Ursachen und Umständen, von Teilen und Eigenschaften ab. Eine subtilere Erklärung bezieht sich auf die Art, wie alle Phänomene durch eine Verbindung von benennendem Bewußtsein mit der Grundlage der Benennung existieren. Aber da wir durch Unwissenheit verblendet sind, scheinen die Dinge unabhängig und selbständig zu bestehen. Diese zwei Arten, die eigentliche Art des Bestehens eines Objekts und die Art und Weise, wie es unserem Geist als wirklich existent erscheint, stehen zueinander im Widerspruch.

Obwohl ein ähnlicher Ausdruck verwendet wird, sollte *Abhängiges Bestehen* nicht mit den *Zwölf Gliedern des abhängigen Entstehens* verwechselt werden. Diese Zwölf Glieder beschreiben den Vorgang, bei dem Unwissenheit Ansammlung verursacht, Ansammlung Bewußtsein verursacht, Bewußtsein Verlangen verursacht und so weiter. Die zwei Bedeutungen beziehen sich auf zwei unterschiedliche Vorgänge und sollten daher nicht verwechselt werden.

Wenn ich davon spreche, daß die Dinge in Abhängigkeit von der Grundlage der Benennung und dem benennenden Bewußtsein existieren, fragen Sie vielleicht, was wir unter der *Grundlage der Benennung* verstehen. Das kann anhand des Anblicks einer Person veranschaulicht werden. Wenn wir jemanden sehen, entsteht der Gedanke, „das ist Soundso." Die Gestalt oder der Körper der Person, der die Grundlage für diesen Gedanken darstellt, ist die Grundlage der Benennung für diese Person und die Grundlage für ihr konventionelles Bestehen. Wenn ein Gefühl von Glück, Trauer oder Gleichgültigkeit in unserem Geist entsteht und als Folge davon die Vorstellung eines Selbst, zum Beispiel „*ich* bin glücklich", „*ich* bin traurig" oder „*mir* ist alles gleichgültig", wird dieses Gefühl in ähnlicher Weise zur Grundlage für das Selbst. Aufgrund dieses Gefühls entsteht in uns die Vorstellung von einem Selbst. Dieses Selbst ist das konventionell existierende Selbst und nicht das Objekt der Verneinung.

Wenn wir zum Beispiel das Gesicht unseres Übersetzers sehen, entsteht in unserem Geist die Vorstellung von Georges. Zu diesem Zeitpunkt ist das Gesicht von Georges die Grundlage der Benennung. Dasselbe gilt für jeden, den wir sehen. Wenn wir den Körper von jemandem oder sogar nur einen Teil davon sehen, verursacht diese Wahrnehmung das Entstehen der Vorstellung von dieser Person und ist daher zu diesem Zeitpunkt die Grundlage der Benennung. Ebenso wird ein Gefühl, das in uns entsteht, die Grundlage für die Vorstellung des „Ich". Das gilt auch zum Beispiel für einen Baum. Wenn wir die Teile eines Baumes sehen, wird der Teil des Baumes, den wir wahrnehmen, zur Grundlage der Benennung. Das ist von einem sehr allgemeinen Standpunkt aus gesprochen. Viele Dinge existieren, ohne daß wir sie zuerst benennen müssen. In anderen Worten, Dinge hören nicht auf, konventionell zu existieren, wenn wir sie noch nicht benannt haben.

Stellen wir uns als Beispiel ein Land vor, das plant, neue Banknoten in den Umlauf zu bringen. Zuerst bereiten die Behörden eine Zeichnung vor, die dann auf kleine Papierstücke gedruckt wird. Obwohl wir nun ein kleines Stück Papier mit einer bestimmten Zeichnung darauf haben, können wir es noch nicht eine Banknote nennen, die als solche von allen Bürgern dieses Landes anerkannt wird. Es ist die Grundlage der Benennung für das neue Geld, aber erst, wenn amtlich bekanntgemacht wird, daß so ein Stück Papier mit einer bestimmten Zeichnung in Zukunft Geld sein wird, bezeichnet es die Öffentlichkeit als Geld. Bis es mit der Benennung „Geld" belegt wird, ist es nur ein Stück Papier. Erst wenn es als Geld benannt worden ist, wird es zum gesetzlichen Zahlungsmittel. Folglich entstehen Dollars, Franken oder Rupien durch die Verbindung des Papiers als Grundlage der Benennung mit der Benennung

„Geld". Das gilt für alle Phänomene; es muß eine Grundlage da sein und das benennende Bewußtsein. Durch die Verbindung beider existiert alles. Obwohl wir das klar verstehen, wird uns die Erkenntnis, daß die Dinge auf diese Weise bestehen, erst ganz aufgehen, nachdem wir die Leerheit erkannt haben.

Damit ist meine kurze Erklärung über die konventionelle Art des Bestehens und über die Leerheit, die letztliche Art des Bestehens, abgeschlossen. Diese Verbindung einer Grundlage der Benennung mit dem benennenden Bewußtsein sowie die Abhängigkeit und der Bezug zwischen Phänomenen und ihren Teilen genügen für die Existenz aller äußeren und inneren Phänomene; es gibt keine verborgenere oder tiefere Art des Existierens. Wenn zum Beispiel die Teile eines Autos vorhanden sind, es betriebsfähig und sein Tank voll Benzin ist, genügt das, damit ein Auto vorhanden ist. Mehr als das können wir nicht finden.

Die fünf Wege und zehn Stufen des Großen Fahrzeugs

10

Wie ich schon erklärt habe, wird durch das Erkennen der Fehler des bedingten Daseins und durch das Entwickeln eines starken Gefühls der Loslösung davon ein fester Entschluß entstehen, Befreiung zu erlangen. Diese *Entsagung* ist einer der Schlüsselfaktoren in unserer Dharma-Anwendung, denn ohne sie werden wir unser gewünschtes Ziel nie erreichen und wird unsere Anwendung unrein bleiben. Auch wenn wir die *Weisheit* der Erkenntnis der Leerheit nicht erlangen, gibt es keine Möglichkeit, endgültige Befreiung, und keine Möglichkeit, Nirvana, die vollständige Befreiung von bedingtem Dasein, zu erreichen. Diese Weisheit ist ein weiterer Schlüsselfaktor des Weges. Wenn wir drittens den *Erleuchtungsgeist* nicht entwickeln, werden wir den Weg des Mahayana nicht betreten. Diese drei, Entsagung, Weisheit und Erleuchtungsgeist, sind unentbehrlich für die Entwicklung unserer Dharma-Anwendung und werden daher *Die drei Hauptpunkte des Weges* genannt.

Tantrische Anwendungen sind recht bekannt und sehr beliebt, aber sie können nur auf der Grundlage dieser drei Hauptpunkte des Weges angewendet und vollendet werden. Ohne diese drei in die Anwendung des Tantra einzutreten ist so, als würde man versuchen, sich ohne vorhergehende Ausbildung als Elektriker zu betätigen. Daher wenden Bodhisattvas, die sich auf dem Weg zur Buddhaschaft entwickeln, diese drei Hauptpunkte, in Verbindung mit allem, was sie tun, an.

Raumgleiche Meditation über die Leerheit

In der höheren buddhistischen Philosophie ist das Existieren irgendeines Phänomens als selbständig und unabhängig vom benennenden Bewußtsein das Objekt der Verneinung. Eine solche wahre Existenz ist nur ein Name, und ganz gleich, wie wir sie nennen, sie existiert nicht. So wie der Paß in keinem der Fächer der Tasche war und uns nur seine Abwesenheit blieb, finden wir ebenso nur eine Menge Widersprüche, wenn wir die möglichen Arten, in denen Phänomene wirklich existieren könnten, untersuchen und analysieren. Schließlich erkennen wir, daß nichts innewohnende Existenz hat. Obwohl die Phänomene zuvor auf diese Weise zu bestehen schienen, bleibt uns jetzt nur die Verneinung oder Leerheit einer solchen Existenz. Wenn wir diese vollständige Verneinung innewohnender Existenz erkennen, müssen wir uns mit konzentriertem Geist in diese Leerheit versenken und meditieren. Während wir in diese totale Abwesenheit jeder wahren oder innewohnenden Existenz versenkt sind, wird nur sie unserem Geist erscheinen. Alle konventionellen Erscheinungen werden sich aufgelöst haben, und es scheint nichts anderes als diese Leerheit vorhanden zu sein. Es ist wie Raum. Es bedeutet nicht, daß alle konventionelle Existenz verschwindet, aber während man in Meditation über Leerheit versenkt ist, hören konventionelle Erscheinungen auf, Geistesobjekte zu sein, und weil sie zu diesem Zeitpunkt nicht wahrgenommen werden, scheinen sie sich aufzulösen. Während dieser meditativen Konzentration erscheint dem Geist des Meditierenden nur die Verneinung jeder Art innewohnender Existenz. Es ist wie ein Flug über das Meer. Wenn Sie in die Tiefe schauen, ist alles, was Sie sehen, eine weite Fläche Wasser, sonst nichts. In diesem meditativen Zustand erscheint nur die Leerheit, und sie ist nicht mit irgendwelchen anderen Formen oder Erscheinungen vermischt. Dieser Zustand wird *raumgleiche Meditation über Leerheit* genannt.

In der Zeit *nach der Meditation*, wenn der Meditierende seine meditative Versenkung beendet, erscheinen seinem Geist die Phänomene wieder. Berge, Bäume, Menschen und alle anderen konventionellen Dinge erscheinen wieder. Der Unterschied ist, daß der Meditierende die Erscheinung der Phänomene nicht mit ihrer eigentlichen Art des Bestehens verwechselt. Er ist fähig, beide Naturen klar wahrzunehmen, die Erscheinung und die eigentliche Art des Bestehens. Es ist, als würde man in einen Spiegel schauen und sich bewußt sein, daß man nur eine Spiegelung sieht, oder so wie ein Zauberkünstler seine magischen Schöpfungen betrachtet, von denen er weiß, daß sie nicht wirklich sind. Auf die gleiche Weise sieht der Meditierende konventionelle Erscheinungen, weiß jedoch, daß sie letztlich nicht existieren.

Wenn ein Bodhisattva alle Phänomene so sieht, entwickelt er Großes Erbarmen für alle Wesen, die ständig durch ihre Wahrnehmungen getäuscht sind. Sie glauben an das, was erscheint, und sehen den Unterschied zwischen dem, was ihnen erscheint, und dem, was wirklich existiert, nicht. Infolgedessen erzeugen sie ständig Ursachen für Leid. Diese Erkenntnis steigert das Erbarmen des Bodhisattva und verleiht ihm außerordentliche Energie. Sie verstärkt auch seinen Erleuchtungsgeist, denn wenn er Wesen ganz von der Macht der Unwissenheit beherrscht sieht, wächst nur seine Entschlossenheit, Buddhaschaft zu erlangen. Auf diese Weise entwickelt er abwechselnd seinen Erleuchtungsgeist und seine Erkenntnis der Leerheit. Durch dieses wiederholte Meditieren über Leerheit wird die Kraft der Erkenntnis immer stärker, und die Natur der Leerheit wird seinem Geist immer klarer. Je mehr die Kraft seiner Erkenntnis wächst, desto mehr wird die Kraft der Unwissenheit geschwächt. Gleichzeitig beginnen die früher mit dem Objekt der Verneinung vermischten Objekte klarer zu erscheinen. Es ist wie mit angelaufenem Silber; je mehr wir es polieren, desto heller leuchtet es. Auf die gleiche Weise nimmt die Kraft der Erkenntnis der Leerheit durch ununterbrochene Anstrengung zu, während die Kraft der Unwissenheit langsam abnimmt. Nach jeder Sitzung raumgleicher Meditation nimmt der Meditierende einen größeren Unterschied zwischen der Art und Weise, wie Phänomene bestehen, und der Art und Weise, wie sie erscheinen, wahr. Zur selben Zeit erfährt er das gleichzeitige Anwachsen von Erbarmen und Erleuchtungsgeist. Sein Erbarmen verleiht seiner Meditation über die Leerheit Energie und Kraft, und seine Meditation über die Leerheit verstärkt das Anwachsen seines Erbarmens. Auf diese Weise werden die Unwissenheit und die anderen Verblendungen stufenweise beseitigt.

Die fünf Wege des Bodhisattva

Im Lauf dieser Entwicklung erreicht der Meditierende die erste Stufe des Bodhisattva-Weges, den *Weg der Ansammlung.* Der Weg der Ansammlung gliedert sich in drei Teile. Der Ausdruck *Weg* bezieht sich hier nicht auf eine Straße, die wir entlanggehen, sondern er bezieht sich auf die innere geistige Entwicklung. Das Wort Weg wird verwendet, weil wir diesen Weg benützen, um an einem Ziel anzukommen. Auf die gleiche Weise sind die inneren Erkenntnisse, die wir entwickeln müssen, wie ein Weg, auf dem wir in Richtung Buddhaschaft unterwegs sind. Die Unterteilung in drei Stufen im Weg der Ansammlung bezieht sich auf verschiedene Stufen meditativer Erkenntnis. So wie der Erleuchtungsgeist und die Erkenntnis der Leerheit im Geist entstehen, sind auch diese Stufen und Wege Vorgänge geistiger Entwicklung.

Wenn der Bodhisattva durch fortgesetzte Entwicklung seiner Meditation der Leerheit, seines Erbarmens und Erleuchtungsgeistes die dritte Stufe des Weges der Ansammlung erreicht, ist er fähig, verschiedene Erscheinungen zu erzeugen. Mit Hilfe dieser ausgesandten Körper kann er sich in zahlreiche Buddhareiche begeben, um von den dort verweilenden Buddhas Unterweisungen zu erhalten. Auf dieser Stufe erlangt er auch eine Art von Konzentration, die ihn befähigt, sich an alle Unterweisungen, die er erhalten hat, zu erinnern. Sie wird *Dharma-Strom-Konzentration* genannt, weil sie, wie ein Strom, ununterbrochen fließt. Jetzt hören wir Unterweisungen, aber oft vergessen wir sie kurz danach. Das Gedächtnis des Bodhisattva wird jedoch wie der Fluß Ganges, eine lange, ununterbrochene Fortsetzung. Diese Konzentration ist auch ein Ergebnis seiner stetigen Meditation über Leerheit und seiner Entwicklung von Erbarmen und Erleuchtungsgeist.

Indem der Bodhisattva die drei Hauptpunkte des Weges weiterentwickelt, erreicht er die nächste Stufe, den *Weg der Vorbereitung*. Die Kraft seiner Erkenntnis der Leerheit wird viel stärker. Er steigert ständig die Kraft dieses Gegenmittels, und dadurch nimmt die negative Kraft der Verblendungen immer mehr ab.

Der Weg der Vorbereitung ist in vier Stufen unterteilt. Auf der ersten Stufe wird die gröbste Form der Unwissenheit vollständig machtlos; sie ist nicht ganz entwurzelt, aber nicht mehr fähig, den Geist des Meditierenden zu beeinflussen. Der Bodhisattva setzt seine Meditation über die Leerheit fort und entwickelt den Aspekt der Methode seiner Anwendung, zum Beispiel durch Geben, reines ethisches Verhalten und so weiter. Als Resultat erreicht er die zweite Stufe des Weges der Vorbereitung. Auf jeder dieser Stufen bleibt das Objekt seiner Meditation, die Leerheit, dasselbe, aber es wird zunehmend klarer und verbindet sich mehr und mehr mit seinem Geist. Wenn wir die Leerheit das erste Mal erkennen, geschieht das nicht mit größter Klarheit. Es ist ein stufenweiser Vorgang, durch den man immer größere Erkenntnis gewinnt. Auf dieser zweiten Stufe wird eine weitere Schicht der Unwissenheit machtlos. Wie zuvor setzt der Bodhisattva seine Anstrengungen unerbittlich fort und erreicht schließlich die dritte Stufe.

Auf der dritten Stufe vertieft der Bodhisattva seine Erkenntnis der Leerheit und stößt dadurch eine weitere Schicht der Unwissenheit ab. Hier und selbst auf der vierten Stufe ist der Meditierende zwar auf dem Bodhisattva-Weg, aber er ist noch kein Arya-Bodhisattva. Auf der vierten Stufe des Wegs der Vorbereitung wird die Erkenntnis der Leerheit des Bodhisattva noch klarer und schließlich zu einer *direkten Wahrnehmung der Leerheit.*

Die zehn Arya-Bodhisattva-Stufen

Mit dem Erlangen dieser direkten Wahrnehmung der Leerheit erreicht der Bodhisattva die erste Stufe des *Arya-Bodhisattva-Weges.* Diese direkte Wahrnehmung der Leerheit ist die vierte der Vier Edlen Wahrheiten, die Wahrheit des Weges. Dieses erste Erlangen der Wahrheit des Weges mit der direkten Wahrnehmung der Leerheit beseitigt die erste der gröberen Arten von Unwissenheit vollständig. Zuvor hat der Bodhisattva sie überwunden und unwirksam gemacht, aber jetzt ist diese gröbste Art der Unwissenheit ganz zerstört.

Gleichzeitig mit der Beseitigung der ersten Schicht der Verblendungen erkennt der Bodhisattva die Wahrheit der Beseitigung, die dritte der Vier Edlen Wahrheiten, und erlangt den *Weg des Sehens.* Auf dieser Stufe ist der Bodhisattva fähig, einhundert verschiedene Konzentrationen zu erlangen und innerhalb kurzer Zeit einhundert Erscheinungen zu erzeugen. Dadurch kann er sich in eine entsprechende Anzahl von Buddhareichen begeben, indem er in verschiedenen Formen erscheint, und während er dort ist, Unterweisungen erhalten, Opfergaben darbringen und so weiter. Er ist imstande, Geben in dem Ausmaß anzuwenden, daß er keinen Schmerz, sondern große Freude empfindet, sogar wenn er seinen Körper Glied für Glied gibt. Außerdem ist er jetzt fähig, seine Wiedergeburt in bedingtem Dasein zu wählen, um zum Wohle anderer zu handeln, und selbst innerhalb kurzer Zeit kann er zahllosen Wesen auf ungleich wirksamere Weise nützen als auf irgendeiner vorhergehenden Stufe.

Nachdem der Bodhisattva die direkte Wahrnehmung der Leerheit erlangt hat und den Weg des Sehens sowie die erste Stufe des Arya-Bodhisattva erreicht hat, wird seine Wahrnehmung der Leerheit nicht mehr klarer, aber die Kraft der Weisheit, die die Leerheit erkennt, entwickelt sich weiter. Der Bodhisattva hat zwar die erste Schicht der Verblendungen beseitigt, aber wenn er nicht auf dem vierten Weg, dem *Weg der Gewöhnung,* weitergeht, wird es ihm nicht gelingen, die tieferen Schichten zu beseitigen.

Die Wege des Sehens und der Gewöhnung sind in die *zehn Arya-Bodhisattva-Stufen* unterteilt. Die erste Stufe entspricht dem Weg des Sehens, und die folgenden neun Stufen beschreiben den Fortschritt des Bodhisattva auf dem Weg der Gewöhnung.

Der Bodhisattva setzt nun seine raumgleiche Meditation über die Leerheit fort, und in den Zeiten zwischen seinen Meditationen die Entwicklung der Seite der Methode, indem er Reine Liebe, Erbarmen, Geben, den Erleuchtungsgeist und so weiter anwendet. Dank seiner unaufhörlichen Anstrengung wächst die Kraft seiner Erkenntnis weiterhin, und er zerstört die zweite Schicht der Verblendungen. Dabei erkennt er die zweite Stufe der Wahrheit der Beseitigung. Seine Fähigkeit, einhundert verschiedene Konzentrationen zu erlangen, verzehnfacht sich und ebenso seine Fähigkeit, Erscheinungen zu erzeugen. Auf jeder Arya-Bodhisattva-Stufe gibt es zwölf dieser Eigenschaften.

Auf der vorhergehenden oder ersten Stufe des Arya-Bodhisattva-Weges hat der Meditierende seine Anwendung des Gebens entwickelt. Auf der zweiten Stufe konzentriert er sich auf das Entwickeln der Ethik. Obwohl diese Anwendung auf den früheren Stufen gut entwickelt worden sind, erzielt der Bodhisattva nun in jeder der Vollkommenheiten einen einzigartigen Fortschritt.

Der Bodhisattva fährt fort, die Verbindung des Aspekts der Weisheit und des Aspekts der Methode seiner Anwendung zu vervollkommnen, indem er seine Meditation über die Leerheit und die Anwendung der sechs Vollkommenheiten weiterentwickelt. Auf diese Weise erreicht er die dritte Stufe des Arya-Bodhisattva-Weges. Auf jeder dieser Stufen nimmt die Kraft des Bodhisattva, die Leerheit direkt zu erkennen, weiter zu, und als Folge zerstört er entsprechende Schichten von Verblendungen. Auf jeder der Stufen des Arya-Weges verzehnfachen sich die zwölf Eigenschaften des Bodhisattva. Dank diesen Eigenschaften kann er einer immer größer werdenden Zahl von Wesen nützen. Allein schon, wenn er seine Fähigkeit, Erscheinungen zu erzeugen, gebraucht, ist dies für andere von sehr großem Nutzen. Unaufhörlich setzt der Bodhisattva seine Entwicklung von Weisheit und Methode fort, meditiert über Leerheit und begibt sich in Buddhareiche, wo er Opfergaben darbringt und Unterweisungen erhält, was alles zur Anhäufung heilsamen Potentials beiträgt. Durch diese Verbindung seines angesammelten heilsamen Potentials mit der wachsenden Kraft seiner Meditation über Leerheit erreicht er die vierte Arya-Bodhisattva-Stufe.

Auf dieser vierten Stufe wird die vierte Schicht der Verblendungen beseitigt, und die zwölf Eigenschaften verzehnfachen sich wieder. Der Bodhisattva setzt seine Anstrengungen fort wie zuvor, erreicht die fünfte Arya-Bodhisattva-Stufe und beseitigt gleichzeitig die fünfte Schicht der Verblendungen. Auf der dritten Stufe entwickelt der Bodhisattva besonders die Vollkommenheit der Geduld. Auf der vierten Stufe liegt der Schwerpunkt auf der Vollkommenheit des Enthusiasmus. Auf der fünften Stufe ist es die Vollkommenheit der Konzentration. Indem er Methode und Weisheit weiterentwickelt, erreicht er die sechste Arya-Bodhisattva-Stufe, wodurch er sich von der sechsten Schicht der Verblendungen befreit. Auf dieser Stufe erreicht die Vollkommenheit der Weisheit große Festigkeit im Geist, und die zwölf Eigenschaften werden wieder zehnmal so stark. Nachdem der Bodhisattva seine Entwicklung von Methode und Weisheit fortgesetzt hat, erreicht er dann die siebte Stufe. Wieder steigern sich seine Fähigkeiten. Auf dieser Stufe überwindet der Bodhisattva die übrigen drei Schichten von Verblendungen, und sie verlieren jede Macht über ihn. Er ist fähig, diese drei Schichten gleichzeitig zu überwinden, weil er Weisheit und Methode in sehr hohem Maß entwickelt hat. Beim Erreichen der achten Arya-Bodhisattva-Stufe werden diese drei noch übrigen Schichten der Verblendungen vollkommen zerstört.

Wenn jemand, der dem Hinayana-Weg folgt, die Hinayana-Arhatschaft erlangt, beseitigt er seine Verblendungen vollständig. Aber wenn jemand dem Mahayana-Weg folgt und die achte Bodhisattva-Stufe erreicht, beseitigt er nicht nur diese Verblendungen, sondern auch sein Erleuchtungsgeist, sein Großes Erbarmen und die Fähigkeit, anderen zu helfen, sind sehr weit fortgeschritten. In dieser Beziehung übertrifft seine Entwicklung die des Hinayana-Arhat.

Obwohl der Bodhisattva die Verblendungen vollständig beseitigt hat, ist auf seinem Bewußtseinsstrom noch ein subtiler Eindruck davon vorhanden. Das ist die Wirkung der Verblendungen, unter deren Einfluß er so lange Zeit stand. Es ist wie der Geruch von Zwiebeln, der in einem Topf zurückbleibt, selbst nachdem wir die Zwiebeln weggeworfen haben. Obwohl die heilsamen Eigenschaften des Bodhisattva der Zahl der Atome in unserer Welt gleichkommen, muß er doch sein Geisteskontinuum noch von diesen Eindrücken befreien. Sie sind die Hindernisse zum *allwissenden Zustand* (Skt. *Dschana-Avarana*), weil sie das letzte Hemmnis für das Erlangen des allwissenden Geistes eines Buddha sind. Sie existieren auf drei Ebenen, und um diese letzten Hindernisse zur Allwissenheit zu entfernen, setzt der Bodhisattva seine Meditation über die Leerheit und seine Anwendung der Methode fort.

Beim Erreichen der neunten Arya-Bodhisattva-Stufe beseitigt der Bodhisattva die erste Schicht der Hindernisse zur Allwissenheit. Dann fährt er fort, seine Erkenntnis der Leerheit zu entwickeln und die sechs Vollkommenheiten anzuwenden. Dadurch zerstört er die zweite Schicht der Hindernisse zur Allwissenheit und erlangt die zehnte Bodhisattva-Stufe. An diesem Punkt werden seine heilsamen Eigenschaften mit der Anzahl der Atome in unserem Universum verglichen. Von unserem Standpunkt aus scheint der Bodhisattva auf dieser Stufe sich von einem Buddha nicht zu unterscheiden, aber in Wirklichkeit sind sie immer noch unvergleichbar.

Wenn der Bodhisattva auf dem Weg von der ersten bis zur zehnten Stufe über die Leerheit meditiert, ist das einzige Objekt, das seinem Geist erscheint, die Leerheit. Sobald er jedoch aus der Meditation austritt und mit konventioneller Wirklichkeit beschäftigt ist, bleibt er nicht in die Leerheit versenkt. Die Unfähigkeit, diese zwei gleichzeitig wahrzunehmen, wird durch seine Hindernisse zur Allwissenheit verursacht. Wenn der Bodhisattva aber jetzt, auf der zehnten Stufe, in die Meditation der Leerheit eintritt und sich darin versenkt, erscheinen ihm an einem bestimmten Punkt alle konventionellen Phänomene ebenfalls. Er ist jetzt fähig, die konventionelle und die letztliche Wahrheit gleichzeitig wahrzunehmen. Diese Fähigkeit ist das Resultat der Beseitigung der letzten Schicht der Hindernisse zur Allwissenheit. Es ist, als seien seine Augen, die verbunden waren, aufgedeckt worden.

Buddhaschaft

Wenn dieses letzte Hindernis beseitigt ist, wird die Weisheit des Bodhisattva vollkommen, und er wird ein *Buddha*, ein erleuchtetes Wesen. An diesem Punkt sind alle Verblendungen und ihre Eindrücke, alle Hindernisse zur Allwissenheit, vollständig beseitigt. Der Bodhisattva hat nun den fünften Weg erlangt, den *Weg des Nicht-mehr-Lernens.* Daher ist er voll erwacht. Erwacht woraus? Erwacht aus der Unwissenheit jeglicher Verblendung und ihren Eindrücken. Er hat die große Beseitigung aller Hindernisse erlangt, das *nicht-verweilende Nirvana.* Was verweilt nicht? Die Hindernisse. Es verweilen keine Hindernisse mehr auf dem Bewußtseinsstrom eines Buddha. Überdies sind alle Qualitäten vollkommen. Seinen Fähigkeiten ist keine Grenze mehr gesetzt. Sogar das Bewußtsein der Fingerspitze eines Buddha kann klar alle existierenden Phänomene sowohl in ihrem letztlichen als auch konventionellen Aspekt wahrnehmen. Die Kraft seiner Erkenntnis der Leerheit ist vervollkommnet, und er ist jetzt allwissend. Als Folge dieser Fähigkeit, alle Phänomene klar wahrzunehmen, kennt auch sein Erbarmen keine Grenzen.

Nach dem Erreichen der Buddhaschaft gibt es keine Unterscheidung in den wahrnehmenden Fähigkeiten des Körpers, der Rede und des Geistes eines Buddha. So wie der Geist eines Buddha allwissend und fähig ist, alle Phänomene wahrzunehmen, sind es auch sein Körper und seine Rede. Dies ist eine wahrhaft einzigartige Eigenschaft eines vollständig erleuchteten Wesens. Allein schon die körperlichen Erscheinungen eines Buddha können Lebewesen grenzenlosen Nutzen bringen. Ebenso sind Rede und

Geist eines Buddha fähig, in zahllosen verschiedenen Formen zu erscheinen. Alle diese Erscheinungen entstehen spontan, ohne jede Anstrengung. Es ist ähnlich der Art und Weise, wie die Sonnenstrahlen mühelos die Erde erhellen. Und im Gegensatz zu uns, die wir bei unseren Tätigkeiten oft innehalten, fließen die Handlungen eines Buddha ununterbrochen.

Dies sind nur sehr wenige der Gründe, warum ein Buddha ein wirkliches Objekt der Zuflucht ist. Man könnte fragen, weshalb wir nicht fähig sind, die Eigenschaften eines so vollendeten Buddha wahrzunehmen. Unser Sehvermögen ist durch viele Schichten von Verblendungen verschleiert, und bis diese entfernt sind, können wir solche Eigenschaften nicht erkennen, nicht einmal, wenn sie unmittelbar vor uns wären. Aber wenn wir uns bemühen, diese Verblendungen zu beseitigen, werden wir solche Eigenschaften klarer zu sehen beginnen. Eine weitere Frage kann auftauchen: Wenn ein Buddha Weisheit, Fähigkeiten und Erbarmen vervollkommnet hat, warum leide ich immer noch in bedingtem Dasein? Aber wie ich schon gesagt habe, obwohl ein Buddha vollendet ist, kann sich nichts ändern, wenn es auf unserer Seite keine entsprechende Vorbereitung gibt. Es ist wie ein Topf, der umgekehrt im Gras steht. Das Licht der Sonne kann nicht eindringen, so hell sie auch scheinen mag.

Schlußwort

Da alle diese Eigenschaften und Erkenntnisse eines voll erleuchteten Wesens ein Resultat der Anwendung von Dharma sind, ist das Dharma so außerordentlich kostbar. Jeder von uns hat die Möglichkeit, Buddhaschaft zu erlangen. Es gibt keinen Grund, warum wir es nicht sollten. Es hängt ganz von unserer Anstrengung ab. Unser Geist ist aus vielen Faktoren zusammengesetzt, sowohl positiven als auch negativen, aber in seiner Natur ist der Geist rein. Er ist wie ein Klumpen reinen Goldes, der mit vielen Schichten Schmutz bedeckt ist. Unser an sich reiner Geist ist mit vielen Schichten von Verblendungen bedeckt, und in unserem jetzigen Zustand werden wir vollständig von ihnen beherrscht. Aber indem wir Dharma anwenden, meditieren und unseren Geist entwickeln, können diese Verblendungen entfernt werden, und unser Geist wird immer größere Kraft gewinnen. Wenn diese Verblendungen vollständig zerstört sind, werden wir volle Freiheit erlangen.

Jeder, der die nötige Anstrengung macht, kann ein Buddha werden, weil wir das Buddhapotential in uns haben. Es wird so genannt, weil es wie der Same ist, der zum Geist eines Buddha werden kann. Aber wir dürfen nicht denken, wir hätten deshalb, weil wir das Buddhapotential haben, das sich in den Buddhageist entwickeln kann, schon einen Buddha in uns. Gegenwärtig ist das Buddhapotential nur eine Möglichkeit. Wäre es ein Buddha, ein Wesen mit allen Qualitäten, wie könnten wir dann so unwissend sein? Wenn wir behaupten, den Geist eines Buddha zu haben, würdigen wir nur die Buddhas herab. Dieses Buddhapotential ist nicht nur in den Menschen vorhanden, sondern auch in den Tieren; sogar die kleinsten Insekten sind mögliche Buddhas. Auf Grund ihrer unheilsamen Handlungen sind sie in elende Bereiche gefallen und gegenwärtig nicht in der Lage, Fortschritt zu machen. Aber da wir eine vollständige Gelegenheit haben, jetzt Dharma anzuwenden, müssen wir anfangen, uns zu bemühen. Wenn wir mit dem Verständnis des Leids in bedingtem Dasein beginnen und uns unentwegt anstrengen, um unseren Geist zu entwikkeln, werden wir Stufe für Stufe Fortschritt machen, unsere Einstellungen und unser Verhalten umwandeln und schließlich Erkenntnis der tiefsten Zusammenhänge gewinnen. Auf diese Weise ist es jedem von uns möglich, Buddhaschaft zu erlangen. Schließlich werden wir es alle tun.

Zum Schluß denke ich, daß Sie alle aus den Unterweisungen dieses Kurses Nutzen gezogen haben und daß sie hilfreich für Sie waren. Ich hoffe, daß Sie jetzt ein Ziel haben, auf das Sie hinarbeiten können, um Verständnis und Erkenntnis zu gewinnen. Da ich Ihnen auch mehrere Meditations-Anwendungen erklärt habe, hoffe ich, daß Sie sich nicht damit begnügen, nur verstandesmäßig neuen Stoff gelernt zu haben, sondern daß Sie diese Methoden anwenden, so gut Sie können. Selbst wenn es für uns schwierig ist, diese Anwendungen unverzüglich anzufangen und wir jetzt vielleicht nicht sehr viel erreichen können, ist doch ein einzigartiger Eindruck auf den Bewußtseinsstrom gesät worden, so daß es dann, wenn wir in der Zukunft eine intensivere Anwendung beginnen, viel leichter sein wird. Wie ich früher gesagt habe, ist die Schule für ein Kind, das an das Lernen gewöhnt wurde, leichter als für eines, das nicht daran gewöhnt wurde. Manche von Ihnen haben früher Kontakt mit dem Dharma gehabt, während andere neu sind wie frisch erblühte Blumen. Diejenigen unter Ihnen, für die Dharma-Anwendung neu ist, sollten darauf achten, daß sie ihre Anstrengungen beibehalten und nicht vernachlässigen, was sie hier begonnen haben. Wir wollen den Kurs jetzt beenden, während es noch Morgen ist und die Sonne aufgeht wie ein Symbol für das Aufgehen unserer Dharma-Anwendung und Erkenntnis.

SARVA MANGALAM

Gesamtübersicht

1 Glück und Leid

Die drei Arten von Leid

1 Leid der Schmerzen
2 Leid der Veränderung
3 Umfassendes Leid

Die Meditationshaltung
Die neunfache Atemübung

Die sechs Stufen der Atemmeditation

1 Zählen
2 Folgen
3 Setzen
4 Untersuchen
5 Verändern
6 Vollendung

2 Die Ursachen für Leid

Karma

- Werfendes Karma
- Vervollständigendes Karma
- Unreines Karma (heilsames, unheilsames)
- Reines Karma

Verblendungen

3 Die Geistesfaktoren

Die fünf immer-anwesenden Faktoren

1 Aufmerksamkeit
2 Erkennen
3 Berührung
4 Empfindung
5 In-Betracht-Ziehen

Die fünf Objekt-bestimmenden Faktoren

1 Streben
2 Mögen
3 Erinnern
4 Konzentration
5 Intelligenz

Die elf heilsamen Faktoren

1 Vertrauen
2 Scham
3 Achtung
4 Begierdelosigkeit
5 Haßlosigkeit
6 Verwirrungslosigkeit
7 Enthusiasmus
8 Flexibilität
9 Achtsamkeit
10 Gleichmut
11 Schadlosigkeit

Die sechs Wurzelverblendungen

1 Begierde
2 Haß
3 Stolz
4 Unwissenheit
5 Zweifel
6 Verblendete Anschauung

Die zwanzig sekundären Verblendungen

1 Zorn
2 Nachtragen
3 Verbergen
4 Reizbarkeit
5 Eifersucht
6 Geiz
7 Heucheln
8 Verhehlen
9 Überheblichkeit
10 Grausamkeit
11 Schamlosigkeit
12 Achtungslosigkeit
13 Dumpfheit
14 Erregtheit
15 Vertrauenslosigkeit
16 Faulheit
17 Achtlosigkeit
18 Vergeßlichkeit
19 Unintelligenz
20 Ablenkung

Die vier wechselbaren Faktoren

1 Schlaf
2 Reue
3 Nachdenken
4 Untersuchen

4 Die zwölf Glieder des abhängigen Entstehens

Bedingtes Dasein

1 Unwissenheit
2 Ansammlung
3 Bewußtsein
4 Verlangen
5 Greifen
6 Sein

Der Vorgang des Sterbens
Bardo und Geburt

7 Geburt
8 Name und Form
9 Sechs Quellen
10 Berührung
11 Empfindung
12 Altern und Tod

7 Austausch seiner selbst mit anderen

Reine Liebe und Erbarmen
Tauschen seiner selbst mit anderen
Verblendungen überwinden
Widrige Umstände in den Weg zur Befreiung umwandeln
Alle Anwendungen eines Lebens in den fünf Kräften zusammenführen

1 Kraft der Motivation
2 Kraft der Gewöhnung
3 Kraft des Weißen Samens
4 Kraft der Zerstörung
5 Kraft des Gebets

Das höchste Streben
Der Bodhisattva

8 Die Paramitas

Das Paramita des Gebens

1 Geben von Dharma
2 Geben von materieller Hilfe
3 Geben von Schutz
4 Geben von Liebe

Das Paramita der Ethik

Ethik des Vermeidens der drei unheilsamen Handlungen des Körpers

1 Töten
2 Stehlen
3 Sexuelles Fehlverhalten

Ethik des Vermeidens der vier unheilsamen Handlungen der Rede

1 Lügen
2 Schimpfen
3 Verleumden (Zwietracht säen)
4 Schwätzen

Ethik des Vermeidens der drei unheilsamen Handlungen des Geistes

1 Gier
2 Bosheit
3 Falsche Ansichten

Ethik des Entwickelns heilsamer Eigenschaften
Ethik für das Wohl anderer

Das Paramita der Geduld

1 Geduld, sich durch den Schaden, den andere uns zufügen, nicht beunruhigen zu lassen
2 Geduld, Leid freiwillig zu akzeptieren
3 Geduld, um gründlich über alle Punkte der Dharma-Unterweisungen nachzudenken

Das Paramita des Enthusiasmus
Allgemeine Merkmale
Drei Arten von Faulheit
1 Faulheit des Sich-für-unfähig-Haltens
2 Faulheit der Lustlosigkeit
3 Faulheit der Anhaftung an unheilsame Handlungen

Das Paramita der Konzentration
Wesen und Funktion von Konzentration

9 Das Paramita der Weisheit

Wesen und Funktion der Weisheit, die die Leerheit erkennt

Die Vier-Punkte-Analyse
1 Das Erkennen des Objektes der Verneinung
- Die Art des Erscheinens des Objekts der Verneinung
- Die eigentliche Art des Bestehens der Objekte
- Die zwei Wirklichkeiten
- Suche nach dem Selbst

2 Das Erkennen der Folge der Überdeckung
3 Das Erkennen, der Abwesenheit davon, mit den Aggregaten identisch zu sein
4 Das Erkennen, der Abwesenheit davon, von den Aggregaten verschieden zu sein

Extreme vermeiden
Abhängiges Bestehen

10 Die fünf Wege und zehn Stufen des Großen Fahrzeugs

Raumgleiche Meditation über Leerheit
Nach-Meditation (Zwischenzeit)

Die fünf Wege des Bodhisattva
1 Weg der Ansammlung
2 Weg der Vorbereitung
3 Weg des Sehens }
4 Weg der Gewöhnung } *Die zehn Arya-Bodhisattva-Stufen*
5 Weg des Nicht-mehr-Lernens → *Buddhaschaft*

Glossar

Skt. = Sanskrit   Tib. = Tibetisch

Arhat (Skt., Tib. Dratschompa)
Feindzerstörer; jemand, der Leid und die Ursachen von Leid aus seinem Geist entfernt hat, der die Hindernisse des Karma und der Kleschas beseitigt hat.

Arya (Skt., Tib. Phagpa)
Erhöhtes Wesen; jemand, der eine direkte, vorstellungsfreie Wahrnehmung der Leerheit oder der letztlichen Wirklichkeit erlangt hat und der Befreiung sicher ist.

Bardo (Tib., Skt. Anubhava)
Zwischenzustand; der Zustand zwischen Tod und Geburt.

Bodhisattva (Skt., Tib. Dschangtschub Sempa)
Eine Person, deren Charakter vom Erleuchtungsgeist vollständig geprägt ist.

Bodhitschitta (Skt., Tib. Dschangtschub Gyi Sem)
Geist der Erleuchtung, Erleuchtungsgeist. Ein besonderer Geisteszustand, der auf das Wohl der anderen gerichtet ist, von dem Wunsch, die volle Erleuchtung zu erlangen geprägt ist und das Kernholz des Großen Fahrzeugs darstellt. Es gibt *wünschendes* und *ausführendes* Bodhitschitta.

Buddha (Skt., Tib. Sanggye)
Erwachter; ein Wesen, das von den zwei Hindernissen, den Verblendungen und ihren subtilen Eindrücken, frei ist und die positiven Eigenschaften wie Weisheit, Erbarmen und alle Fähigkeiten zur Vervollkommnung gebracht hat.

Dharma (Skt., Tib. Tschö)
Halter; es gibt zehn Bedeutungen dieses Ausdrucks; im Allgemeinen werden damit die *Erkenntnisse* auf dem Weg zur Erleuchtung und die *Unterweisungen* des Buddha, die das Erlangen dieser Erkenntnisse ermöglichen, bezeichnet.

Dsche Tsongkhapa
Einer der ganz außergewöhnlichen tibetischen Meister. Er lebte im 14. Jahrhundert und ist der Gründer der Neuen Kadampa Tradition. Diese ist auch als Gelug-Tradition (heilsame Tradition) bekannt und ist eine der vier Schulen des tibetischen Buddhismus.

Gesche (Tib.)
Heilsamer Freund; ein geistiger Meister; in der Tradition der Gelugpa ein Titel, den ein Mönch erreicht, der die fünf großen Abhandlungen gemeistert hat: Logik (*Pramana*), Wege und Stufen (*Paramita*), Sicht des mittleren Weges (*Madhyamika*), klösterliche Disziplinen (*Vinaya*), Phänomenologie (*Abhidharma*).

Hinayana (Skt., Tib. Thegmän)
Kleines Fahrzeug; Weg und Anwendungen des Dharma, die in erster Linie das Erreichen der individuellen Befreiung aus dem bedingte zyklischen Dasein zum Ziel haben.

Karma (Skt., Tib. Lä)

Handlung; Handlungen des Körpers, der Rede und des Geistes, sowohl heilsame als auch unheilsame, die die Ursachen für die Erfahrungen von Glück und Leid innerhalb des bedingten, zyklischen Daseins sind.

Mahayana (Skt., Tib. Thegtschen)
Großes Fahrzeug; Weg und Anwendungen des Dharma, die zum Ziel haben, den Zustand der vollen Erleuchtung zu erreichen, um das Wohl aller Lebewesen zu erfüllen. Siehe auch Bodhitschitta und Bodhisattva.

Nirvana (Skt., Tib. Nyangdä)
Jenseits von Leid; der Zustand der vollständigen Befreiung aus dem bedingten, zyklischen Dasein und seinen Ursachen.

Paramita (Skt., Tib. Phartschin)
Vollkommenheit; Sammlungen von Unterweisungen, Anwendungen des Mahayana Weges, die die Lebensweise des Bodhisattva bestimmen: Geben, Ethik, Geduld, Enthusiasmus, Konzentration und Weisheit.

Sutra (Skt., Tib. Do)
Allgemeine Unterweisungen des Dharma, die Buddha Schakyamuni für Hinayana- und Mahayanaschüler gegeben hat.

Tantra (Skt., Tib. Gyü)
Übertragung; besondere Unterweisungen des Buddha, die er den Bodhisattvas gab; eine komplexe, fortgeschrittene Meditationsmethode.

Bibliografie

Weitere von Gesche Rabten erhältliche Bücher

Deutsch

Auf dem Weg zur geistigen Freude
Meditation und vorbereitende Übungen im tibetischen Buddhismus.
Dharma Edition, Hamburg 1994

Buddhistische Philosophie und Meditation
Eine Einführung. Dharma Edition, Hamburg 1994

Das Buch vom heilsamen Leben, vom Tod und der Wiedergeburt
Herder, Freiburg 1997

Einführung in Dharma
Edition Rabten, Feldkirch 1984

Essenz der Weisheit
Ein Kommentar zum Herzsutra.
Dharma Edition, Hamburg 1990

Das Grosse Siegel
Edition Rabten, Feldkirch 1991

Guru-Yoga mit Dsche Tsongkhapa
Kommentar.
Rabten Choeling, Le Mont-Pèlerin 1978

Konzentrative und analytische Meditation
Edition Rabten, Feldkirch 1991

Wege zur universellen Verantwortung
Gesche Rabten u. a.; Zero, Rheinberg 1981

Wichtig zu Wissen
Edition Rabten, Feldkirch 1991

Wurzel der Weisheit
Edition Rabten, Feldkirch 1984

Sadhanas

Tschen Rä Sig, Methode zum Verwirklichen des Vierarmigen Avalokiteschvara
Tashi Rabten, Feldkirch 1989

Guru-Yoga mit Dsche Tsongkhapa
Rabten Choeling, Mont-Pèlerin 1978

Englisch	**Advice from a Spiritual Friend** Wisdom, London 1986 **Confession of Downfalls** The Confession Sutra and The Practice of Vajrasattva. LTWA, Dharamsala 1980 **Echoes of Voidness** Wisdom, London 1986 **Essential Nectar** The Meditations on the Buddhist Path. Wisdom, London 1984 **Graduated Path to Liberation** Mahayana Publication, New Delhi 1987 **Prelimenary Practices of Tibetan Buddhism** LTWA, Dharamsala 1994 **Song of the Profound View** Wisdom, London 1989 **The Mind and its Functions** Rabten Choeling, Le Mont-Pèlerin 1992
Französisch	**Conseils d'un Ami Spirituel** La transformation de la pensée dans le Bouddhisme Tibétain. Vajra Yogini, Lavaur 1990 **Douze Chainons de Production Conditionnée** Vajra Yogini, Lavaur 1984 **Enseignement Oral du Bouddhisme au Tibet** Librairie d'Amérique, Paris 1989 **Pratique Préliminaires du Bouddhisme Tibétain** Dewatshang, Paris 1995 **Vie et Enseignements de Gueshé Rabten** Un Lama Tibétain à la Recherche de la Vérité. Rabten Choeling, Le Mont-Pèlerin 1980 **La Voie Progressive** Librairie d'Amérique, Paris 1979
Italienisch	**Pratiche Preliminari** Chiara Luce, Pomaia 1993 **Tre Vie per la Realizzazione della Vacuita** Ubaldini, Roma 1985

Index

«*Kursive Seitenzahlen*» weisen auf Textabschnitte hin, die die Bedeutung des Begriffes usw. erklären. Das «**g**» weist auf einen Eintrag im Glossar hin.

F

G

H

Eigenpublikationen

Bisher in deutscher Sprache erschienene Titel

Eine Reihe von Unterweisungen, die dem Leser einen vollständigen Überblick über die Anschauung und Anwendungen des tibetischen Buddhismus geben.

1 **Einführung in Dharma**; Gesche Raben
ISBN 3-905497-01-8
2 **Wichtig zu wissen**; Gesche Rabten
ISBN 3-905497-02-6
3 **Meditation**; Gesche Rabten. ISBN 3-905497-03-4
4 **Das Große Siegel**; Gesche Rabten. ISBN 3-905497-04-2
5 **Wurzel der Weisheit**; Gesche Rabten
ISBN 3-905497-05-0

Öffentliche Vorträge
Dharma · Kernpunkte; Gesche Rabten, Gonsar Rinpotsche
ISBN 3-095497-08-5
Buddhismus · Eine Einführung; Gonsar Rinpotsche
ISBN 3-095497-09-3
Zufluchtnahme · Bedeutung und Hintergründe;
Gonsar Rinpotsche. ISBN 3-905497-09-3
Tantra · Eine Einführung; Gonsar Rinpotsche
ISBN 3-905497-06-9

In anderen Sprachen erschienene Titel

Mind and its Functions; Gesche Rabten. Das Buch bietet einen klaren Einblick in die Natur und Funktionsweise des Geistes. ISBN 2-9700016-0-8

Vie et Enseignements de Guéshé Rabten; B. Allan Wallace. Biographie des Ehrwürdigen Gesche Rabten und Einführung in die Grundlagen des tibetischen Buddhismus.
ISBN 2-86487-017-7

Weiter im Programm

Tibetan Calendar. Taschen-Agenda mit tibetischer und westlicher Zeitrechnung, speziell für Anwender des tibetischen Buddhismus. Englisch/Tibetisch.

Oral Transmission. Diese CD ist eine seltene Aufnahme tibetisch-buddhistischer Meditationsrituale in ihrer reinsten authentischen Form.

In Vorbereitung

Die Biografie Gesche Rabtens in deutscher und englischer Sprache.

Die Edition Rabten ist ein Zweig von Dharma-Aktivitäten, die in den wertvollen altruistischen Handlungen unseres verehrten Meisters Gesche Rabten Rinpotsche wurzeln. Unser Hauptziel ist es, die kostbaren Unterweisungen unserer Meister zu erhalten und westlichen Lesern zugänglich zu machen.

Unter der Leitung des Ehrwürdigen Gonsar Rinpotsche widmen wir unsere Bemühungen mit dem Ziel, allen ehrlich am Dharma Interessierten authentische Schriftquellen und Kommentare verfügbar zu machen.

Die Edition Rabten ist ein nicht-gewinnorientierter Verlag, dessen Publikationen einzig der Erhaltung des Dharma dienen. Sie erscheinen in deutscher, englischer und französischer Sprache. Alle Einnahmen aus ihrem Verkauf werden ausschließlich für die Herstellung dieser Bücher verwendet.

Les Tassonneyres • CH-1801 Le Mont-Pèlerin **EDITION RABTEN**